3판

유아인지발달

이화도 지음

창지사

머리말

인간이 태어나 자신을 둘러싸고 있는 세계를 '알아 가는(knowing)' 과정은 매우 흥미로운 과정이다. 이는 인간 유기체가 외부 환경과의 상호작용 속에서 경험을 통해 지식을 구성해 가는 과정이며, 곧 인지가 발달해 가는 과정을 의미한다.

인간의 앎의 과정, 즉 인지발달이 어떻게 이루어지는가에 대한 연구는 주로 심리학에서 많이 연구되고 있으나, 근본적으로는 철학에서 관심 있게 다루는 주제이다. 특히 인식론(epistemology)은 인간이 태어나 어떤 과정을 통해 알아 가는지의 지식구성과정에 관심을 가지는 학문으로, 인간 주체가 외부 세계를 표상하는 과정으로서 지식구성과정을 설명한 객관적 인식론적 관점에서 벗어나 인간 유기체가 외부 환경과의 상호작용 속에서 경험을 통해 지식을 구성해 가는 과정으로 보는 구성주의 인식론으로의 패러다임 전환(shift of paradigm)을 보여 준다.

이러한 관점에서 「유아인지발달」 개정판에서는 인간의 인지발달에 대한 최근 심리학 연구와 함께 구성주의 인식론에 근거한 교육문제를 추가로 구성하여 보완하고자 노력하였다.

또한 이성중심의 합리적 사고, 객관적인 사고를 강조한 모더니즘 가치관을 비판하고, 이성만이 아닌 전인적 존재로서의 인간, 맥락 속에서의 지식구성 등 개별성과 다양성을 강조한 포스트모던 관점에서의 인식론을 보완하였다. 이러한 패러다임의 변화는 지금까지 소외되었던 교육문제에 대한 관심증가와 함께 교육내용과 교수방법, 교사의 역할 등 다양한 영역에서 변화로 드러나고 있기 때문이다.

2021년 「유아인지발달」 개정판의 주요 수정 보완 내용을 살펴보면 다음과 같다.

첫째, 인지발달에 관한 심리학적 기본 개념과 함께, 영유아기 인지발달에 관한 심리학 이론들을 중점으로 구성하였다. 특히 이번 개정판에서는 최근 영아기 인지발달에 대한 새로운 이해를 이끄는 마음이론(mind theory)과 상징놀이(symbolic play)에 대한 내용을 수정·보완하였다.

둘째, '지능(intelligence)이란 무엇인가?'에 대한 기본적 이해를 위해 약 1세기 동안 이루어진 지능 관련 주요 연구들을 중심으로 지능 개념의 변화과정을 살펴보고, 그것이 가지는 교육적 의미와 시사점에 대해 논의해 보았다. 특히 이번 개정판에는 정서지능과 창의성 부분의 내용을 보완하고자 노력하였다.

셋째, 최근 교육심리학 분야에서 강조하는 자기조절 학습능력에 해당되는 메타인지(meta cognition)개념과 함께, 교육에 있어서 아동중심 교육, 학습자 중심교육의 이론적 바탕이 되는 구성주의(constructivism)에 대한 심도 있는 논의를 수정·보완하였다.

넷째, 다양성, 개별성을 바탕으로 교육에 있어서도 새로운 패러다임 전환을 이끄는 포스트모더니즘(postmodernism)에 대한 이해를 위해 인문학적 내용도 보완하여 구성하였다. 이는 인간의 인지과정을 제대로 이해하기 위해서는 인지과정 자체에 대한 심리학적 이해뿐 아니라, 인간의 '앎'의 과정에 관한 인식론적 이해와 인간학(antropology)적 이해가 가능해야 한다고 보기 때문이다.

종합적으로 「유아인지발달」에서는 단순히 발달심리학(developmental psychology)적 관점에서 인지발달을 이해하는 차원을 넘어, 인식론(epistemology)적 관점에서 영유아기 인지발달을 이해하고, 더 나아가 인간학(antropology)적 차원에서 영유아들의 존재론적 특성을 함께 살펴봄으로써, 포괄적으로 영유아기 교육에 대한 심도 있는 이해를 이끌고자 노력하였다.

이러한 구성 의도는 「유아인지발달」을 공부하는 학생들이 대부분 예비유아교사이거나 교육현장에서 영유아들을 교육하는 교사라는 점에서, 영유아기 인지발달에 관한 단순한 이론적 이해를 넘어 실제 유아교육 현장에서의 적용을 위해서는 영유아에 대한 폭넓은 이해가 필요하다고 생각했기 때문이다.

유아교육과 발달이론은 떼어놓을 수 없는 것이지만, 그렇다고 해서 유아교육이 발달이론 그 자체는 아니다. 즉 발달심리학의 이론들이 유아에 대한 이해의 폭을 넓혀 준다는 점에서 영유아들을 이해하는 데 필요함을 인정하지만, 교육은 발달이론을 넘어 다양한 맥락과 영유아들의 개별성을 근거로 적용되어야 한다는 점에서 '유아교육=발달이론'의 공식은 벗어나야 할 논리임에 틀림없다.

모쪼록 2021년 「유아인지발달」 개정판이 유아교육을 전공하는 예비교사뿐 아니라, 교육현장에서 근무하는 영유아 교사, 부모 및 인간의 인지발달과정에 관심을 가지는 모든 이에게 작으나마 도움이 되기를 기대해 본다.

아울러 2009년에 초판으로 발행된 「유아인지발달」이 2017년 개정판에 이어, 2021년 또다시 개정판을 낼 수 있도록 힘써 주신 〈창지사〉 출판사 여러분께 진심으로 감사를 드립니다.

2021년 7월

저자 **이화도**

차례

PART
01 인지발달

PART

05 구성주의와 포스트모던 교육

01 PART

인지발달

인간은 어떤 과정을 통해 세상을 이해하게 되는 것일까?

이러한 물음은 인간이 세상을 살아가는 데 필요한 여러 가지 지식을 어떻게 구성하는가에 관한, 즉 인간의 인지가 발달하는 과정에 관한 물음이다. 이는 인지발달이론이 지식의 구성에 대한 인식론(epistemology)적 관점을 바탕으로 하고 있음을 시사한다.

인식론은 인간의 앎의 과정을 연구하는 학문으로, 지식구성과정에서 환경에 반응하는 수동적 존재로 보느냐, 아니면 환경과의 상호작용과정에서 능동적 인식 주체로 보느냐에 따라 구분된다. 전자는 지식이란 인간과는 별개로 인간 외부에 존재하며, 다만 인간은 그것을 전달받고 수용하는 과정을 통해 지식이 구성된다고 보는 '객관주의 인식론'의 관점이며, 후자는 지식구성의 주체로서 인간 유기체에 대한 이해를 이끄는 '구성주의 인식론'이다.

최근 인지발달에 관한 심리학이론들은 인간이 어떻게 환경과 상호작용하여 자신의 지식을 능동적으로 구성해 가는지에 대해 관심을 갖는다는 점에서 '구성주의 인식론'에 근거한다.

대표적 인지발달 이론가인 Piaget와 Vygotsky 역시 인간이 태어나 환경과의 상호작용 경험을 통해 점차 알아가는 과정, 즉 지식이 구성되어 가는 과정을 통해 인지발달을 설명하고 인지발달 이론의 바탕을 구성주의 인식론(constructive epistemology)에 두고 있다는 점에서 구성주의 발달 이론으로 볼 수 있다.

또한 인간의 인지과정을 컴퓨터 정보처리과정에 근거하여 이해하는 정보처리접근(information-processing approach)에서도 인간의 인지과정에서의 능동적 역할을 전제한 점에서, 인식 주체와 학습주체로서의 아동에 대한 이해가 강조되고 있다.

CHAPTER

01

인지과정

1. 주의(Attention)

2. 지각(Perception)
   1) 영아기 지각능력
   2) 유아기 지각능력

3. 표상(Representation)
   1) 표상의 종류
   2) 표상능력의 발달

4. 기억(Memory)
   1) 기억의 구조
   2) 기억발달

인간의 인지과정에는 다양한 인지적 기능이 요구된다. 어떤 사물에 대해 주의(attention)하고, 감각기관을 통해 들어온 정보에 대해 지각(perception)하고, 그것을 머릿속에 표상(representation)하며 기억(memory)하는 능력은 인지과정에서 중요한 요소이다.

본 장에서는 인지과정에서 요구되는 기본적인 인지능력으로서 주의, 지각, 표상, 기억능력이 어떻게 발달하는지 살펴보기로 하자.

1 주의(Attention)

우리의 감각기관에는 외부 세계로부터 끊임없이 자극이 유입된다. 이러한 자극은 우리를 둘러싼 환경 속에서 엄청난 양의 정보를 포함하고 있다. 그러나 우리의 인지체계는 제한된 정보처리용량을 가지고 있기 때문에 이 정보를 다 처리할 수 없다. 따라서 우리는 이 정보 중 일부만을 처리하게 되는데, 이때 작동하는 기제가 바로 '주의(attention)'이다. 즉 주의는 외부세계로부터의 무한한 양의 자극과 정보에 대해, 제한된 용량의 인지체계를 가진 인간이 이를 처리하여 반응하게 하는 일종의 적응기제인 셈이다.

주의는 인지 및 학습과정에서 중요한 역할을 수행한다.

Bandura의 사회학습이론에서 제시한 관찰학습(observational learning)모형에서도 학습의 첫 단계로 주의(attention)단계를 제시하고 있다. 즉 외부에서 주어지는 모든 정보가 학습되는 것이 아니라, 자신의 흥미(interest)나 필요(need) 및 동기(motivation) 등에 의해 걸러진 대상의 행동을 학습하는 것으로, 관찰학습의 대상인 모델링(modeling)을 선정하는 과정에서 중요한 역할을 수행한다. 또한 인간의 인지과정을 컴퓨터가 정보를 처리하는 과정에 비유한 정보처리접근(information-processing approach)에서도 주의 단계를 제시하고 있다.

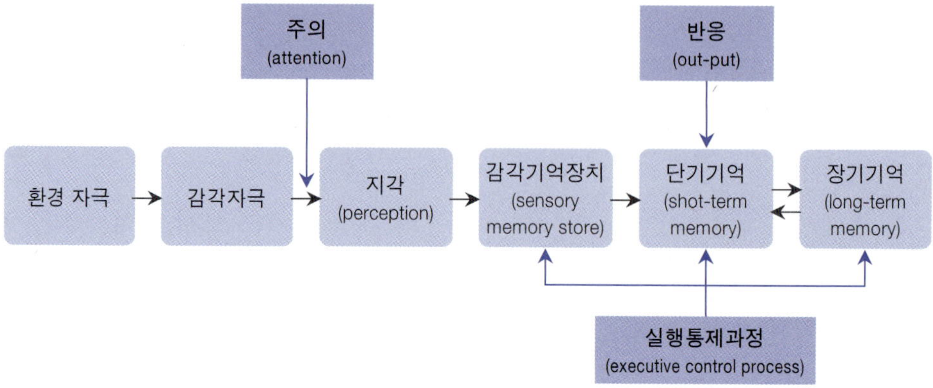

[그림 1-1-1] 정보처리접근 인지과정모형도

인간의 인지과정에서도 주의(attention)가 중요한 역할을 수행한다.

주의가 인지과정에서 어떤 역할을 하는지 이론에 따라 다양한 관점을 제시하고 있는데, 두 가지 관점을 소개하면 다음과 같다.

첫 번째 관점은 입력정보를 여과하거나 선택하는 도구(selective service)로 보는 여과기모델(filter model) 관점이다.

여과기 모델(Filter model) 관점은 외부로부터 입력된 정보는 '주의'라는 여과기를 통해 정보가 걸러지고, 이 여과기를 통과한 정보에 대해서만 다음 단계의 처리가 일어나게 된다는 것이다. 즉 '주의'가 외부로부터 입력되는 정보를 걸러 내는 여과기와 같은 기능을 한다고 보는 관점이다.

이 관점에서 가장 중요한 것은 '주의'라는 여과기가 정보처리과정의 어느 단계에서 외부 정보를 걸러 내는 기능을 하느냐 하는 것이다.

주의를 여과기모델로 설명한 초기 주의연구(Broadbent, 1958)에서는 '주의'라는 여과기는 외부 자극을 받아들이는 감각기관 수준에서 작동되는 것으로 가정하였다. 즉 감각기관에 유입되는 많은 자극 중 '주의'라는 여과기를 통과한 자극만이 지각(perception)되고 지각표상을 형성하여 결과적으로 우리 행동에 영향을 미치게 된다는 것이다. 이것을 조기선택 모델(early selection model)이라고 한다.

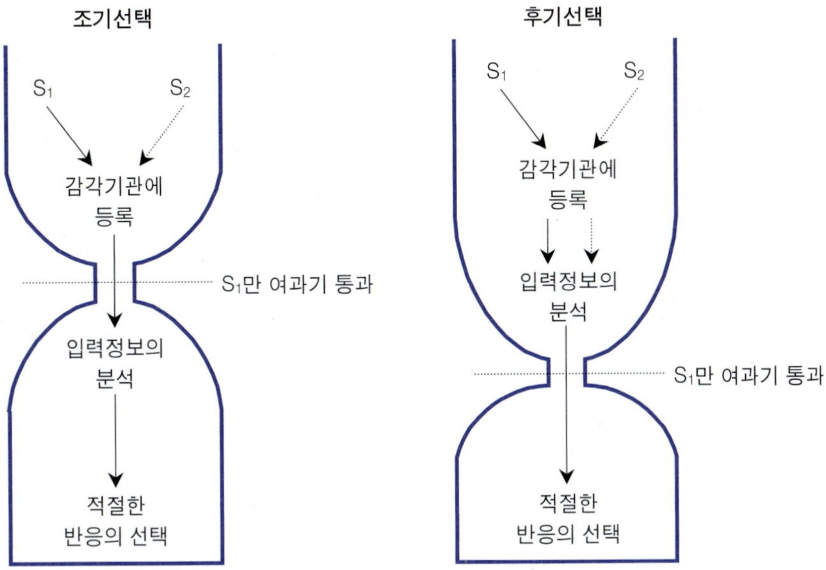

[그림 1-1-2] 주의의 여과기모델

출처: Coren, Ward, & Enns (1999); 성현란 외(2003). 인지발달. 재인용.

반면, Deutch와 Deutch(1963)는 앞서 Broadbent(1958)가 주장한 것보다 더 나중 단계에 '주의'라는 여과기가 존재한다는 주장을 하였다. 이 관점에서는 여과기가 정보처리의 마지막 단계인 반응(response) 직전에 존재한다고 보는 관점에서 후기선택 모델(late selection model)이라고 한다.

또한 '주의'라는 여과기의 위치가 가변적이라는 견해도 있다. Treisman(1964)은 물리적 여과(filtering)는 정보처리의 초기 단계에서 일어나지만, 의미에 기초한 여과(filtering)는 나중 단계의 중추적인 수준에서 일어남을 주장함으로써 여과기의 위치가 고정적이지 않음을 주장하였다(성현란 외, 2003).

지금까지 살펴본 바와 같이, 여과기 모델(Filter model)은 외부로부터 유입되는 많은 정보 중 왜, 그리고 어떤 자극이 선택되었는지를 설명하기에는 충분하나, 정보처리의 어느 단계에 여과기로서의 주의가 존재하는지, 그리고 어떤 방식으로 주의가 작동하는지는 명확하지 않아 다양한 수준에서 일어나는 선택성을 잘 설명하지 못한다. 이러한 한계를 극복하기 위해 처리용량모델이 제안되었다.

두 번째 관점은 제한된 심적 자원(mental resource) 혹은 인지적 자원(cognitive resource)을 가정한 처리용량모델(processing capacity model)관점이다(Kahneman, 1973; Norman & Borrow, 1975).

처리용량모델(Processing capacity model) 관점은 주의라는 인지적 기능이 과제 혹은 감각 양상에 따라 어떻게 효율적으로 사용되는지에 관심을 가진다.

즉 우리에게 주어진 과제는 각기 다른 정도의 심적 자원이 필요하며, 혹은 같은 과제일지라도 연습 정도에 따라 요구되는 인지적 자원이 다르므로, 주의는 과제의 종류나 감각 양상에 따라 각각 다른 저장고를 사용한다는 것이다. 이는 과제의 요구에 따라 주의가 어떻게 효율적으로 사용되는지에 중점을 두고, 인지적 자원의 통제(control)기능이 주의 단계에서 중요함을 보여 주는 것으로, 효율적인 과제 수행을 위해서는 주의를 적절히 배분하는 것이 필요함을 강조한다.

2 지각(Perception)

지각(perception)이란 인간의 감각기관을 통해 들어온 자극에 의미를 부여하는 과정을 말한다.

인간은 외부세계를 어떻게 지각하는가? 이것은 전통적으로 철학에서 관심을 가져온 주제이다. 영국의 경험주의 철학은 외부 세계로부터 유입되는 다양한 현상의 의미를 알기 위해서는 경험(experience)이 필요하다고 본 반면, 합리주의 철학자인 Kant는 인간에게는 경험하지 않고서도 세상을 지각할 수 있는 선험적(à priori)이며 생득적 능력이 있다고 보았다.

현대철학의 흐름의 하나인 현상학(phenomenology)에 이르러서는 지각의 중요성이 더욱 강조되는데, 현상학자들은 인간이 외부세계로 부터의 자극을 어떻게 지각하느냐에 따라 인간행동이 달라진다고 보아, 지각을 인간행동의 근거로 보고 있다. 이들에 따르면, 지각이란 개인이 자신의 경험을 해석하고 그 경험으로부터 의미를 찾아내는 과정으로 인간은 자기에게 경험되고 지각되는 대로 반응한다는 것이다.

지각발달에 관한 심리학적 관점들을 자세히 살펴보도록 하자.

1) 영아기 지각능력

지각발달은 생애 초기인 영아기에 상당한 수준의 발달이 이루어진다. 영아의 지각능력에 대해서는 많은 철학자와 심리학자가 관심을 두었지만, 자신의 지각경험을 영아가 언어로 표현할 수 없으며, 언어적 기술 이외에 영아의 지각경험을 알아낼 수 있는 다른 방법을 알지 못했기 때문에 1960년대까지는 많은 연구가 이루어지지 못하였다. 그러나 1960년대부터 Fantz, Fagan 등을 위시한 여러 연구자가 언어반응이 아닌 다른 여러 행동반응으로 영아의 지각경험을 알아낼 수 있는 방법을 고안함으로써 지각발달에 관한 많은 연구가 이루어지기 시작했다. 이러한 연구는 영아의 지각능력이 과거에 우리가 생각했던 것보다 상당히 발달되어 있음을 보여 준다.

영아기 지각능력은 무엇보다 시각체계의 발달 정도에 달려 있다고 볼 수 있다. 1960년대까지만 해도 신생아의 시각체계는 충분히 발달되지 않아 세상을 정확하게 볼 수 없다고 보았으나, 최근의 많은 연구결과 신생아의 시각체계가 태어나면서부터 상당한 기능을 가지고 태어나 성인만큼 완벽하지는 않지만, 과거에 생각했던 것보다는 상당히 발달되어 있음이 밝혀졌다.

영아기 청각·지각능력은 시각·지각능력에 비해 훨씬 더 발달되어 있다. 예를 들면, 자궁 안에 있는 태아도 강한 소리를 들으면 더 많이 움직이고 심장박동도 빨라진다고 한다. 출생 후 신생아는 소리의 강도, 지속시간, 방향, 고저 등을 잘 변별한다. 흔히, 큰소리보다 부드러운 소리를 좋아하며 큰소리는 피하고 부드러운 소리 쪽으로 향하고자 한다. 특히 여자 목소리가 들리면 울음을 잠시 멈추거나 눈을 크게 뜨고 두리번거리기도 한다(Rhein-gold & Adams, 1980). 아기가 사람 소리에 이처럼 민감하게 반응하는 것은 양육자와 아기 간의 애착을 형성하는 데 큰 역할을 한다. 양육자가 내는 소리에 아기가 반응하는 것을 보고 대부분의 양육자는 더욱 아기에게 애정을 가지게 되고 더 많은 자극을 제공하게 되어 점차 서로 간의 애정이 깊어지기 때문이다. 특히 DeCasper와 Fifer(1980)의 연구에 따르면 생후 3일된 신생아도 엄마 목소리를 다른 목소리로부터 변별할 수 있고 더욱 선호한다는 것을 알 수 있다.

그렇다면 영아는 언제부터 소리를 지각할 수 있을까? 한 연구에 따르면, 생후 1일이 된 신생아도 여러 종류의 음악소리를 좋아하고 영아가 젖꼭지를 빨 때 음악소리를 조절하면 음악을 듣기 위해 빨기를 조절하고, 빠르게 빨 때 음악이 나오고 느리게 빨면 소음이 나오도록 하였을 때, 음악이 들리고 소음이 안 들리도록 빠는 속도를 조절하였다(Butterfield & Siperstein, 1972). 이러한 결과는 음악소리를 지각하는 능력이 거의 타고난 능력임을 시사한다. 그러나 아직까지 어떤 음악을 더 선호하는지는 구체적으로 밝혀지지 않았다.

영아에 있어 지각능력은 각 감각 양상 내에서 뿐 아니라 서로 다른 감각 양상 간의 관계를 지각하는 능력도 일찍부터 발달된다. 생후 4개월 된 영아는 시각과 청각 간의 관계를 지각할 수 있어 사람의 입모양과 말소리의 관계도 지각할 수 있다. 생후 한 달 된 영아는 시각과 촉각 간의 관계를 지각할 수 있어 자신이 입에 물었던 젖꼭지가 어떻게 생긴 것인지도 이해한다. 그리고 시각과 신체감각 간의 관계를 지각할 수 있어 타인의 표정을 보고 자신의 근육을 움직여 같은 표정을 짓는 모방을 할 수도 있다.

이처럼 영아기 지각능력은 과거에 생각하였던 것보다 일찍부터 발달되며 연령이 증가할수록 더 정교해지고 좀 더 정확하고 효율적으로 지각하기 위해 책략을 사용하거나 지식을 사용하는 능력이 계속 발달하게 되는 것으로 보인다.

2) 유아기 지각능력

유아기 지각능력에 관해서는 Piaget 이론의 관점을 중심으로 살펴보도록 한다.

piaget에 따르면 유아들은 세상을 지각함에 있어 자신과 외부 세계를 분리하지 못하고, 자신의 위치에서 보이는 것이 전부라고 생각함으로써 시·공간적 조망능력을 갖지 못한다고 보았다. Piaget는 이를 자아중심적 사고(egocentric thinking)에서 기인한 것으로 보았다.

또한 유아기는 논리적 사고보다는 눈에 보이는 지각적 특성에 의해 사고하고 판단하는 지각적 사고의 특성으로 인해 논리적 사고, 즉 조작(operation)은 불가능하다고 보았다. Piaget는 이 시기를 논리적 사고 이전 단계라 하여 전조작기(pre-operation stage)라고 불렀다. 대표적으로 Piaget의 '액체량 보존 실험'에서 유아는 시각적으로 지각되는 사물의 특성에 근거하여 판단하는 오류를 범함으로써 액체량의 보존에 이르지 못하게 된다.

이처럼 논리적 사고를 지각적 사고에 비해 높은 수준의 능력으로 보았던 Piaget의 관점과는 달리, 현대철학에서는 지각을 통한 세상 이해에 대해 새로운 인식이 이루어지고 있는데, 대표적으로 현상학적 관점을 들 수 있다.

이들에 따르면, 인간의 다양한 신체감각이나 '몸'을 통해 지각되는 세상에 대한 이해가 논리적 사고보다 낮은 수준의 능력이 아니며 사고발달과 인지발달에도 기여한다고 보는 것이다. 이러한 현상학적 관점은 논리적 사고를 지각적 사고보다 우위에 두는 이성중심의 근대적 가치관에 대한 비판으로, 유아기의 지각적 사고에 대한 새로운 이해가 필요함을 시사한다.

유아기는 지각을 통한 세상 이해가 주로 이루어지는 시기로, 논리적 사고능력에만 국한되지 않고 상상력이나 창의적 능력을 길러주는 데 유아기는 중요한 의미를 지닌다고 볼 수 있을 것이다. 따라서 이론적, 개념적 지식전달의 교육에서 벗어나 '몸'을 통해 느끼고 지각하는 유아기 경험을 바탕으로 한 유아교육에 대해 심도 있는 논의가 필요한 시점이다.

3 표상(Representation)

표상(representation)이란 보통 감각적으로 외적 대상을 의식상에 나타내는 심상(心象)을 말하는 것으로(철학사전 편찬위원회, 2009), 대상으로부터 지각되는 특성을 중심으로 머릿속에 저장하는 인지적 과정을 말한다.

일반적으로 세상에 대한 정보는 여러 가지 정신적 부호를 통해 우리의 마음속에 저장된다. 예를 들면, 우리는 고양이를 보고 고양이에 대한 심상을 마음속에 형성할 수 있을 것이다. 또는 고양이라는 단어를 읽고 고양이라는 단어에 대한 의미를 마음속에 표상할 수 있을 것이다. 이때 표상은 대상이나 상황 그 자체가 아니라 그것들을 나타내는 특징적인 무언가를 중심으로 지각되는 것을 의미한다. 따라서 표상능력이란 객관적 사실이나 상황을 있는 그대로 받아들이는 것이 아니라 대상이나 상황으로부터 지각되는 것을 주체가 능동적으로 해석하고 이해하는 능력이다.

1) 표상의 종류

표상(representation)이란 대상으로부터 지각되는 특성을 중심으로 머릿속에 저장하는 인지적 과정으로 논리적 사고나 추상적인 개념과 구별된다.

표상은 여러 가지 기준에 의해 나누어지는데, 마음 밖에서 매개물을 통해 표상하느냐, 아니면 마음 안에서 정신적으로 저장하느냐에 따라 물리적 표상과 정신적 표상으로 나누어진다.

물리적 표상(physical representation)이란 마음 밖에서 물리적 매개물을 통해 대상을 나타내 주는 표상을 말하며, 보통 '그림 같은 표상'(picture-like representation)과 '언어 같은 표상'(language-like representation)으로 구별된다.

'그림 같은 표상'은 사진, 그림, 지도, 도형 등을 포함하며 유사성이 있고 연속적이고, 상을 가지며 대상과 동질적 특성을 지닌다. 반면, '언어 같은 표상'은 인간의 언어뿐 아니라 수학, 상징논리, 컴퓨터 언어와 같은 형식시스템을 포함하며 유사성이 없고 비연속적이거나 디지털식으로 표현되고, 임의적(arbitrary)이고 명제적(propositional)인 특성을 지닌다.

정신적 표상(mental representation)이란 어떤 대상이나 사태가 마음속에 저장되는 것을 말하며, 이후 행동에 영향을 준다. 정신적 표상은 주로 시각적 심상(visual imagery)을 통한 유추표상(analog representation)과 언어나 형식논리를 사용하는 분석표상(analytic representation)으로 구별된다. 발달적 관점에서 보면 분석표상이 유추표상보다 추상적인 특성을 지니기 때문에 분석표상을 유추표상보다 늦게 사용할 것으로 예상되지만, 유추표상과 분석표상 각각에서도 추상성의 정도가 다른 표상이 존재하기 때문에 간단히 이분적으로 말하기는 어렵다.

혹은 표상을 추상성의 정도에 따라 구별하기도 하는데, Perner(1991)는 일차표상, 이차표상, 상위표상 등 3가지 수준의 표상으로 구분하였다.

일차표상(primary representation)이란 현재 존재하는 대상이나 일어나고 있는 실제 상황에 대한 표상을 지칭하는 가장 기본적인 수준의 표상으로, 생후 1년 내에 형성된다. 그러나 일차표상은 대상과 유사한 패턴만을 인식하므로 잘못된 지각적 표상을 형성하기도 한다. 표상을 해석하는 것은 이차표상이다.

이차표상(secondary representation)은 일차표상이 현실 상황을 직접 표상해 주는 것에 비해 현실과 다른 상황을 표상해 준다. 시간의 흐름에 따른 과거나 미래, 현재 존재하지 않는 것을 표상한다. 일반적으로 이차표상은 일차표상이 있을 때 가능하다. 예를 들어 아동이 바나나를 들고 전화하는 가장놀이(pretended play) 상황에서, 유아는 현실을 일차적으로 표상한 후, 즉 '전화기'에 대한 일차표상이 이루어진 후, '전화기'라는 대상을 현실과 분리하여 '바나나'라는 대상에 적용하는 이차표상이 일어난다.

상위표상(meta-representation)이란 표상에 대한 표상이다. 즉 다른 사람이 어떤 대상이나 상황을 표상하고 있고, 그 사람이 표상하고 있는 것을 내가 표상할 수 있을 때 상위표상을 가진다고 할 수 있다. 예를 들어 Leonardo da Vinci의 '모나리자'는 어떤 여인에 대한 표상이다. 우리가 갖는 모나리자 그림에 대한 표상은 결국 어떤 여인에 대한 표상을 지닌 모나리자 그림에 대한 표상, 즉 '표상에 대한 표상'인 셈이다.

2) 표상능력의 발달

표상에 대해 제기되는 중요한 논쟁 중 발달적 관점에서 제기되는 문제는 표상능력의 발달시기에 관한 것이다. 즉 '언제부터 정신적 표상(mental representation) 능력이 가능한가?' 하는 주제이다. 특히 '인생 초기인 영아기에도 표상능력을 가지는가?', '만약 영아들이 표상능력을 가진다면, 그것은 성인의 표상능력과는 어떤 다른 특성을 지니는가?'와 같은 심리학적 주제에 대한 관심이 증가하고 있다.

또 다른 논쟁은 '표상능력은 타고나는가? 아니면 경험을 통해 획득되는가?' 하는 것으로, 전자는 생득적 관점이고, 후자는 경험론적 관점이다. 표상능력 발달에 관한 철학적 주제인 것이다. 인간의 표상능력에 대한 '생득적 관점'과 '경험론적 관점' 간의 철학적 쟁점을 살펴보면 다음과 같다.

첫째, Locke를 중심으로 한 경험론적 관점에서 살펴보면, 인간은 태어날 때 백지(tabula rasa) 상태로 태어나므로 영아는 아무런 표상능력도 지니지 않았다고 보는 관점이다.

둘째, Kant를 중심으로 한 생득적 관점에서는 영아가 태어날 때부터 이미 풍부한 개념적 표상구조를 가지고 있다고 본다. 즉 인간의 표상능력과 같은 인지능력은 경험을 통해 획득되는 것이 아니라 선험적(à priori)으로 갖고 태어나는, 생득적 능력으로 보는 것이다.

이에 대해 Piaget는 영아기의 표상능력은 개념적 요소를 포함하지 않는 감각운동기적인 특성을 지니며, 점차 환경 속에서 적극적 경험을 통해 개념적 표상을 구성할 수 있다고 보았다. 즉 경험론적 관점에서처럼 어떤 대상이나 상황을 사진 찍듯이 그대로 받아들이는 단순한 묘사로의 표상이 아니라, 경험에 대한 능동적 의미부여과정을 통해 정신적으로 표상함으로써 높은 수준의 인지능력을 갖게 된다고 보았다. 이런 점에서 Piaget의 관점은 생득적 관점과 경험론적 관점을 모두 받아들인 상호작용론적 관점으로 이해될 수 있다.

(1) 영아기 표상능력의 발달

영아기 표상능력은 Piaget 이론에서 영아기 대표적 인지능력으로 보았던 대상의 영속성(permanence of object) 개념의 획득과 관련된다.

대상의 영속성이란 외부대상이나 물체가 직접적으로 시야에 지각되지 않아도 물체가 존재함을 인식하는 능력을 말한다.

piaget는 영아가 대상의 영속성 개념을 획득하였는가를 알아보기 위해, 영아가 보이지 않는 물체에 손을 뻗어서 덮개를 벗기는 것과 같은 적극적인 운동행동을 보이는가를 살펴보았다. Piaget가 관찰한 영아는 물체가 보이지 않으면 그것을 전혀 찾으려 하지 않았다. 이러한 관찰결과를 토대로 Piaget는 영아가 대상의 영속성 개념을 획득하지 못하였다고 보았고, 18개월경에 이르러서야 이 개념을 획득하는 것으로 보았다. 이는 18개월 이전의 영아들의 경우, 보이지 않는 물체에 대한 표상을 아직 형성하지 못하였기 때문으로 보았다.

그러나 최근 연구에서는 Piaget가 영아기 대상의 영속성 개념획득을 보기 위해 사용한 탐색과제가 대상의 영속성 개념 이외에 다른 처리과정을 요구하는 과제로 보고, 만일 좀 더 단순한 과제를 사용하였더라면, Piaget가 생각했던 것보다 이른 생후 3~4개월경에도 영아기 대상의 영속성 개념획득이 나타날 수 있을 것이라는 가능성을 검토하기 시작했다. 이외에도 인과관계에 관한 표상은 6개월 정도, 수 개념에 대한 표상도 5개월 이전 영아에게서 나타나고, 더하기와 빼기와 같은 수 조작에 대한 표상도 영아에게 가능하다고 본다.

특히 Piaget는 감각운동기의 말경인 18개월~2세경에 정신적 표상 또는 상징적 능력이 나타난다고 보았으나, 이때의 표상은 개념적 특성이 결여된 감각운동적인 것으로 보았다. 그러나 최근의 여러 연구결과는 영아가 가지는 표상이 단순히 감각운동적이라는 Piaget의 주장을 비판하면서 개념적, 논리적 표상능력은 Piaget가 생각했던 것보다 훨씬 빨리 나타날 수 있음을 설명하고 있다.

이처럼 영아도 Piaget가 가정한 것보다 더 높은 인지능력을 가질 수 있음을 보여 주는 연구결과와 함께 최근에는 영아의 인지능력에 관한 연구가 많이 수행되고 있는 실정이다.

(2) 유아기 표상능력의 발달

일반적으로 유아는 대상에 대해 정신적 표상을 형성할 수 있을 뿐 아니라 물리적 표상을 이해할 수 있도록 발달한다.

유아기 표상능력은 전조작기 사고의 특성인 상징적 사고를 나타내는 언어, 그림, 상징놀이를 통해 잘 나타난다.

piaget에 따르면, 언어를 사용하기 시작하는 유아기에는 언어라는 상징을 통한 표상능력이 생겨난다. 언어능력이 폭발적으로 증가하는 시기가 바로 상징적 표상을 사용하는 시기와 일치하는 것도 바로 이러한 의미이다.

유아기 상징적 사고를 나타내는 유아기 언어능력에 관해서는 Piaget의 인지발달이론에서 자세히 다루도록 하고, 유아의 내적 표상이 표출되는 중요한 상징적 기능의 하나인 그림과 상징놀이에 대해 자세히 살펴보도록 하자.

❶ 상징놀이

유아기 표상능력 발달로 인한 상징적 사고의 특성을 잘 드러내는 것이 유아기 대표적 놀이 유형인 상징놀이이다.

상징놀이(symbolic play)란 놀이를 하는 과정에서 실제 사물에 가상적인 상황을 의도적으로 부가하는 것으로, '마치 ~인 것처럼(as ~ if)' 행동하는 가장적인 행동 또는 비사실적 행동으로 설명되는 놀이이며, 유아기의 표상능력의 발달을 잘 나타내 주는 증거이다. 흔히 가상놀이(pretended play), 가장놀이(simulative play)로 불리는데, 보통 생후 18개월~2년 사이에 시작되어 6세 정도까지 지속된다. Flavell, Miller, Miller(1993)에 따르면, 상징놀이는 모든 문화권에서 보편적으로 나타나는 현상으로, 특별히 가르쳐 주지 않아도 자발적으로 일어나는 특성을 보이고 있어, 생물학적으로 진화된 활동 중 하나라고 추측하기도 한다.

상징놀이는 유아의 연령이 증가하고 발달이 이루어짐에 따라 그 대상과 유형에 변화가 나타난다. 예를 들면, 초기에는 상징의 대상이 상징물과 유사한 구체적이고 친숙한 대상물에서 점차 연령이 증가하면서 상징물과의 유사성이 없는 대상물로 놀이를 하거나, 실제 물건이 없이도 행동하게 되는 탈맥락화(decontextualization)의 특성이 드러난다. 또한 자기 자신 관련 행동으로부터 타인 관련 행동으로의 전이를 보여 주는데, 이를 탈중심화(decentration)로 표현하기도 한다. 또는 간단한 단일 대상물이나 하나의 행동에 대한 가상에서 점차 일련의 가상행동을 조합하여 복합적인 행동의 배열로 장면을 구성하는 연속적 통합(sequential combination)을 이루게 된다. 이상에서 살펴본 상징놀이의 발달적 변화의 특성인 탈맥락화, 탈중심화, 연속적 통합은 Piaget에 의해 상징놀이의 구성요소로 정의되기도 한다.

유아기 표상능력의 발달을 보여 주는 상징놀이에 대해 Piaget와 Vygotsky는 발달적 의미에 대해 다른 관점을 보인다.

piaget에 따르면, 상징놀이란 불균형된 상태의 놀이로서 전조작기 사고의 특성을 드러내는 미성숙한 인지발달단계를 보여 주는 지표로 보았다. 또한, 외부 현상이나 세계를 자기의 인지구조에 맞추어 해석하는 성향을 들어 조절(accommodation)보다는 동화(assimilation)가 우세한 것으로 보았으며, 이미 기존의 자신이 습득한 지식을 연습하는 과정으로 새로운 지식 창조와는 관련이 없는 것이므로 인지발달에 크게 영향을 주지 않는 것으로 보았다.

반면 사회·문화적 경험의 중요성을 강조한 Vygotsky는 상징놀이란 행동이나 대상물로부터 사고가 분리됨을 의미하는 것으로, 추상적 사고능력발달을 이끌어 인지발달에 도움이 된다고 보았다. 대상물과 단어의 의미를 정신적으로 변형하는 것은 창의적 사고와 상상력을 통해 인지발달의 기반을 제공한다고 보았기 때문이다(Flavell, Miller, & Miller, 1993). 또한 상징놀이에서 나타난 행동들은 사회적 인습이나 기준을 반영하는 것으로, 이러한 상징놀이를 통해 사회의 규범과 기대를 잘 이해하게 되며, 충동적 행동을 자제할 수 있는 능력이 생긴다고 보았다. 이처럼 상징놀이는 인지발달뿐 아니라 사회성 발달에도 도움이 된다는 것이다.

❷ 그림

유아의 내적 표상이 표출되는 중요한 상징적 기능의 하나는 그림이다.

유아기 그림의 특성을 살펴보면, 유아들은 실제 사실보다 자신의 마음속에 표상된 형태를 그림 속에 재현하려는 특성을 보인다. 즉 유아들은 자신에게 보이는 것을 그리는 것이 아니라, 자신의 머릿속에 표상되는 것을 그림을 통해 나타내는 것이다.

Piaget가 Luquet(1927)의 아동화 연구를 바탕으로 기호적 기능으로서 그림의 발달과정을 체계화한 것을 살펴보면 다음과 같다(Piaget & Inhelder, 1969; 송명자, 2003, 재인용).

- 1단계: 우연적 사실성(fortuitous realism) 단계

  2~3세경에 나타나는 특성으로 유아가 처음 연필을 잡게 되면서 아무 목적 없이 긁적거리는 단계로 우연히 나타난 형태에 의미를 붙이는 단계다.

- 2단계: 불확실한 사실성(obscure realism) 단계

  3~4세경에 나타나는 특성으로 유아는 자신의 마음속에 표상된 형태를 그림 속에 재현하려 하지만, 예를 들어 머리에서 팔이나 발이 붙어져 있거나 모자가 머리에서 떨어져 허공에 있는 그림처럼 사실과는 다른 불확실한 상태로 재현되는 단계다.

- 3단계: 지적 사실성(intellectual realism) 단계

  그림의 형태는 실제의 모습에 가까워지나, 아직은 시각적으로 보이는 형태가 아닌 자신의 머릿속에 표상되는 관념적 심상을 그림으로 표현하는 단계다. 예를 들어 사람의 눈이 2개이기 때문에 옆얼굴에도 눈을 2개 그린다거나, 감자를 먹은 아이를 그릴 때 배 속에 감자를 그려 넣는 등이 그림을 그릴 때 나타나는 이 단계의 특징이다.

- 4단계: 시각적 사실성(visual realism) 단계

  심상이 아닌 시각적으로 보이는 실제 세계를 사실적으로 그리게 되는 단계다.

위의 그림발달 단계에서도 볼 수 있듯이, 유아기는 실제 사실보다 자신의 마음 속에 표상된 형태를 그림 속에 재현하거나, 자신의 머릿속에 표상되는 관념적 심상을 그림으로 표현하는 단계의 특성을 보인다.

이외에도 유아기 표상능력 발달의 증거로 볼 수 있는 것은 마음이론(theory of mind)의 발달이다. 마음이론을 획득했다는 것은 인간의 행동이 믿음(belief), 바람(desire), 의도(intention)와 같은 마음 상태에서 비롯된다는 것을 이해하고, 다른 사람의 마음의 상태를 추론하는 능력을 갖게 되는 것으로, 이는 표상능력의 발달을 전제한다. (마음이론은 제2장에서 자세히 다루기로 하자.)

4 기억(Memory)

우리는 많은 정보를 접하고 그 정보를 이용하여 문제를 해결하고 개념을 형성하는 등 다양한 인지활동을 수행한다. 이때 기억(memory)은 이러한 인지활동을 수행하는 데 필수 불가결한 요소다.

기억에 관한 연구들(Klahr & MacWhinney, 1997; Newell & Simon, 1961)은 1960년대 중반 이후 인간의 인지구조가 컴퓨터의 정보처리과정과 유사하다고 본 정보처리접근(information processing approach)의 영향을 많이 받았다.

정보처리접근 혹은 정보처리모델(information processing model)이라 불리는 이 관점들은 인간의 마음을 컴퓨터처럼 하드웨어와 소프트웨어로 구성되어 정보를 처리하는 과정으로 보았는데, 이때 컴퓨터의 하드웨어는 기계 그 자체이며, 소프트웨어는 정보를 저장하고 조작하기 위해 사용하는 프로그램을 말한다. 즉 인간 마음의 하드웨어는 뇌, 감각수용기, 그리고 신경연합 등을 포함하는 신경체계를 말하며, 소프트웨어는 규칙, 전략, 정보를 기록하고 해석하며 저장하고 인출하며 분석하는 정신 프로그램인 셈이다.

인간의 기억작용도 이러한 정보처리과정과 유사하게 설명되는데, 연령에 따른 기억발달 메커니즘에 대해 살펴보면 다음과 같다.

우선 연령이 증가함에 따라 하드웨어에 해당하는 뇌와 신경계가 성숙해지면서 기억의 양적 용량이 증가할 뿐 아니라, 소프트웨어에 해당하는 다양한 기억전략, 즉 기억과 관련된 정보에 주의를 두는 새로운 전략을 채택하거나, 정보를 해석하고 경험한 내용을 기억하고, 정신활동을 조정하면서 점차 빠르고 정확하게 복잡한 기억과제를 수행하게 되면서 기억능력이 발달해 감을 설명하고 있다. 따라서 기억발달이란 아동의 정보처리능력, 처리속도, 전략의 사용, 지식의 구조와 크기 등에서 일어나는 점진적인 변화가 반영되는 점증적이고 양적인 현상을 말한다(Bjork-lund, 1995).

1) 기억의 구조

정보처리모델에 의하면, 인간의 기억과정은 정보를 받아들여 내적인 표상을 형성하여 약호화(encoding)하고, 정보를 나중에 사용할 수 있도록 어떤 형태로 하고, 저장된 특정 정보를 선택하여 끄집어내는 인출(retrieval)과정으로 구분된다.

약호화(encoding) 과정이란 정보를 처리하여 저장고에 넣는 것으로, 감각기억이나 단기기억에 정보를 처리하여 부호화하는 과정이며, 저장(storage)은 약호화한 정보를 유지하는 과정이다. 인출(retrieval)은 저장된 정보를 끄집어내는 과정으로, 단순히 저장된 정보를 끄집어내는 것이 아니라 단서를 근거로 장기기억 속에서 탐색하고 확인하고 재구성하여 끄집어내는 복잡한 과정이다.

기억의 구조와 그 특성은 인간이 정보를 주목한 후 정보를 저장하고, 나중에 사용하기 위해 인출할 때까지, 어떤 정신작용이 일어나는가를 설명한 Atkinson과 Shiffrinm(1968)의 정보처리모델의 저장모형(storage model)을 중심으로 자세히 살펴보자.

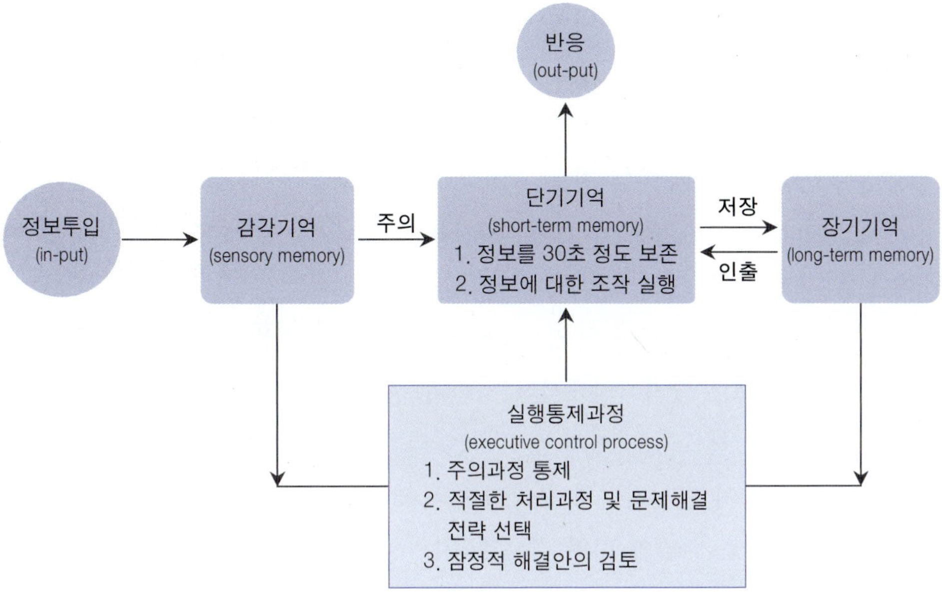

[그림 1-1-3] R. C. Atkinson & R. M. Shiffrin (1968)의 정보처리모델

출처: Atkinson, R. C. & Shiffrin, R. M. (1968). Human memory: A proposed system and its control processes. In K. W. Spence & J. T. Spence (Eds.), The psychology of learning and motivation: Advances in research and theory (vol. 2). Orland, FL: Academic Press.

[그림 1-1-3]에서와 같이, 기억은 감각기억, 단기기억, 장기기억으로 구분된다. 그 특성에 대하여 자세히 알아보자.

(1) 감각기억(Sensory memory)

감각기억은 인간의 감각기관을 통해 들어온 정보를 감각적 자료 그 자체로 완전하고 정확하게 보유하는 단계로 감각기억에 저장된 정보는 더 이상 처리를 거치지 않고 곧바로 사라진다. 인간에게 들어오는 자극정보는 감각기관을 통하여 들어와 극히 짧은 시간 감각기억 속에 저장되다가 새로 들어오는 자극정보로 바로 대치된다. 보통 시각적 감각기억은 지속시간이 0.25초 정도이고, 청각적 감각기억은 4초 정도이며, 정보가 유입되는 과정에서 자극정보에 주의를 기울일 경우 기억은 몇 초 동안 더 지속된다.

(2) 단기기억(Short-Term Memory: STM)

단기기억이란 감각기억을 거친 자극정보가 장기기억에 저장되기 전에 거치는 일차적 기억과정이다. 단기기억에 들어오는 정보는 처음에는 시각적, 청각적 부호 형태로 유지되다가 나중에는 정보 유지와 처리가 쉬운 언어 의미적 형태로 변화하여 보관된다. 단기기억에 머무르는 시간은 평균적으로 3~5초, 길어야 30초 이내이다.

또한 기억용량이 제한되어 있으며, 한번에 저장할 수 있는 용량은 7개 내외라고 한다. Miller(1956)는 단기기억에서의 제한된 정보량의 범위를 7±2 청크(chunk)라고 칭하였는데, 청크란 '덩어리 짓기'라는 의미로 여러 낱개의 자극을 의미하는 하나의 단위로 묶어 단기기억의 용량이 증가하도록 하는 부호화 방법이다. 이것은 정보를 저장하는 사람에 따라 다른데, 기억정보에 대한 지식이 많을수록 여러 항목을 함께 묶음으로써 단위가 큰 청크로 구성하게 되면서 기억하기가 용이하나, 기억정보에 대한 지식이 적을수록 개별적인 청크나 단위가 작은 청크로 구성되므로 기억이 용이하지가 못하다.

(3) 장기기억(Long-Term Memory: LTM)

단기기억에서 작동된 새로운 정보는 영원히 저장되는 장기기억으로 전이가 되는데, 단기기억을 거쳐 장기기억에 온 정보는 비교적 영구적으로 저장되며, 용량이 무제한이다.

장기기억에 저장된 정보가 인출되는 과정은 회상(recall)과 재인(recognition)으로 구분된다. 회상(recall)은 단서 없이 사람들에게 기억한 항목을 생성해 내도록 요청하는 방법이며, 재인은 한 항목을 제시하면서 그것이 이전에 경험했던 것인지를 지적하게 하는 방법이다. 예를 들어 동물원에 다녀온 후 유아에게 동물원에서 보았던 동물을 이야기하도록 하는 것은 회상이며, 여러 가지 동물 그림을 보여준 후 자신이 동물원에서 본 동물 그림을 고르도록 하는 것은 재인(recognition)이다.

❶ 회상

회상(recall)이란 자극이 실제로 눈앞에 제시되지 않았을 때 자극에 대한 정보를 기억 속에서 끄집어내는 것을 말한다.

일반적으로 영아는 물리적으로 눈앞에 존재하지 않는 물체와 사건을 기억하는 능력을 가지고 있다. 이러한 능력은 관찰한 것을 나중에 모방하는 데서 나타나는데, 실제로 9개월의 영아의 경우 소리를 내기 위해 상자 위에 버튼을 누르는 것과 같은 새로운 행동을 모방할 수 있었다. 이러한 모방은 내적 표상을 통해 가능하며, 시간이 지난 후에도 그 행동을 기억하기 위해 이러한 표상을 사용할 수 있는 회상기억능력이 발달되어 있음을 보여 준다.

❷ 재인

재인(recognition)은 이전의 경험 내용을 눈앞에 놓인 자극을 통해 찾아내는 것으로, 자극을 통해 직접적으로 형성되는 지각적 표상과, 이전에 형성되어 기억 속에 저장된 기억적 표상을 연결 짓는 것을 말한다. 자극이 직접 눈앞에 나타날 때 그 자극에 대한 정보를 기억으로부터 끄집어내는 능력이다. 재인능력은 출생 시부터 나타난다. Piaget의 연구에 따르면, 4~6개월경의 영아가 단지 2분 동안 얼굴 사진을 본 후 2주 후에도 상당한 재인기억을 나타내고 있음을 밝혔다.

Fagan(1973)의 연구에서도 생후 2개월 된 영아가 사각형과 같은 형태를 본 후 1~2일 후에 재인기억을 나타내었는데, 익숙한 그림에 대해서 더욱 재인기억이 오래가는 것을 보여 주었다. Brown과 Campione(1972)는 사람과 동물 사진 80장을 4세 아동에게 제시하고 1주일 후 실시한 재인검사에서 약90%의 정확성을 보이고 있음을 확인했다.

(4) 실행통제과정(Executive control process)

정보처리접근에 따르면, 인간은 주의를 조절하고 정보를 기억하고 인출하기 위해 나름대로의 전략을 선택하고 문제해결을 계획하고 조정하는 능동적이고 자발적인 통제과정을 실행하는데, 이 과정을 실행통제과정이라 한다.

기억과정에서도 나름대로의 전략을 선택하고 조정하는 능동적이고 자발적인 실행통제과정을 통해 더 많은 정보를 기억하고 융통성 있게 정보를 처리하게 된다. 정보처리접근의 관점에서 본다면, 기억이란 고정된 구조를 지니므로 기억의 구조적 성분에는 연령별 발달적 차이가 크게 일어나지 않고, 다만 이러한 실행통제과정에서 기억전략의 사용 유무에 따라서 발달적 차이가 난다고 설명하고 있다.

2) 기억발달

기억발달이란 기억능력의 양적·질적 변화를 일컫는 것으로 기억할 수 있는 정보의 양이 증가할 뿐 아니라 그 정보를 활용하는 능력에서도 일어나는 변화를 말한다.

인간의 기억능력은 태어나면서부터 꾸준히 발달하여 만 5세경에는 기억발달이 급속히 이루어진다. 그 이후에는 동시에 저장할 수 있는 상징의 수와 정보처리속도가 증가하며, 이로 인해 기억의 용량이 커지게 된다. 또한 기억과 관련된 정보에 주의를 집중하거나 경험한 내용을 기억하고 인출하는 과정에서 다양한 기억전략을 사용하게 됨으로써 기억능력이 발달해 간다. 또한 인간의 기억발달은 단일 구조나 과정을 통해 이루어지는 것이 아니라 여러 인지과정의 조합을 통한 인지기능이며, 개인의 지적 활동 및 사회적 활동과도 관련되어 있다. 기억발달은 다양한 기억전략(memory strategy)의 사용과 상위기억(meta-memory) 측면에서 살펴볼 수 있다.

(1) 기억전략(Memory strategy)

기억전략이란 기억을 증진시키기 위해 사용하는 정신적 조작을 말하는 것으로, 약호화, 저장, 인출 등 기억의 전 과정에서 나타난다.

인간의 제한된 기억용량은 다양한 기억전략(memory strategy)을 사용함으로써 극복할 수 있다고 보았는데, 대표적인 기억전략으로는 시연, 조직화, 정교화 등이 있다. 기억전략은 보통 2세경에 처음 나타나지만, 시연, 조직화, 정교화 등의 중요한 전략은 6~7세경에 두드러지게 나타난다.

연령에 따른 기억발달은 대부분 새로운 기억전략이 습득되거나 기존 기억전략에서의 변화에 따른 것으로, 처음에는 기억전략을 사용하기 쉬운 상황이나 비교적 인지적 요구가 크지 않은 상황에서 사용하다가, 점차 연령이 증가함에 따라 다양한 상황에서 기억전략을 사용하고, 보다 질적으로 발전된 기억전략을 사용하게 된다.

주요 기억전략에 대해 자세히 살펴보자.

❶ 시연(Rehearsal)

시연(rehearsal)이란 기억해야 할 과제나 대상을 눈으로 여러 번 봐 두거나 말로 되풀이함으로써 미리 과제를 반복적으로 수행하는 것으로, 기억의 효율성을 높여 주어 단기기억에 저장된 정보의 소멸을 막을 수 있게 한다. 예를 들어 아동에게 어떠한 숫자나 문자를 기억하도록 할 때, 아주 간단한 형태라도 시연을 사용하여 반복해서 수행할 경우 전혀 사용하지 않은 아동보다 더 많이 기억한다. 이러한 시연전략은 제시된 정보를 그대로 기억해야 할 때 효과적이다.

아동의 시연전략에 관한 연구 중 대표적인 연구는 Flavell, Beach, Chinsky(1966)의 5, 7, 10세 아동을 대상으로 한 연구이다. 이 연구에서는 세 연령의 아동에게 7장의 그림을 보여 주고, 이 중 실험자가 임의로 일부 그림을 지적한 후 그 그림을 큰소리로 외우라고 지시하였다. 아동에게는 회상검사를 즉시 혹은 약 15초 후에 실시할 것을 알린 후, 검사가 실시되기 전까지 아동의 입술 모양을 관찰하여 기록한 결과, 5세 아동의 10%, 7세 아동의 60%, 10세 아동의 85%가 15초를 기다리는 동안 입술을 움직이거나 그림의 이름을 반복하는 시연전략을 사용하였는데, 이러한 시연을 한 아동은 그렇지 않은 아동보다 더 많이 기억하였다. 이처럼 연령이 증가할수록 언어적으로 되뇌는 확률이 높았고, 반복적으로 언어적 되뇌기를 한 아동이 더 많이 기억할 수 있음을 보여 주었다.

아동을 대상으로 시연전략 사용을 살펴본 다른 연구(Baker-Ward, Orstein, &

Holden, 1984)에서는 실험자가 3~4세 아동을 대상으로 주어진 장난감을 기억하도록 지시하였을 때, 그들은 주의 깊게 장난감을 살펴보았지만 거의 시연하지는 않았다. 시연전략은 7세경부터 시작되는 것으로 나타났으며, 연령에 따라 그 사용이 증가함을 볼 수 있다. 반복을 통한 시연은 아주 단순한 형태의 기억전략이지만, 시연을 사용한 아동이 전혀 시연하지 않은 아동보다 더 많이 기억하는 것을 볼 수 있어, 기억을 증진시키는 전략으로 볼 수 있다.

❷ 조직화(Organization)

조직화(organization)란 기억해야 할 단어나 대상을 범주로 묶거나 위계관계를 만드는 것을 말한다. 예를 들면 사과, 공, 축구, 귤, 야구 등과 같은 단어를 기억하고자 할 때 과일과 운동으로 위계관계를 나타내는 단어끼리 묶어서 기억하는 전략이다. Piaget에 따르면 유목-포함 조작능력은 논리적 사고가 가능한 구체적 조작기에 가능하다고 보았지만, 최근의 연구(Lange & Pierce, 1992)에서는 유아에게서도 기억을 잘하기 위해 조직화 전략을 사용하는 것으로 나타났다. 이처럼 조직화란 제시된 기억자료의 유목적 성질을 활용하여 기억하기 쉬운 형태로 구성함으로써 기억을 증가시키는 기억전략으로, 크게 2가지로 구분된다.

첫째, 단순한 연합에 의한 군집화(associative clustering)이다. 예를 들어 실-바늘, 우유-컵, 낙타-사막 등 일상적 맥락에서 서로 연관 있는 것끼리 묶는 것을 말한다. 그러나 실제적으로 단어 간의 의미적 관련성을 바탕으로 한 것은 아니다. 이러한 전략은 보통 4~5세의 아동에게 나타나는데, 전략을 사용하면 기억을 더 잘하게 되지만 이들은 학습한 전략을 다른 비슷한 상황으로 일반화하여 사용하지는 못한다(Williams & Goulet, 1975).

둘째, 의미적 관련성을 바탕으로 한 범주화(categorization)이다. 예를 들면, 칼이나 셔츠, 자동차, 숟가락, 비행기, 트럭, 양말, 모자와 같은 항목을 기억해야 할 경우 부엌용품, 의류, 교통수단 등 3개의 의미론적으로 구별되는 범주로 나누어 기억하는 전략으로, 9~10세경에 발달하는 것으로 나타났다(Liberty & Ornstein, 1973).

보통 아동은 단어 간의 유사성이나 연합적 강도를 기초로 조직화하는 경향이 있으며, 연령이 증가할수록 기억자료의 유목적 성질을 더 잘 활용하여 재인함으로써 범주적 관계를 기초로 조직화하는 경향을 보인다. 또한 연령이 증가할수록 조직화 전략을 더 많이 사용하며, 전략 사용에 있어서 질적 차이가 나타나며, 기억용량도 증가하고 효율적이다. 나이가 어릴수록 항목을 분류하는 범주의 수가 많고 의미적 관련성이 적으며 독자적이나, 나이가 증가할수록 동일 분류에 속하는 항목의 의미적 관련성이 높은 것으로 나타났다(Bjorklund & Harnishfeger, 1987; Frankel & Rollins, 1985). 또한 어린 아동은 자료를 많은 범주로 조직화하고 각 범주에 적은 항목을 포함하지만 점차 동일한 자료를 소수의 범주로 조직화하고 한 범주에 비교적 많은 항목을 포함하게 된다.

❸ 정교화(Elaboration)

정교화(elaboration)란 기억하려는 대상 간에 의미 있는 관계를 부여하여 기억을 용이하게 하려는 전략이다. 예를 들어 책상과 강아지를 기억하고자 할 때 '강아지가 책상 아래에 있다.'라는 언어적 표현을 통해 기억을 용이하게 하거나, 강아지가 책상 아래에 있는 모습을 심상으로 만들어 기억하는 전략을 말한다. 혹은 사과, 바위, 강아지의 세 항목을 기억할 경우, 강아지가 사과를 물고 바위 위에 앉아 있는 이미지를 만든다면 회상에 도움이 될 것이다.

이러한 정교화 전략은 다른 전략들에 비해 비교적 늦게 발달하는데, 보통 청년기에 나타나 성인 초기까지 점진적으로 발달하지만(Rohwer & Litrownik, 1983), 한 연구(Rhan, Ledger, & Weed, 1987)에서는 5세 아동에게도 정교화 전략을 훈련시켜 기억수행이 증가됨을 보고하고 있다. 또한 연령이 증가할수록 정교화 전략에 있어 질적인 차이가 나타나는데, 처음에는 단어 사이의 상호 관련 없는 비상호작용적 정교화를 사용하다가, 점차 단어 간의 활동적인 상호작용을 포함하는 상호작용적 정교화를 사용하게 된다. 상호작용이 있는 정교화는 기억하기에 좋은 심상을 만들어 내므로 기억에 효과적이다.

이처럼 다양한 기억전략은 기억에 도움이 됨에도 불구하고, Flavell(1970)은 아동이 거의 기억전략을 효율적으로 활용하지 않음을 발견하고, 이를 기억전략 활용의 결함(deficiency of memory strategy)이라고 하였다. 기억전략의 결함에는 크게 산출결함, 통제결함, 사용결함으로 구분되는데, 보통 산출결함, 통제결함, 사용결함의 순서로 결함이 나타난다고 보았다.

산출결함(production deficiency)이란 기술이나 능력이 부족해서가 아니라 전략 사용이 유용한 상황에서도 자발적으로 전략을 사용하지 않는 것을 말하며, 통제결함(control deficiency)이란 가끔은 유용한 전략을 산출할 수는 있으나 이전과 동일한 과제임에도 불구하고 이전에 사용한 적합한 전략을 사용하지 않음으로써 전략 사용이 일관적이지 못함을 말한다. 사용결함(utilization deficiency)이란 자발적으로 전략을 일관성 있게 사용할 수 있으나 이러한 전략 사용이 회상기억을 촉진하지 못하는 것이다.

이러한 현상을 '잘못된 전략(faulty strategy)' (Wellman, 1988) 또는 '전략의 비효율성(a lack of strategy effectiveness)'(Schneider & Sodian, 1988)이라고 하는데, 이는 많은 정신적 노력이 필요한 새로운 전략을 실행할 때나 혹은 상위기억의 부족으로 새로운 전략이 주어진 과제에 적합지 않음을 인식하지 못하기 때문에 나타난다고 한다(Bjorklund & Coyle, 1995).

(2) 상위기억(Meta-memory)

상위기억, 혹은 메타기억이란 자신의 기억능력 전반에 관한 지식과 기억과정에 대한 통제능력을 말하는 것으로, 기억전략 중 하나이다.

'메타(meta)'의 개념은 흔히 상위인지 혹은 메타인지(meta-cognition)의 개념과 함께 많이 알려진 용어로 '어떤 활동이나 행위 뒤에 오는 혹은 그것을 넘어서는 고차원적인 활동이나 행위'를 의미한다. 즉 메타인지가 '인지에 대한 인지'를 의미한다면, 메타기억이란 '기억에 대한 인지', 즉 상위기억이라는 의미로 사용된다.

❶ 기억에 관한 상위인지적 지식

기억에 관한 상위인지적 지식이란 자신의 기억능력 전반에 관한 지식으로, 크게 사람(person), 과제(task), 전략(strategy)의 3가지 측면으로 나누어진다. 즉 자신의 기억능력이 어떠한지 정확히 판단하고, 과제에 따라 요구되는 기억능력이 어떤 것인지를 알고, 어떤 기억전략이 더 적합한지 등 기억과정 전반에 관한 지식을 말한다.

첫째, 자신의 기억능력에 대해 정확한 판단과 예상을 할 수 있는 능력이다. 일반적으로 연령이 증가할수록 자신의 기억능력과 한계에 대해 보다 정확하고 현실적인 판단 능력을 갖게 된다.

Yussen과 Levy(1975)는 4세, 8세 아동과 20세 대학생에게 10장의 그림을 보여 준 후 그들이 한꺼번에 몇 장의 그림을 정확하게 회상할 수 있는지를 예측하는 과제를 수행한 결과, 나이가 어릴수록 실제 기억수행과 예측치 간의 차이가 큼을 보여 준다. 이처럼 연령이 증가할수록 자신의 기억능력에 대한 평가를 현실적이고 정확하게 판단하게 되는 것은 자신의 기억능력에 관한 지식인 '상위기억'이 증가함을 의미한다.

둘째, 과제에 따른 자신의 기억능력의 차이를 아는 능력이다. 예를 들면, 숫자를 기억하는 것보다 문자를 기억하는 것이 더 쉽다거나, 이야기의 의미를 기억하는 것이 언어 형태를 그대로 기억하는 것보다는 쉽다는 것을 아는 것이다.

Kreuter(1975) 등의 연구에서는, 자신의 말로 다시 이야기해 구성하는 구성적 회상이 자기가 들은 것과 똑같은 말로 이야기하는 축어적 회상보다 쉽다는 것을 학령 후기 아동이 알고 있음을 보여 준다.

셋째, 과제에 따라 어떤 전략이 더 필요한지, 기억에 더 도움이 되는지를 아는 것, 즉 기억전략에 관한 지식을 말한다. 예를 들면, 숫자를 잘 기억하기 위해서는 어떤 전략을 쓰는 것이 좋은지, 보물찾기 놀이를 할 때 보물을 숨겨둔 곳을 기억하기 위해서는 어떤 표시를 하거나 유심히 보아 두거나 하면 나중에 기억해 내기가 쉽다는 것을 아는 능력이다. 일반적으로 연령이 증가할수록 보다 많은 일에 적합한 전략을 사용하게 된다.

기억전략에 관한 지식은 조금 늦게 발달하기 시작하는데, 만 7세경의 아동이라도 기억에 있어 시연과 조직화 같은 전략이 유용할 수 있음을 거의 깨닫지 못하고, 11세경이 되어서야 조직화가 시연보다 효과적임을 인식하게 된다(Justice et al., 1997).

❷ 기억에 관한 자기조절능력

기억에 관한 자기조절(self-monitoring)능력이란 자신의 기억 과정을 계획하고(planning), 조절하고(monitoring), 평가하는(evaluating), 기억의 전 과정에 대한 메타인지적 자기조절능력을 말한다.

기억에 관한 자기조절능력은 비교적 어린 유아에게서도 나타나지만 성인의 경우도 완벽하게 발달 되지는 않으며(Zabrucky & Ratner, 1986), 기억전략이 어떻게, 왜 필요한지에 대한 이해를 통해 향상시킬 수 있다고 본다(Schneider & Pressley, 1989).

CHAPTER

02

마음이론

마음(mind)이란 무엇인가? 마음을 이해한다는 것은 무엇을 의미하는가?

마음에 대해 정의를 내리기 쉬운 일이 아니나, 마음이론(Theory of mind)에서는 다른 사람의 행동을 믿음과 바람과 같은 내적·정신적 상태에 기초하여 지각하고, 해석하고, 예상하고, 설명하는 능력을 집합적으로 제시한다(School & Leslie, 2001). 이런 관점에서 볼 때, 마음은 사람의 믿음, 바람, 정서, 그리고 의도의 총체이다(Astington, 1995).

"The mind consists of mental states for which we have expressions in our language, like knowing, thinking, feeling, wanting and so on."

– Whiten & Perner(1991).

마음이론 연구자들은 일반적으로 인간의 행동은 믿음(belief), 바람(desire), 의도(intention)와 같은 마음 상태에서 기인하는 것으로 가정한다. 자신의 믿음(belief)에 근거하여 바람(desire)을 충족하려는 방향으로 행동한다는 것이다. 이러한 가정에 따라 믿음, 바람, 의도와 같은 마음 상태를 이해한다면 사람들이 왜 그렇게 행동하는가를 이해하고 예측할 수 있다는 것이다. 이런 점에서 볼 때, 마음에 대한 이해는 타인과 상호작용하는 데 있어서 없어서는 안 되는 중요한 능력이라 할 수 있다.

마음이론의 또 다른 가정은 일반적으로 인간은 외부 세계를 표상할 때 자신의 경험과 지식을 바탕으로 대상을 해석하여 마음에 표상하기 때문에 표상 대상을 사실과 다르게 표상할 수 있다는 것이다. 표상 대상에 대한 자신의 생각이 틀릴 수 있다는 것, 즉 '잘못된 믿음'(false belief)에 대해 이해하고 추론하는 능력을 갖는 것, 이것을 마음이론을 획득했다고 보는 것이다. 이처럼 내 마음속에 표상한 것을 다시 표상하기 위해서는 상위표상(meta-representation)할 수 있는 능력이 필요한데, 이를 마음이론(mind theory)이라고 한다.

1 마음에 대한 이해

우리인간이 언제쯤 눈으로 확인할 수 없는 마음의 개념을 이해하게 되는지 처음으로 관심을 가진 사람은 Piaget(1929/1960)이다.

Piaget는 유아가 어떻게 다른 사람의 공간적 조망(spatial perspective)을 이해하게 되는지를 통해 유아의 마음에 대한 이해 능력을 설명하고자 하였다. 알려진 바와 같이, Piaget는 세 산 실험(three-mountain experiment)을 통해 유아기에는 다른 사람의 공간적 조망이 자신의 조망과 다를 수 있음을 이해하지 못한다고 보았다.

Piaget의 세 산 실험을 자세히 살펴보면, 유아에게 세 개의 산 모형 주변을 돌게 하여 각 위치에서 산이 어떻게 보이는지 직접 경험하게 한 후, 모형의 정면에 앉힌다. 그리고 여러 위치에서 산 모형을 찍은 사진을 보여 준 후 반대편에 앉아 있는 인형에게 보이는 산 모형을 고르도록 하였을 때, 7세 이전의 유아의 경우 자신의 위치에서 보이는 산 모형 사진을 골랐다. 이는 자신의 눈에 보이는 세 산 모형은 정확히 이해하나, 타인에게 보이는 모양이 자신의 것과 다를 수 있음을 이해하지 못하기 때문으로 설명할 수 있다.(위치이동)

이는 자신의 생각과 타인의 생각, 자신의 감정과 타인의 감정, 자신에게 보이는 공간적 조망과 타인에게 보이는 조망이 다를 수 잇음을 이해하지 못하는 유아기 사고의 특성인 자아중심성(egocentrism)에 근거하는 것으로, 구체적 조작기에 이르러서야 타인의 위치에 자신을 대치하여 보는 역할수용(role-taking)과정을 통해, 자신과 타인의 조망이 다를 수 있음을 이해하는 공간적 조망수용능력을 갖게 된다고 주장하였다.

이러한 Piaget의 관점에 따르면, 유아는 자신의 마음을 먼저 이해한 후 점차 타인의 입장에 자신을 대치함으로써 다른 사람의 마음을 이해하게 된다는 것이다.

그렇다면 마음에 대한 이해는 어디서, 그리고 언제부터 시작되는지 살펴보자.

대부분의 연구에서는 2세경부터 마음 상태의 일부 특성을 알고, 4~5세경에는 상위표상능력이 발달하여 마음이 표상이라는 사실, 즉 마음의 표상적 특성을 이해하게 된다고 한다. Wellman(1994)의 '틀린 믿음 과제 실험(Sally-Anne False Belief Test)'에서도 4세경에 마음이론을 획득하는 것으로 나타났다. 그러나 2세 이전에 마음의 특성을 이해하는 전조적 능력이 이미 존재함을 보여 주는 연구들도 있다.

School과 Leslie(2001)는 믿음(belief), 바람(desire), 가상(pretense)의 개념을 포함하는 마음이론의 주된 특성은 적절한 환경적 요인에서 나타나는 천부적인 것으로, 마음이론의 습득은 보편적이며 일정한 시간표를 따른다고 하였다.

이에 대해 Wellman과 Cross(2001)는 마음이 천부적 능력이라는 주장에 반박하면서, 마음이론을 획득하는 과정을 살펴보면, 바람(desire)에 대한 이해가 먼저 나타난 후에 믿음(belief)과 틀린 믿음(false belief)에 기초하는 바람(desire)의 이해로 진전되는 개념적 변화가 나타난다고 주장한다. 그리고 믿음(belief) 개념은 3세보다 약간 늦은 4세경에 나타난다고 제시하였다.

1) 마음이해의 전조적 능력

마음의 특성을 이해하기 시작하는 2세 이전 영아에게 나타나는 마음이해의 전조적 능력에 대해 살펴보자.

Woodward(1998)는 생후 5개월 된 영아들을 대상으로, 처음 실험 장면에서는 손을 뻗어서 2개의 장난감 중 하나를 쥐게 하고, 새로운 실험 장면에서는 2개의 장난감의 위치를 바꾸어 제시하였다. 연구결과 5개월 된 영아는 습관적으로 잡던 장난감을 잡기 위해 팔의 방향을 바꾸어 잡는 행동을 보였다. 이는 영아가 장난감을 잡는 행동이 단순히 팔의 공간적 움직임으로 인한 행동이 아니라 특정 대상을 향한 의도(intention)된 행동임을 이해하고 있음을 시사한다.

생후 9개월 정도가 되면 영아들은 다른 사람들과 더 많은 상호작용을 경험하게 되고 이로써 다른 사람의 표정을 통해 자신의 행동을 조절하는 행동을 보이게 된다.

한 연구(Repacholi, 1997)에서는 생후 14개월 된 영아가 다른 사람의 표정을 통해 자신의 행동을 조절한다는 실험적 증거를 보여 준다. 연구에 따르면, 실험자가 두 개의 상자 중 한 상자는 열어 본 후 기쁜 표정을 짓고, 다른 상자는 역겨운 표정을 지은 후 영아에게 두 상자를 제시하였을 때, 영아는 역겨운 표정을 지은 상자는 열어 보려고 하지 않았다. 즉 영아는 상대방의 표정을 보고 자신의 행동을 조절하는 사회적 참조(social referencing) 행동을 보였다.

이러한 연구결과는 영아도 상대방의 마음 상태를 알아내기 위해 눈길 감시를 하며 상대방의 표정에서 마음 상태를 추측함으로써 그 사람의 의도나 마음을 이해할 수 있는 마음이해 능력이 시작되었음을 보여 준다.

2) 상징놀이와 마음이론

상징놀이는 표상으로서의 마음을 이해하는 능력이 생겼음을 보여 주는 것으로, 마음이론의 획득과 관련된다.

상징놀이(symbolic play)란 '마치 ~인 것처럼(as-if)' 행동하는 가장적인 행동 또는 비사실적 행동으로 설명되는 놀이로 가상놀이라고도 한다.

생후 12개월이 지나면서 영아는 베개를 아기로, 자신을 '마치(as-if) 엄마인 것처럼' 가상하여 놀이를 한다. 다른 아이가 바나나를 전화기처럼 귀에 대고 말하면, 친구가 마음속에서 바나나를 전화기로 표상한다는 것을 이해하면서 자신도 바나나를 전화기로 표상하게 된다는 것이다. 이는 사물을 실재(reality)와는 다르게 마음속으로 표상할 수 있는 능력이 생겼음을 보여 주는 사례로서, '표상(representation)으로서의 마음의 특성'을 이해하는 증거로 볼 수 있다.

그러나 상징놀이를 하는 영아가 특정 대상에 대한 자신의 표상을 다시 표상하는 능력, 즉 표상에 대한 표상을 의미하는 상위표상(meta-representation)능력을 가지는지에 대해서는 연구자마다 의견이 다르다.

Piaget는 감각운동기 말기에 상징놀이를 시작하는 것은 정신적 표상능력을 가지게 되었기 때문으로 보았다. 그러나 베개를 아기로 가상(as-if)하고 노는 유아는 베개가 아기를 표상한다는 사실을 이해한다고는 볼 수 있으나, '자신이 베개를 아기로 표상하고 있다'는 것을 다시 표상할 수 있는 상위표상(meta-representation)능력이 있는지에 대해서는 분명하게 언급하지 않았다.

Perner(1991)와 Leslie(1987, 1994)는 Piaget와는 상반된 관점을 제시한다.

Perner(1991)에 따르면, 베개를 아기라고 가상(as-if)하여 놀 때 '실제로는 베개다'라는 걸 알지만, 상징놀이 상황에서는 '베개가 아기다'라고 생각한다는 것이다. 이는 2개의 다른 상황을 각각 표상하는 것으로, 베개를 아기로 표상하는 것이라 볼 수 없다는 주장이다. 오히려 상징놀이를 하는 유아는 실제 상황과 다른 가상적 상황을 단순히 '척하는 것(action-as if)'일 뿐이며, 실제 상황과 가상적 상황을 각각 표상하여 '마치 가상적 상황을 실제 상황인 것처럼' 행동하는 것뿐이라고 주장한다. 반면 Leslie(1987, 1994)는 베개를 아기로 가상하여 놀이를 할 때, 유아는 '실제로 이것은 베개다'라는 사실로부터 분리하여 '이것은 아기다'로 마음속에서 가상하여 표상할 수 있는 능력이 있음을 보여 주는 것이라 주장하였다.

그렇다면, 2세 영아가 상징놀이를 하는 것이 Leslie(1987, 1994)가 주장한 대로, 자신이 사실과 다른 상황을 표상하고 있다는 것을 생각하는 능력이 있는 것인지, 아니면 Perner(1991)가 주장한 대로, 단순히 '척하는 행동(action-as if)'을 하는 것인지는 앞으로 더 연구되어야 할 주제이다.

3) 바람(Desire)과 의도(Intention)

'바람(Desire)'이란 무엇인가를 원하는 마음 상태이고, 어떤 것을 '의도(intention)'한다는 것은 어떤 일이 이루어지도록 시도하는 것으로, 바람은 가질 때 바라는 상황을 마음속에 그려 표상하거나, 어떤 일을 의도하는 것은 마음속에 표상한 내용과 실제로 일어난 상황이 다를 수 있음을 이해해야 한다는 점에서 마음이론의 발달과 관련된다.

'바람'이란 무엇인가를 원하는 마음 상태로, 2세경이 되면 영아는 말을 하기 시작하면서 '하고 싶다(want)', '갖고 싶다(need)' 등의 단어를 사용하기 시작하면서 어떤 것을 원하는 마음 상태인 '바람(desire)'을 가지게 된다. 3세경부터는 현재 상태와 바람(desire), 행동(action) 사이의 관계를 이해하게 되며, 자신이 바라는 상태가 이루어질 때까지 행동한다는 사실을 이해하게 되면서 바람(desire)에 대한 이해가 가능해진다. 3세경이 되어, 자신이 바라는 결과를 얻으면 기쁘지만, 만일 자신이 바라는 결과를 얻지 못하면 기분이 좋지 않다는 바람(desire)과 정서(emotion) 간의 관계도 이해하게 된다(Wellman & Wooley, 1990; Yuill, 1996).

이처럼 바람은 바라는 상황을 마음속에 그려 표상하는 것이므로, 마음이론의 획득과 관련된다고 본다. 그러나 많은 연구(Perner, 1991; Wellman & Bartsch, 1994)에서는 우리가 무엇인가에 대해 바람을 가질 때 바라는 상황을 마음속에 그려 표상하지만, 그렇다고 자신이 바라는 상황을 마음속에 표상하고 있다는 것을 다시 표상하는 것은 아니기 때문에, 바람(desire)을 상위표상으로 이해할 필요는 없다고 주장한다.

'의도'란 어떤 일이 이루어지도록 시도하는 것으로, 3세경이 되면, 자신이 바라는 목표 상황을 이루기 위해 여러 행동을 시도하면서 목표 지향적 행동(goal-directed action)을 하게 된다(Frye, 1995). 그러나 의도한 것의 결과는 의도했던 것과 다를 수 있을 뿐 아니라, 의도하지 않았음에도 어떤 일이 일어날 수 있다. 따라서 의도를 이해하기 위해서는 마음속에 표상한 내용과 실제로 일어난 상황이 다를 수 있음을 이해해야 한다는 점에서 마음이론의 획득과 관련되며, 마음 상태를 표상으로 이해하는 능력이 요구되는 의도(intention)와 행동의 결과 간의 관계는 4세가 지나야 가능해진다고 본다. 4세 이전의 유아가 우연적 결과와 의도적 결과를 구분하지 못하는 것은 실제 상황과 다른 상황을 마음속에 표상할 수 있는 능력이 없기 때문이다.

4) 지각(Perception)

지각이란 외부 자극을 보고 그것이 무엇인지를 알고 이해하는 내면적이며 정신적인 과정으로, 외부 세계 그 자체가 아니라 개개인이 그것을 표상하는 것이란 점에서 주관적 특성을 지닌다. 즉 같은 외부 자극도 사람에 따라 다르게 지각될 수 있다는 의미이다. 이처럼 한 사물에 대한 지각 경험은 그 사물에 대한 표상이며 그 내용은 보는 사람에 따라 달라질 수 있다는 지각의 표상적 특성을 이해하는 것은 마음이론의 획득과 관련된다.

한 연구에 따르면(Flavell, Everett, Crift & Flavell, 1981), 바로 서 있는 거북이의 그림을 바로 혹은 거꾸로 뒤집어 유아에게 보여 주고, 거북이가 바로 서 있는지 거꾸로 서 있는지 질문한 결과, 3세와 4세 유아 모두 정확하게 답하였다. 그러나 책상 반대편에 앉아 있는 실험자에게 바로 서 있는 거북이의 그림이 어떻게 보일지에 대해선 4세 아동만 정확하게 답하였다.

이에 대해 한 연구(Masangkay, Mccluskey, McIntyre, Sims-Knight, Vaughn, & Flavell, 1974)에서는 3세 유아가 '책상 반대편에 앉아 있는 실험자에게 보여질 그림이 어떤 것일지에 대한 질문'에 대해 틀린 답을 한 것은 한 사물이 보는 각도에 따라 다르게 지각될 수 있다는 것을 모르기 때문이라고 보았다. 즉 지각 경험은 사물에 대한 표상이며 보는 방향에 따라 그 내용이 달라질 수 있다는 지각의 표상적 특성을 이해하지 못하기 때문임을 설명하고 있다. 이처럼 4세가 되어서야 지각의 표상적 특성을 이해한다는 것은 사물의 외양과 실재가 다를 수 있음을 4세가 되어서야 아는 게 가능해짐을 보이는 다른 연구결과를 통해서도 나타난다(Flavell, Flavell, & Green, 1983).

이러한 결과는 Piaget의 세 산 실험에서 '책상 반대편에 앉아 있는 실험자에게 보여질 그림이 어떤 것일지에 대한 질문'에 대한 유아들의 오답이 유아기 자아중심적 사고로 인하여 공간적 조망수용(perspective-taking)능력을 갖지 못한 것으로 보았던 Piaget의 관점과는 다른 설명이다.

5) 지식(knowledge)

우리가 어떤 사실을 '안다(know)'고 할 때는 그 사실에 대한 정확한 내용, 즉 어떤 사실에 대한 정확한 표상을 가지고 있음을 의미한다.

이 같은 지식의 표상적 특성을 아동이 이해하게 되는 것은 언제인가에 대해 살펴보자.

생후 1년 반 정도가 지나 말을 하게 되면서 유아들은 '난 알아', '난 몰라'와 같은 말을 사용하기 시작하며 2, 3세가 되면 매우 흔하게 사용한다(Bartsch & Wellman, 1995). 그러나 2, 3세 유아들이 '안다'라는 단어를 사용할 경우는 대부분 어떤 일을 성공적으로 수행하였을 때나 사실과 일치하는 자신의 생각을 나타내고자 할 때이다. 그러나 우연히 정답을 말한 경우에도 안다고 말하는 경향이 있어, 어떤 사실에 대해 지각적으로 접해 본 경우에만 그 사실에 대한 지식을 가질 수 있다는 것과 사실에 대한 정확한 정보를 가지고 있을 때만 '안다'라고 말할 수 있음을 아직 이해하지 못하는 것을 볼 수 있다.

그러나 4세가 되면 유아는 지식이란 어떤 사실에 대한 정확한 표상이며 그 사실에 대한 정보를 접해야만 정확한 표상을 가지게 된다는 지식의 표상적 특성을 보다 분명하게 이해하게 된다는 것이다. 그 결과 4세가 지나면서 유아는 짐작으로 정답을 맞힌 것과 실제로 아는 것과의 차이를 이해하게 된다. 따라서 우연히 맞힌 답을 자신이 알고 있는 것으로 잘못 답하는 경우는 4, 5세 유아보다 3, 4세 사이의 유아에게서 더 많았다(Perner, 1991). 이는 안다는 것은 어떤 사실에 대한 정보를 접하여 그 사실에 대한 정확한 표상을 가지게 되는 것임을 4, 5세 사이에 이해하게 된다는 것을 보여 주는 것이다.

6) 생각(Thinking)과 믿음(Belief)

어떤 사물에 대한 '생각'과 '믿음'은 어떤 사실에 대한 자신의 표상으로 마음이론의 발달과 관련된다.

마음이론을 획득했다는 것은 '생각'과 '믿음'의 마음적 특성을 이해하는 것으로,

첫째, 인간의 생각이 행동을 결정하며, 둘째, 생각과 믿음은 표상적 특성을 지니는 것으로, 이 표상의 내용은 사실과 일치할 수도 있고 일치하지 않을 수도 있음을 이해함을 의미한다.

보통 2세경이 되면 영아는 마음이 외부세계를 특정방식으로 표상한다는 것은 이해하지 못하나 마음이 외부세계와 연결된다는 관계개념은 이해한다고 본다(김혜리, 1997). 이 시기 영아는 '생각한다(think)'라는 단어를 많이 사용하기 시작하는데 이때는 대개 확실한 사실을 나타내거나 자신의 견해를 나타내기 위해서이다. 그러나 사실을 잘못 알고 있는 경우에는 '생각한다(think)'라는 단어를 사용하지 않는데, 이는 생각이란 사실과 다를 수 있다는 표상적 특성을 지님을 이들이 이해하지 못함을 의미하는 것이다.

3세가 되면 유아는 '생각한다'는 것은 추상적이어서 직접 만지고 볼 수 있는 것이 아님을 이해하게 되며, 생각과 행동의 관계를 이해하기 시작한다. 즉 생각이 행동을 결정한다는 마음의 특성을 이해하기 시작한다.

한 연구에서(Wellman & Bartsch, 1988) 3세 유아의 77%는 현관에 있을 것이라고 생각하는 사람은 현관에서 강아지를 찾을 것이라고 답하면서, 마음속의 '믿음'과 '생각'이 행동을 결정한다는 사실을 이해하고 있음을 보여 준다. 즉 인간의 생각이 행동을 결정한다는 마음의 특성을 이해하기 시작하는 것이다. 그러나 '생각'과 '믿음'과 같은 표상의 내용이 사실과 일치할 수도 있고 일치하지 않을 수도 있음을 이해하는 것은 4세경이 되어서야 가능하다고 본다.

4세경이 되면 생각이나 믿음의 표상적 특성을 보다 분명하게 이해하기 시작하면서, 어떤 사실에 대한 틀린 믿음을 가질 수 있다는 것을 이해하기 시작한다. 즉 틀린 믿음(false belief)에 대한 이해이다.

2 틀린 믿음 과제

Wellman(1994)은 틀린 믿음(false belief)에 대한 이해는 마음의 표상적 특성을 이해하는 증거로 보았으며, 3세경에 시작하여 4세경에는 완전히 이해하게 된다고 보았다.

샐리는 검은색 상자를 앤은 흰색 상자를 가지고 있다. 샐리가 공을 검은색 상자에 넣고 밖으로 나간 사이에 앤은 그 공을 흰색 상자에 옮겨 놓는다. 샐리가 돌아왔을 때, 그녀는 과연 어디에서 그 공을 찾을까?

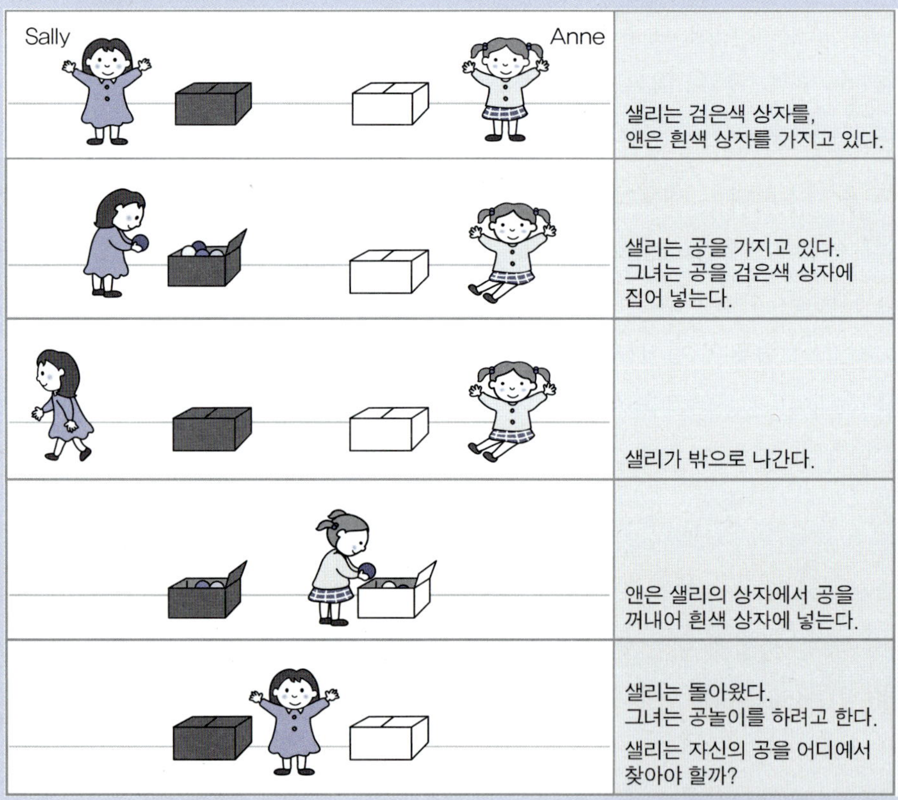

[그림 1-2-1] Wellman(1994)의 틀린 믿음 과제(Sally& Anne False-belief Task) 실험

[그림 1-2-1]은 Wellman의 틀린 믿음 과제(Sally & Anne False belief Task) 실험이다.

> Sally는 '검은색 상자'를 Anne은 '흰색 상자'를 가지고 있다.
> Sally가 공을 검은색 상자에 넣고 밖으로 나간 사이에 Anne은 그 공을 '흰색 상자'에 옮겨 놓는다.

위 상황을 보여준 후 3세, 4세 유아들에게 다음과 같은 질문을 하였다.
Sally가 돌아왔을 때, 그녀는 과연 어디에서 그 공을 찾을까?

위의 질문에 대해, 대부분의 3세 유아들은 '흰색 상자'라고 답한다.
공이 실제로 들어 있는 곳이 '흰색 상자'이기 때문에 Sally는 돌아와 '흰색 상자'에서 공을 찾는다는 것이다.
이는 3세 유아들의 경우, 공이 '검은색 상자'에 있다고 생각하는 Sally의 생각을 추론하지 못하는 것으로, 타인의 생각을 표상하는 능력인 마음이론을 획득하지 못한 것으로 본다. 또한 믿음(Sally는 공이 '검은색 상자'에 있다고 믿음)과 실제(공은 사실상 '흰색 상자'에 있음)가 다를 수 있다는 사실, 즉 '틀린 믿음(false belief)'을 이해하지 못하기 때문에 마음이론을 획득하지 못했다고 본다.

반면 대부분의 4세 유아들은 '검은색 상자'라고 답한다.
공이 실제로 들어 있는 곳이 '흰색 상자'이지만, Sally는 밖으로 나가기 전에 '검은색 상자'에 공을 넣었기 때문에, 공이 여전히 '검은색 상자'에 있을 것으로 생각하여 '검은색 상자'에서 공을 찾는다는 것이다.
이는 4세 유아들의 경우, 공이 '검은색 상자'에 있다고 생각하는 Sally의 생각을 추론하는 능력 즉 타인의 생각을 표상하는 능력을 갖는 것으로, 마음이론을 획득한 것으로 본다. 또한 믿음(Sally는 공이 '검은색 상자'에 있다고 믿음)과 실제(공은 사실상 '흰색 상자'에 있음)가 다를 수 있다는 사실, 즉 '틀린 믿음(false belief)'을 이해한다는 점에서, 마음이론을 획득했다고 본다.

여기서 4세 유아들이 마음이론을 획득했다는 의미를 다시 정리하면 다음과 같다.

첫째, 생각(thinking)이나 믿음(belief)이 실제와 다를 수 있음을 아는 것이다.

실제로 공은 흰색 상자에 있지만 샐리는 검은색 상자에 공이 있다고 생각한다는 것, 즉 틀린 믿음(false belief)을 이해한다는 것이다.

둘째, 생각이나 믿음이 행동을 결정한다는 사실을 이해했다는 것이다.

공이 검은색 상자에 있다고 생각하기 때문에, 검은색 상자에서 공을 찾는 행동을 할 것임을 추론할 수 있다는 것이다.

이처럼 Wellman의 '틀린 믿음 과제 실험'에서 보듯이, 4세 유아는 마음의 표상적 특성을 이해하고, 마음이론을 획득한 것으로 볼 수 있다.

그러나 많은 학자는 4세 유아가 틀린 믿음을 이해하고 마음이론을 획득한다고 해서 마음에 대한 이해가 학령 전에 완성된다고 볼 수는 없음을 강조한다.

Perner(1988b)와 Flavell(1988)은 사춘기 정도에 이르러 고차순위표상(high order representation)으로서의 마음을 이해할 수 있게 된다고 보았다.

고차순위표상으로서의 마음에 대한 이해란 어떤 사람의 생각을 내가 생각하는 것은 1차 순위 믿음(first order belief)이라고 할 때, 그 생각에 대해 또 다른 어떤 사람이 생각하게 되는 것을 2차 순위 믿음, 즉 고차순위표상이라고 한다. 예를 들면, 누나의 생각에 대한 동생의 생각을 내가 다시 생각해 내는 것처럼, 마음에 대한 표상을 두 번 이상 회귀시키는 것을 의미한다.

Pener와 Wimmer(1985)의 연구에 따르면, 7세 정도가 되어야 2차 순위 믿음을 이해하게 되며, 사춘기 정도가 되면 2차 이상의 고차순위믿음도 이해하게 될 것으로 본다. 또한 모든 사람이 바람(desire), 믿음(belief) 등을 가지고 있을 뿐 아니라 이러한 바람, 믿음, 생각이 개인적이고, 특정적이며, 지속적 특성을 지님도 알게 된다고 보았다.

지금까지 살펴본 마음에 대한 이해능력은 유아가 타인의 생각이나 바람, 의도를 아는 것은 또래 관계에도 많은 도움이 될 수 있으며, 궁극적으로 사회적 관계를 맺고 유지하는 데 도움이 된다.

마음에 대한 이해능력이 반사회적 행동(Happe & Frith, 1996)을 하는 정도나 또래들 사이의 인기도(Dockett, 1977)와 관련이 있음을 밝히는 연구들을 통해 살펴볼 때, 마음이론의 획득은 유아기 사회성 발달과도 긴밀하게 관련됨을 볼 수 있다. 즉 사회성이 높은 유아는 그렇지 않은 유아보다 타인의 마음에 대한 이해능력이 더 높을 가능성이 있다는 것이다. 이는 인지능력으로서의 마음에 대한 이해능력의 발달이 사회성 발달과도 긴밀하게 관련되어 있음을 보여주고 있어, 유아기 사회성 발달과 교육에 있어 시사점을 제공한다.

유아교육현장에서 사회성 발달을 이끌기 위한 교육 프로그램 모형들을 살펴보면, 주로 행동주의나 사회학습이론에서 제시한 모방이나 강화, 관찰학습 등을 통한 친사회적 행동(prosocial behavior)의 학습을 위한 프로그램들이 대부분이다. 예를 들면, 좋은 행동을 많이 보여줌으로써 모델링을 제공하고, 강화를 통해 행동을 학습하도록 하는 것이다. 그러나 마음이론의 획득이 만 4세부터 가능하다면 발달과의 관련성이 있음을 유아교육현장에 적용한다면, 타인의 생각이나 감정, 관점이 다를 수 있음을 이해하고, 타인의 마음을 추론할 수 있는 사회인지적 사회교육 프로그램들이 유아교육현장에서 더욱 활성화될 수 있을 것이다.

3 마음이론과 사회성 발달

지금까지 살펴본 바와 같이 마음에 대한 이해능력은 유아가 타인의 생각이나 바람, 의도를 아는 것은 또래 관계에도 많은 도움이 될 수 있으며, 궁극적으로 사회적 관계를 맺고 유지하는 데 도움이 된다.

마음에 대한 이해능력이 반사회적 행동(Happe & Frith, 1996)을 하는 정도나 또래들 사이의 인기도(Dockett, 1977)와 관련이 있음을 밝히는 연구들을 통해 살펴볼 때, 마음이론의 획득은 유아기 사회성 발달과도 긴밀하게 관련됨을 볼 수 있다. 즉 사회성이 높은 유아는 그렇지 않은 유아보다 타인의 마음에 대한 이해능력이 더 높을 가능성이 있다는 것이다.

이는 인지능력으로서의 마음에 대한 이해능력의 발달이 사회성 발달과도 긴밀하게 관련되어 있음을 보여주고 있어, 유아기 사회성 발달과 교육에 있어 시사점을 제공한다.

유아교육현장에서 사회성 발달을 이끌기 위한 교육 프로그램 모형들을 살펴보면, 주로 행동주의나 사회학습이론에서 제시한 모방이나 강화, 관찰학습 등을 통한 친사회적 행동(prosocial behavior)의 학습을 위한 프로그램들이 대부분이다.

예를 들면, 좋은 행동을 많이 보여줌으로써 모델링을 제공하고, 강화를 통해 행동을 학습하도록 하는 것이다. 그러나 마음이론의 획득이 만 4세 부터 가능하다면 발달과의 관련성이 있음을 유아교육현장에 적용한다면, 타인의 생각이나 감정, 관점이 다를 수 있음을 이해하고, 타인의 마음을 추론할 수 있는 사회인지적 사회교육 프로그램들이 유아교육현장에서 더욱 활성화될 수 있을 것이다.

CHAPTER

03

인지발달이론

1. Piaget 이론

1) 기본 개념
2) 인지발달 단계이론
3) Piaget 이론의 교육적 시사점

2. 신 Piaget 이론

1) Case 이론
2) Fisher 이론

3. Vygotsky 이론

1) 인지발달과정
2) 주요 개념
3) Vygotsky 이론의 교육적 시사점
4) Piaget와 Vygotsky 이론의 관점 비교

4. 정보처리접근(Information-processing approach)

1) 정보처리접근 인지과정
2) 정보처리접근의 특성과 비판

본 장에서는 주요 인지발달이론들을 중심으로, 각 이론이 제시하는 인지발달에 관한 주요 관점들을 살펴보기로 한다.

첫 번째는 인지발달 영역에서 단일 이론으로 가장 영향력이 있는 Piaget 이론으로, 유아기 인지능력 발달에 관한 이해와 함께 현대 유아교육에 많은 영향을 준 이론이다.

두 번째는 인지발달에 있어 사회·문화·역사적 맥락의 중요성을 강조한 Vygotsky 이론이다.

Piaget와 Vygotsky 이론은 인간의 인지발달이 인간 주체와 환경 간의 상호작용의 결과로 이루어지는 주체적인 과정임을 설명한 관점에서 구성주의(constructivism)라는 공통점을 지니지만, 인지발달에 관한 두 이론가의 관점은 차이를 보인다. 따라서 인지발달의 주요 문제에 대하여 Piaget와 Vygotsky의 이론이 어떻게 다른 입장을 취하고 있는지를 비교·분석해 보도록 한다.

세 번째는 Piaget 이론의 기본 틀을 유지하면서도 정보처리접근의 관점을 수용하여 Piaget 이론의 한계를 극복하고자 한 신 Piaget 이론이다.

신 piaget 이론은 Piaget 이론의 한계점을 보완·수정하려는 연구들로, Piaget 이론의 인지발달 단계를 수용하면서, 가장 큰 비판점인 개인차에 대한 고려가 부족한 점을 보완한 이론이다. 대표적으로 Case와 Fischer의 이론을 들 수 있다.

네 번째는 정보처리접근(information-processing approach)이론이다.

인간의 인지활동 및 사고과정을 컴퓨터의 작동 원리와 유사한 것으로 보는 관점에서 출발하여, 인간이 어떻게 정보를 받아들이고 어떻게 저장하며 저장된 정보를 어떻게 인출하는지에 대한 정보처리의 흐름이 주된 관심이다.

1 Piaget 이론

Piaget(1896~1980)의 인지발달이론은 지식구성 및 인지발달이 어떻게 이루어지는가에 대해 설명한 이론으로 유아기 인지발달 및 교육에 많은 영향을 끼친 이론이다.

1896년 스위스에서 태어난 그는 처음에는 생물학을 전공하였으며 10세 때 참새에 관한 학술논문을 쓸 정도로 과학자로서 두각을 나타내었으며, 21세인 1918년 Neuchatel 대학에서 동물학 박사학위를 취득하였다.

Piaget의 주요 관심은 '지식이 어떤 과정을 거쳐 형성되는가?' 하는 인식론적 주제였다. 인식론(epistemology)이란 지식의 기원과 구조, 방법 등을 탐구하는 철학의 한 분야로서, Piaget 이론은 생물학적 개념을 바탕으로 인간의 지식구성과정을 탐구하고자 한 점에서 발생론적 인식론(genetical epistemology)으로 불리기도 한다. 지식구성에 관한 Piaget의 관점은 유기체가 주변의 환경에 '적응(adaptation)'해 가는 과정에 비유함으로써, 생물학적 배경에 바탕을 두고 있다. 인간이 환경에 적응해 가듯이, 인간의 지식형성과정이나 인지구조도 외부 환경의 변화에 '적응'해 간다는 것이다.

Piaget는 최초의 지능검사 도구를 만든 Alfred Binet의 실험실에서 아동의 지능검사 도구를 개발하면서부터 아동연구를 시작하게 되었다. 그는 지능검사 결과에서 나타나는 아동의 잘못된 대답에 관심을 갖게 되었고, 그들의 오답이 일관성 있는 유형을 따르고 있음을 발견하였다. 이는 일정한 연령의 아동은 그들만의 사고유형이 있으며, 이는 아동이 어른의 사고방법과는 다른 인지체계를 가지고 있음을 의미하는 것임을 밝혀낸다. 즉 아동이 어른과는 전혀 다른 인지구조 틀을 가지고 세상을 이해한다는 것을 의미한다.

이러한 관점은 현상학적 주체로서의 인간이해뿐 아니라, 미성숙한 존재로 인식되었던 종래의 아동관을 바꿀 수 있는 이론적 근거를 제시했다는 점에서 의미가 있다. 특히 환경과의 상호작용 속에서 인간이 주체적이고 능동적으로 환경을 재구성해 가는 과정에서 지식구성이 이루어짐을 밝힘으로써 구성주의 인식론(constructive epistemology)으로 불리며 교육에도 시사점을 제공한다.

특히 어린 아동의 독특한 사고체계를 밝히기 위해 기존의 지능검사와 같은 표준화된 검사방법을 버리고 보다 개방적인 임상적 연구방법(clinical research method)을 고안하였는데, 초기에는 과학적이고 객관적이지 못하다는 이유 때문에 서구 심리학자의 관심을 끌지 못하다가, 1960년대 이후부터 새로운 연구방법으로 인정받기 시작하였다. Piaget의 관찰법은 아동의 자연적인 활동을 관찰함으로써 사고의 흐름을 알아내고자 하는 것으로, 그의 연구는 주로 4세에서 12세 사이의 아동을 대상으로 한 관찰법을 통해 연구가 이루어졌으며, 연령에 따라 질적으로 다른 사고체계를 가지고 있음을 밝히게 된다.

Piaget의 인지발달이론의 기본개념과 인지발달의 원리를 살펴보도록 하자.

1) 기본 개념

Piaget 이론에서 지식구성 및 인지발달과정을 동화(assimilation), 조절(accommodation), 평형화(equilibration) 등의 개념을 통해 설명한다. 이 개념은 환경과의 적응(adaptation)과정을 통해 어떻게 인지발달이 이루어지는가를 이해하는 데 필요한 개념이다.

Piaget 이론에서 제시한 인지발달이 이루어지는 원리를 살펴보면, 인간은 끊임없이 새로운 환경과의 상호작용을 통해 새로운 도식(schema)을 창조하고 변화·조작해 감으로써 인지발달을 이루게 되는 것이다. 이때 도식(schema)이란 여러 가지 경험이 정신적 표상과정(mental representation)을 통해 개념화된 것으로 지식의 기본단위로서 기본적 인지구조 틀을 의미한다.

기본적 인지구조인 도식은 새로운 정보나 지식 등 새로운 환경과의 상호작용을 통해 변화해 가는데, 새로운 환경과 기존의 도식이 맞지 않을 때 '인지적 불균형'(cognitive disequilibrium)을 경험하게 된다.

그러나 모든 유기체는 환경과의 균형적 상태를 추구하는 평형의 욕구를 지니며, 새로운 환경에 대한 '적응'과정을 통해 인지적 불균형상태, 즉 인지적 갈등상태(cognitive conflict)를 극복하고 평형상태(equilibrium)에 이르는데, 이것이 평형화(equilibration)의 과정이다. 이때 적응(adaptation)이란 생물학적 개념으로, Piaget 이론에서는 동화와 조절로 설명된다. 유기체가 환경에 적응해 가듯이, 인간의 인지구조도 동화와 조절의 메커니즘을 통해 외부 환경에 '적응'해 간다는 것이다.

여기서 적응 기제인 동화와 조절에 대해 자세히 살펴보도록 하자.

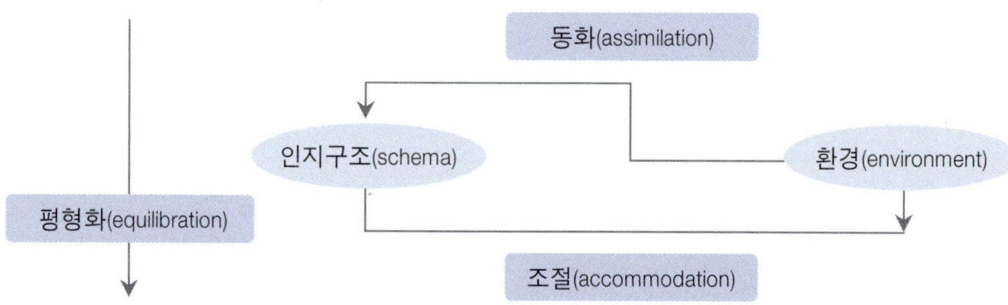

[그림 1-3-1] Piaget의 인지발달 기제

동화(assimilation)란 새로운 정보와 경험을 자신의 인지구조(schema)에 맞추는 과정으로, 기존의 인지구조 자체에는 변화를 초래하지 않고, 다만 정보에 있어 양적인 변화(quantitative change)를 이루게 된다.

예를 들어 소를 처음 본 어떤 유아가 "저기 개가 있어."라고 말했을 경우, 새로운 지식이나 경험을 "다리가 네 개이고 털이 있는 동물은 개다."라는 기존의 인지구조(schema)에 맞추는 것으로, 동화가 이루어진 것이다. 유아는 새로운 경험인 '소'를 접하고 이를 기존에 자신이 알고 있는 개의 한 종류로 생각한 것으로, 이는 새로운 정보를 기존의 인지구조(schema)에 맞추는 동화가 일어난 경우이다.

반면, 조절(accommodation)은 새로운 경험들이 기존의 인지구조(schema)와 맞지 않을 경우, 자신의 인지구조를 새로운 정보나 경험에 맞추어 변화시킴으로써 평형화에 이르는 과정으로, 기존의 인지구조에 있어서 질적인 변화(qualitative change)를 의미한다.

예를 들어 '소'라는 새로운 동물을 보면서 처음에는 자신의 인지구조에 맞추어 동화(assimilation)가 일어나 '개'라고 생각하지만, 선생님이 '소'라고 부르는 것을 보고는 자신이 알고 있는 '개'와는 달리 다리도 훨씬 길고 생긴 모양도 다른 이 동물이 '소'라는 새로운 개념이 형성되고, 자신의 기존 인지구조에 있어 질적 변화가 이루어진다. 이 과정이 조절의 적응과정이다.

이처럼 평형화 기제로서 인지적 적응과정, 즉 동화와 조절은 새로운 정보나 경험이 일어나는 모든 순간에 존재하는 것이다. 우리는 새로운 환경을 계속적으로 접하게 되고, 이와 함께 현재의 인지구조와 새로운 환경 간의 균형상태는 다시 깨어지면서 불균형상태인 인지적 갈등(cognitive conflict)이 초래되고, 이를 해결하기 위해 유기체는 다시 평형의 상태로 이르고자 하는 동화와 조절의 적응(adaptation)과정을 통해 질적, 양적으로 높은 수준의 새로운 인지구조(schema)를 갖게 되면서 인지발달이 이루어진다.

종합적으로 살펴보면, 기존의 인지구조(schema)와 새로운 환경 간에 불균형상태가 이루어질 때, 평형의 욕구에 대한 반응으로 나타나는 적응과정인 동화와 조절을 통해 평형화에 이름으로써 인지발달을 이루어 간다는 것이다. 결국 평형화는 적응을 통한 자기조절 기제이며 이를 통하여 인지가 발달하게 된다.

2) 인지발달 단계이론

Piaget 이론에서는 아동의 인지구조가 질적으로 다른 단계를 거치면서 발달해 가는데, 영아기의 인지구조인 감각운동기에서부터, 전조작기, 구체적 조작기를 거쳐 성인의 인지구조에 해당하는 형식적 조작기에 이르기까지 4단계로 설명하고 있다. 이때 한 단계에서 다음 단계로의 이행은 아동이 주변 세계를 해석하는 방식에 있어 질적으로 다른 새로운 이해방식을 획득함을 의미한다. 따라서 각 단계는 세상을 이해하는 틀, 즉 인지구조에서의 차이를 의미한다.

특히 Piaget의 인지발달 단계이론에서 가장 핵심적 개념인 '조작(operation)'은 정신적 조작, 즉 논리적 사고능력을 의미하는 것으로, 이는 인지발달의 핵심이 바로 논리적 사고능력을 갖게 되는 것임을 의미한다. 따라서 Piaget의 인지발달 단계이론에 따르면 구체적 조작기에 이르러서 논리적 사고가 가능함을 시사한다.

Piaget 인지발달이론에서 단계(stage)의 의미에 대해 살펴보면 다음과 같다.

첫째, 연속성(continuity)으로, 각각의 단계는 이전 단계를 전제로 함을 의미하며, 이전 단계의 능력을 포함하고 있다는 것이다. 즉 다음 단계는 이전 단계에 대한 단계적 통합(hierarchic integration)의 특성을 지닌다.

둘째, 불연속성(discontinuity)으로, 각각의 단계는 이전 단계와는 질적으로 전혀 다른 사고체계라는 것이다. 즉 단계 간의 사고에 있어서의 질적 차이(qualitatively difference)를 의미한다. 이는 아동의 사고와 성인의 사고보다 미성숙한 것이 아니라, 질적으로 다르다고 보는 관점으로 Piaget이론을 아동중심사상으로 볼 수 있는 근거를 제공한다.

셋째, 동일한 순서(same order)의 특성으로, 모든 문화권에서 동일한 순서로 발달단계가 이루어짐을 의미한다. 이러한 보편성의 특성은 문화적 상대성과 맥락성의 관점에서 발달을 이해하는 최근의 이론들에 의해 비판받고 있는 관점이다. 그러나 Piaget는 발달순서가 모든 문화권에서 동일하지만, 각 단계를 시작하는 연령에 있어서는 개인차(individual difference)가 있음을 인정하였으며, 이는 특히 신 Piaget 이론에 의해 보완·수정되고 있다.

넷째, 순차적(gradual) 특성으로, 인지발달이 위에서 제시한 4단계를 순차적으로 밟으며 이루어짐을 의미한다. 즉 감각운동기에서 전조작기를 거치지 않고 구체적 조작기로 바로 이행함은 불가능하며, 따라서 인지발달이 이루어지는 단계의 순서는 바뀌지 않는(invariant sequence) 특성이 있음을 의미한다.

Piaget의 인지발달이론의 4단계인 감각운동기, 전조작기, 구체적 조작기, 형식적 조작기의 각 단계별 특성에 관해 살펴보도록 하자.

〈표 1-3-1〉 Piaget의 인지발달 단계별 특징

발달단계(stage)	연령	특징
감각운동기 (Sensori-motor stage)	0~2세	빨기, 잡기, 만지기 등 감각운동적 능력을 습득하며, 이를 통해 세상을 탐색하고 이해한다. '대상의 영속성' 개념 형성이 시작된다.
전조작기 (Preoperational stage)	2~7세	언어나 상징체계를 통해 상징적 사고가 발달하고 대상을 표상하는 능력이 생긴다. 자아중심적 사고(egocentric thinking)의 특성을 지니며 아직 논리적 사고능력에는 못 미친다.
구체적 조작기 (Concrete operational stage)	7~12세	수학적, 논리적 사고 능력이 발달하고 보존 개념을 형성한다. 그러나 구체적 사물이나 행동에 대해서만 논리적 사고가 가능해 추상적 사고능력에는 못 미친다.
형식적 조작기 (Formal operational stage)	12세 이후	추상적, 가정적 사실에 대해 논리적으로 사고하는 능력이 발달한다.

(1) 감각운동기(Sensori-motor stage)

감각운동기는 감각기관과 신체 동작을 통해 세상을 느끼고 지각하는 시기로 생후 첫 2년간이 이에 해당된다. 이 시기는 사건이나 사물을 정신적으로 표상하지 못하고, 감각이나 운동을 통해 세상을 지각하는 시기로, 18개월경에 '대상의 영속성(permanence of object)'개념이 발달되기 시작함으로써 어느 정도 인지발달을 이루나 아직까지 개념적인 사고는 불가능하다.

대상 개념(object concept) 혹은 '대상의 영속성' 개념이란 우리 자신을 포함하는 모든 사물이 시야에서 사라지더라도 없어지는 것이 아니라 다른 장소에 계속 존재한다는 사실에 대해 알게 되는 것을 의미한다.

Piaget는 감각운동기를 6개의 하위단계로 구분하고, 대상의 영속성 개념도 6개의 하위단계를 거쳐 감각운동기 동안에 서서히 형성·발달됨을 보여 준다.

Piaget가 구분한 감각운동기의 6개의 하위단계별 특징을 살펴보면 다음과 같다.

❶ 반사 운동기(Reflex activity)(0~1개월)

출생 직후 영아는 단순히 환경의 자극에 대한 자동적 반응으로서 사물을 빨고, 손에 닿는 것은 잡고, 소리 나는 쪽으로 고개를 돌리는 등 일련의 반사기능을 반복적으로 수행한다. 즉 자신이 지닌 반사 기능에 환경으로부터의 자극을 동화시키는 과정이다.

대상의 영속성 개념 발달을 살펴보면, 이 단계의 영아는 대상이 시야에 있는 동안에는 흥미를 가지고 바라보지만, 시야에서 사라지게 되면 대상에 대한 흥미도 사라진다. 대상의 영속성 개념이 형성되지 못한 단계이다.

❷ 일차 순환 반응기(Primary circular reaction)(1~4개월)

이 시기는 단순한 반사 기능에서 감각운동적 도식으로 발달하게 되는 과정이다. 즉 손에 잡히는 대로 잡거나 빠는 반사 기능으로부터 벗어나 물체의 모양과 크기에 따라 다양하게 조절할 수 있는 조직화된 도식을 형성하게 된다. 그뿐만 아니라 잡거나, 보거나, 빠는 것과 같은 단편적인 반사 기능이 상호 결합되어 물건을 잡아서 보거나(잡기-보기 도식), 물건을 잡아서 입으로 가져가 빠는 것(잡기-빨기 도식)과 같은 새로운 도식이 통합되어 나타난다. 이처럼 도식이 통합되는 행동을 일차 순환 반응(primary circular reaction)이라고 부른다.

대상의 영속성 개념 발달을 살펴보면, 이 단계의 영아도 시야에서 사라진 대상에 대해 흥미를 가지지 않을 뿐 아니라 사라진 대상이 존재한다는 사실을 아직 이해하지 못한다. 대상의 영속성 개념이 아직 형성되지 못한 단계이다.

❸ 이차 순환 반응기(Secondary circular reaction)(4~8개월)

이 시기는 단순히 잡거나 빠는 등 자신의 '신체'를 움직이는 즐거움에 한정된 일차 순환 반응기와는 달리, 자신의 신체를 벗어나 주변 환경 내에 있는 사물이나 사건에 관심을 가지고 적극적으로 탐색하는 시기로 '이차 순환 반응기'라고 한다.

이 단계의 영아는 자신의 행동에 의해 어떤 결과를 얻을 수 있을 것이라는 초보적인 인과성(causality)이나 수단-목적 관계(means-ends relationship)에 대한 지식을 갖게 된다. 그러나 이러한 지식은 우연적인 것으로, 목적적이거나 의도적이지 못한 한계를 지니며, 단순 행동을 반복하는 단계이다.

대상의 영속성 개념 발달을 살펴보면, 이전 단계와는 달리 사라진 대상을 찾는 행동을 보이면서, 눈에서 보이지 않아도 대상이 존재한다는 사실을 이해하는 대상의 영속성 개념이 시작됨을 볼 수 있다.

그러나 대상의 일부를 보여 주거나, 혹은 안이 들여다보이는 투명한 천으로 덮어 둘 경우에만 대상물을 찾으려하는 경향(Harris, 1983)이 있어, 이 단계의 대상의 영속성 개념이 아직은 대상과의 시각적이거나 지각적인 접촉에 의존하는 한계가 있음을 보여 준다.

❹ 이차 도식 협응기(Coordination of secondary schemes)(8~12개월)

이 시기는 자신이 원하는 목표를 지각하고 그것을 어떻게 성취할 것인가를 찾게 되는 의도적인 행동을 하게 되는 시기로, 목표 달성을 위해 두 개의 도식이 연결되는 시기라는 의미에서 이차 도식 협응기(coordination of secondary schemes)라 부른다.

이 단계의 영아는 수단과 목표를 구분하는 능력과 함께 목표에 도달하기 위해 다른 도식을 수단으로 사용하는 능력을 갖게 된다. 예를 들면, 자신이 좋아하는 장난감 앞에 베개가 놓여 있을 경우, 영아는 장난감을 잡으려는 목표를 달성하기 위해 먼저 베개를 치우는 도식을 사용할 수 있게 되는 것이다.

대상의 영속성 개념 발달을 살펴보면, 획기적인 발달을 이루는 단계로, 완전히 가리거나 사라진 대상도 찾아낼 수 있게 된다. 그러나 아직은 자신의 행위와 대상을 완전히 분화시키지 못한 채, 대상이 있는 장소와 그것을 찾는 감각 운동적 행동을 결합하는 일종의 습관과 같은 행동을 보이고 있어 한계가 있다.

이는 Piaget가 자신의 딸을 대상으로 한 대상의 영속성 실험에서 볼 수 있는데, Piaget가 영아의 왼쪽 베개 밑에 좋아하는 장난감을 숨기자, 아기는 베개를 밀치고 대상물을 찾아낸다. 이를 몇 번 반복한 후, 이번에는 아기가 보는 가운데 장난감을 오른쪽 베개 밑에 숨긴다. 이때 아기는 종전까지 장난감이 있던 왼쪽 베개 밑에서 장난감을 찾는 행동을 보임으로써, 대상이 있는 장소와 그것을 찾는 감각 운동적 행동이 결합하는 습관과 같은 행동으로서의 한계를 보인다. 장소 A에서만 대상을 찾을 수 있고 옮긴 장소 B에서는 대상을 찾을 수 없는 '대상 영속성 개념의 한계'를 보여 준다. 이를 흔히 AB 오류(B가 아니라 A라고 생각하는 오류)라고 한다.

❺ 삼차 순환 반응기(Tertiary circular reaction)(12~18개월)

이 시기는 4단계에서 획득한 '수단-목적 관계'를 단순히 반복하거나 변형하는 것이 아니라, 적극적인 탐색과 시행착오 과정을 통해 새로운 수단-목적 관계를 탐색하는 시기로, 주변 사물에 대한 단순한 탐색을 넘어 적극적으로 새로운 도식을 형성해가는 단계라는 의미에서 삼차 순환 반응기(Tertiary circular reaction)라고 주른다.

이 단계의 영아는 우연히 알게 된 사물의 속성에 관심을 가지게 되면, 단순히 반복하기보다는 높이나 각도 등을 변경하여 적극적으로 사물의 특성을 탐색하게 된다. 예를 들면, 우연히 비누를 떨어뜨려 그 떨어지는 속성에 관심이 생길 때, 단순히 되풀이하는 대신에 다른 높이와 각도에서 떨어뜨려 보거나, 다른 사물들을 떨어뜨려서 그 양상의 차이를 살펴보는 것처럼 적극적으로 사물을 탐색하면서 새로운 도식을 형성해 가는 시기이다. 그러나 일련의 행동이 감각적 차원에서 이루어지고 사고로 내면화되지 못한다는 점에서 인지발달적 한계를 지닌다.

대상의 영속성 개념 발달을 살펴보면, 이 단계의 영아는 대상과 대상에 대한 행동이 완전히 구분되어 이전 단계의 AB 오류에서 벗어나게 된다. 즉 대상물을 어디에 숨기든 가장 최근에 사라진 곳에서 대상을 찾는 능력을 보이게 된다. 그러나 이 단계에서도 자신이 볼 수 있는 공간 이동의 경우에만 가능하다는 점에서 한계를 지닌다.

❻ 내적 표상기(Mental representation)(18개월~2세)

이 시기는 겉으로 드러난 외적 행동이나 사물에 대한 인지작용이 가능한 5단계와는 달리, 눈에 보이지 않는 사물이나 상황에 대한 정신적 표상(mental representation)이 가능해지는 시기로 내적 표상 혹은 정신적 표상기(Mental representation)라고 부른다.

이 단계는 영아의 지적 능력이 놀랄 정도로 많이 성장하는 시기로, 눈앞에 없는 사물이나 사건을 생각으로 그려 내기 시작하고, 실행하기 전에 머릿속에서 먼저 생각한 다음 행동한다. 전 단계처럼 시행착오 과정을 거치며 문제를 해결하는 것이 아니라 행동하기 전에 상황에 관한 사고를 하기 때문에 문제를 더 빨리 해결할 수 있다.

이 단계의 영아에게 표상 능력이 발달하기 시작하는 것은 지연 모방(delayed imitation)을 통해서도 볼 수 있다. 지연모방이란 어떤 행동을 목격한 다음 일정한 시간이 지난 후에 그 행동을 자발적으로 재연하는 것으로, Piaget 이론에서는 지연 모방이 가능하다는 것은 영아가 관찰한 대상을 표상의 형태로 저장하고 있음을 입증하는 하나의 예로 보았다.

Piaget는 친구의 딸이 방바닥에서 뒹굴며 트집을 부리는 모습을 놀라워하며 지켜본 자신의 18개월 된 딸이 3일 뒤에 그 행동을 그대로 모방하는 것을 관찰하고 이 무렵에 지연모방이 획득된다는 사실을 확인하였다.

대상의 영속성 개념 발달을 살펴보면, 자신이 볼 수 있는 공간 이동의 경우에만 대상의 영속성 개념을 형성한 5단계의 한계를 극복하고, 대상의 공간 이동을 볼 수 없는 경우에도 대상이 숨겨진 위치를 정확하게 추적해 내는 능력을 갖추게 됨으로써 완전한 대상의 영속성 개념을 형성하게 된다.

지금까지 살펴본 Piaget의 감각운동기 인지발달 및 대상의 영속성 개념 발달에 관한 연구는 언어를 사용하지 못하는 2세 이전 영아의 인지적 능력을 이해하는 데 기여한 바가 크다. 그러나 최근에 이루어지는 영아의 인지발달에 관한 연구들은 Piaget 이론에서 제시한 것보다 영아의 인지능력이 훨씬 높다는 연구결과를 보여주고 있어, 영아기 인지능력에 대한 관심이 증가하고 있다.

(2) 전조작기(Pre-operational stage)

전조작기는 감각운동기에서 논리적 사고가 시작되는 구체적 조작기의 과도기로서, 약 2세부터 6세의 유아기에 해당된다.

이 시기는 언어능력의 발달과 함께, 눈앞에 없는 어떤 행동이나 사건을 상징화시킬 수 있는 정신적 표상(mental representation)능력이 나타나면서 인지적 발달을 보이는 시기이다. 이러한 표상능력의 발달로 인해, 현재(시간적)와 이 곳(공간적) 세계에만 국한되는 '지금 여기(here & now)'라는 한계에서 벗어나, 과거와 앞으로 일어날 미래에 대해서도 표상이 가능해지면서 사고의 폭이 넓어지고 전체를 동시에 파악할 수 있는 능력이 생기게 된다. 또한 상징적 사고가 가능해지면서 상징놀이와 사회극놀이가 가능해진다.

그러나 전조작기의 표상(representation) 능력과 상징적 사고(symbolic thinking)는 자신이 내적으로 형성한 정신적 표상을 통해 세상을 이해함으로써, 대상을 객관적, 개념적으로 규정하지 못하는 한계를 지닌다.

예를 들어 유아에게 토끼가 무엇이냐고 물었을 때 '털이 하얗다', '눈이 빨갛다' 등 모습의 특징을 설명하거나, 토끼가 뛰는 모습을 흉내 내기도 한다. 특히 이 단계의 유아는 자신이 지각한 대상의 특징을 중심으로 이해하는 지각적 사고, 직관적 사고의 특성으로 동물의 한 종류로서의 토끼를 개념적으로 규정하는 데에는 어려움이 있다.

이러한 전조작기 사고의 특성을 Piaget는 전개념적 사고(pre-conceptual thinking)라 지칭하면서 수·과학적, 논리적 사고가 발달하기 전 단계로 이해하였다. 전조작기 사고의 특성에 대해 자세히 알아보도록 하자.

❶ 직관적 사고(Intuitive thinking)

직관적 사고(Intuitive thinking)란 대상이 갖는 지각적 속성에 의해 그 대상의 성격을 판단하는 사고 양상을 말하며, 지각적 사고라고도 한다.

Piaget는 전조작기 사고의 특성은 개념적·논리적 이해가 아니라, 지각되는 속성에 근거한 지각적, 직관적 사고의 특성을 보이며, 이는7~8세경 구체적 조작기에 접어들면서 극복된다고 보았다(Piaget & Inhelder, 1969; Piaget, 1983).

이러한 전조작기 사고의 특성은 Piaget의 보존 실험에서도 잘 나타난다. Piaget에 따르면, 전조작기 유아는 눈에 보이는 지각적 특성에 따라 사고하는 직관적 사고(intuitive thinking)와 중심화(centration)의 사고 경향에 따라 보존 실험에서 실패하게 된다.

이처럼 전조작기 직관적 사고의 특성은 논리적 사고를 인지발달의 핵심으로 본 Piaget에 있어서는 비논리적 사고, 인지적 미성숙의 결과로 보았지만, 최근 현대철학에서는 직관(intuition)에 대한 새로운 인식과 함께 지각을 통한 이해, 직관력이 가지는 의미에 대한 재해석이 이루어지고 있다.

❷ 중심화(Centration)

중심화(centration)란 사물이나 사건을 눈에 띄는 한 가지 측면만을 고려하여 판단하고 사고하는 경향을 말한다.

Piaget에 의하면, 전조작기 유아는 사고의 특성상 2가지 이상의 측면을 동시에 고려하여 이를 통합하는 조작적 사고가 결여되어 모든 현상을 한 가지 측면만을 고려하여 판단하고 사고하는 한계를 지니는데, 이를 중심화라고 부른다.

전조작기 사고의 특성인 중심화는 Piaget의 보존 실험에서 잘 나타나는데, 액체량 보존 실험에서 전조작기 유아는 컵의 '높이' 혹은 '넓이'만을 고려하여 판단함으로써 보존 실험에서 실패하게 된다. 그러나 전조작기를 지나 구체적 조작기에 이르면, 탈중심화(decentration)되어 논리적 사고가 가능해지면서 보존 개념도 획득하게 된다.

❸ 자아중심성(Egocentrism)

자아중심성(egocentrism)이란 세상과 타인의 경험을 자신의 관점에서 보는 사고의 경향으로, 타인의 생각, 감정, 지각, 판단 등을 자신과 동일한 것으로 가정하는 전조작기 사고의 특성인 '자아중심적 사고'를 말한다.

전조작기 자아중심적 사고는 자기 자신과 타인을 포함한 외부 세계와의 구분이

불완전하여 자기 방식대로 이해하는 것으로, 타인의 생각, 감정, 지각, 판단 등이 나의 것과 다를 수 있음을 알고, 추론할 수 있는 조망수용(perspective taking)능력이 아직 형성되지 못했음을 보여 준다.

전조작기 자아중심적 사고의 특성이 가장 명료하게 드러나는 것은 '공간-시각적 조망에서의 자아중심성'(egocentric spatial-visual perspective-taking ability)과 자아중심적 언어(egocentric language)이다(Vasta et al., 1992).

■ 자아중심적 공간-시각적 조망수용(egocentric spatial-visual perspective taking)

전조작기 유아의 공간-시각적 조망에서의 자아중심성은 Piaget의 세 산 모형 실험에서 잘 나타난다.

[그림 1-3-2]에서와 같이, 3개의 산 모형이 있는 책상의 좌석 A에 4세 유아를 앉히고, 좌석 D에 인형을 앉힌 후, 유아에게 "만일 네가 인형이 있는 자리에서 산을 보면 산이 어떻게 보일까?" 하고 물었을 때 대부분의 유아는 조망 D를 선택하지 못하고 조망 A를 선택하게 된다.

[그림 1-3-2] Piaget의 세 산 모형 실험

출처: 송명자(2003). 발달심리학. 서울: 학지사.

Piaget의 세 산 모형 실험을 통해 살펴보면, 전조작기 유아들은 다른 위치에서 보이는 조망이 자신의 위치에서 보이는 조망과 동일할 것으로 생각하여, 자신의 위치에서만 사물을 이해할 뿐 타인의 위치에서 보이는 사물의 모습을 추론하지 못하는 사고의 한계를 지닌다.

그러나 최근 연구(Flavell, 1981a: Borke, 1975)에 따르면, 3~4세경의 유아도 자아중심성에서 벗어난 '공간-시각적 조망수용능력'을 지닐 수 있음이 밝혀지고 있다.

Flavell의 연구(1981a)에서는 한 면에는 강아지를, 다른 면에는 고양이를 그린 카드 1장을 3세 유아에게 보여 준 뒤, 유아에게는 강아지가 보이고 실험자에게는 고양이가 보이도록 카드를 세운 후 실험자가 어떤 동물을 볼 수 있는지를 물었다. 이때 대부분의 3세 유아는 고양이라고 대답함으로써 공간-시각적 조망수용능력을 가지는 것을 알 수 있다.

Borke(1975)의 연구에서도 Piaget의 세 산 모형 실험을 작은 호수와 장난감 배, 집, 소, 말 등 아동에게 친숙한 대상물을 이용하여 자연적 상황에서 제시한 결과, 대부분의 3~4세 유아가 자신과 다른 위치에서의 시각조망을 정확하게 이해하고 있다는 결과를 얻을 수 있었다.

이러한 연구결과들은 3~4세 유아도 과제의 친숙성 정도에 따라 공간-시각적 조망수용능력을 가질 수 있음을 보여 준다. 유아는 점차 연령이 증가할수록 탈자아중심화에 이르게 되어 다른 위치에서 보는 산의 모습이 자신의 위치에서 보는 산의 모습과 다를 것이라는 사실을 이해하게 된다. 그러나 다른 위치에서 보는 산의 모습이 어떨지 정확하게 추론해 내는 조망수용능력(perspective-taking ability)은 7~8세 이후의 아동기가 되어서야 획득된다고 본다(Piaget, 1950).

■ 자아중심어(egocentric language)

자아중심어는 전조작기 사고의 특성인 자아중심성이 유아의 언어활동에서도 반영되어 나타나는 것으로, 듣는 사람이 자신의 말을 이해할 수 있는지를 고려하지 않고 자신의 생각만을 전달하는 전조작기 특유의 의사소통 양상을 말한다.

Piaget는 자아중심어에 대해 특별한 발달적 의미를 두지 않았으며, 타인의 생각이나 관점을 고려할 수 있는 조망수용능력의 결핍으로 인해 나타나는 의사소통의 한계로 보았다.

자아중심어는 Piaget의 저서 「언어와 사고」에 제시된 5~6세 유아 간의 대화 사례에서도 잘 나타난다.

유아는 아무도 듣지 않는데도 혼자서 즐겁게 이야기하거나, 혹은 다른 유아와 함께 이야기하지만 각자 자신의 관심 영역에 관해 이야기함으로써 두 유아 간의 대화에 있어 의미전달이 이루어지지 않음을 볼 수 있다. 이러한 전조작기 유아의 언어적 소통과 의사소통 유형을 Piaget는 '집단적 독백(collective monologue)'이라고 부른다.

Piaget는 전조작기 유아의 전체 언어 중 자아중심어가 차지하는 비율을 연령별로 분석하였는데 그 결과, 3세 51%, 4세 48%, 5세 46%, 6세 45%, 7세 28%로, 대략 7세부터는 자아중심어가 급속히 감소하여 사회화된 언어(socialized language)를 사용하는 것으로 나타났다. 이러한 현상은 7세경이 되면 자아중심성에서 벗어나 타인의 관점이나 생각을 고려할 수 있는 조망수용능력이 발달하게 되면서, 자아중심적 언어가 사회화된 언어로 전환된 것으로 설명한다.

이처럼 전조작기 자아중심성이 그대로 반영된 언어의 형태인 자아중심어에 대해 Piaget는 인지발달이나 사고에 있어 지니는 특별한 의미나 역할을 강조하지 않은 반면, Vygotsky는 이러한 유아기 언어적 특성이 사고와 인지발달과정에서 중요한 역할을 지님을 강조함으로써 자아중심어에 대한 두 이론 간의 관점의 차이를 엿볼 수 있다. 자세한 내용은 Piaget와 Vygotsky 이론의 관점 비교에서 살펴보도록 하자.

❹ 상징적 사고

전조작기는 정신적 표상(mental representation)능력이 발달하게 되는 시기로, 상징적 사고의 특성을 보인다. 이러한 상징적 사고의 특성은 그림, 언어 등 여러 가지 기호적 기능을 통해 나타나는데, 상징놀이 역시 전조작기 상징적 사고의 특성을 잘 드러내 주는 사례이다.

상징놀이(symbolic play)는 가상적인 상황이나 사물을 실제 상황이나 사물로 상징화하는 놀이로 소꿉놀이, 기차놀이, 병원놀이, 학교놀이 등 전조작기 유아들의 대부분의 놀이가 상징놀이에 해당된다. 이러한 상징놀이는 모든 문화권에서 자연적으로 나타나는 이 시기 유아들의 공통된 특성으로, 학습된 것이라기보다는 생물학적으로 진화된 활동 중의 하나로 여긴다. 또한 대상물을 내재적 표상에 의해 변형하고 확장함으로써 유아의 창의성과 상상력을 기르는 데 가치가 있는 인지적 수단으로 인식되었다.

Piaget에 따르면, 놀이란 인지발달을 반영하는 것으로, 인지발달단계에 따른 놀이발달단계를 다음과 같이 제시한다.

먼저, 감각운동기에는 영아가 감각운동기를 통해 자신의 신체와 세계를 탐색하는 단계로, 감각운동을 통한 연습놀이(practice play)가 이루어지는 것으로 보았다. 전조작기에는 언어와 정신적 표상능력이 발달하면서 상징놀이가 나타나며, 자신이 경험한 일을 재현하거나 새로운 세계를 창조한다. 탈자아중심성을 통해 논리적 사고가 가능한 구체적 조작기에는 규칙이 있는 구조화된 게임(games with rules)을 한다. 따라서 Piaget 이론에서 상징놀이는 연습놀이와 규칙있는 게임의 과도기에 나타나는 놀이 유형이라 할 수 있다.

Smilansky(1968)는 Piaget가 제시한 놀이 유형을 더욱 정교화하여 인지적 수준에 따른 놀이의 발달단계를 제시하였는데 기능놀이(functional play), 구성놀이(constructive play), 극놀이(dramatic play), 규칙이 있는 게임(games with rules)로 구분하였다. 이 중 극놀이는 상징놀이의 일종으로, 2명 이상이 일정한 역할을 맡아 일정 기간 동안 이루어지는 놀이로 사회 극놀이(socio-dramatic play)라고도 한다. Smilansky(1968)는 상징놀이의 요소를 가진 사회 극놀이가 자신과 타인을 구별하고, 타인의 입장을 이해하며, 사회적 역할과 상호작용을 연습할 수 있는 중요한 기회를 제공함으로써 유아의 사회성과 사회·인지능력발달을 촉진시킨다고 보았다.

전조작기 유아의 내적 표상이 표출되는 또 다른 중요한 상징적 기능은 그림이다. Piaget(Piaget & Inhelder, 1969)는 Luquet(1927)의 아동화 연구를 바탕으로 기호적 기능으로서 그림 발달과정을 다음과 같이 체계화하였다.

첫 번째 단계는 2~3세경의 유아가 처음으로 연필을 잡게 되었을 때 우연히 긁적거려 나타난 단순한 형태에 집, 자동차 등 의도적으로 의미를 붙이는 단계로, Piaget는 우연적 사실성(fortuitous realism) 단계라 지칭하였다.

두 번째 단계는 4~5세경의 유아가 자신의 심상을 재현하려 하지만 매우 불확실한 단계로 Piaget는 불확실한 사실성(obscure realism) 단계라 칭하였다. 예를 들면, 모자가 머리에서 떨어져 있거나, 머리에 손이나 발이 붙어서 몸통이 없는 것과 같은 것이다.

세 번째는 5~7세경의 유아가 그림의 형태가 실제 모습에 가까워지지만 앞 단계에서처럼 시각적으로 보이는 형태가 아니라 자신의 관념적 심상을 그림으로 표현하는 단계로 Piaget는 이를 지적 사실성(intellectual realism) 단계라 칭하였다. 예를 들면, 사람은 눈이 2개이므로 옆얼굴 그릴 때도 눈을 2개 그린다거나, 사과를 먹은 아이를 그릴 때 배 속을 투명 인간처럼 사과가 보이도록 그리는 것 등이다.

네 번째는 시각적 사실성(visual realism) 단계로 8~9세경에 이르면 아동은 심상이 아닌 눈에 보이는 실제 세계를 그리게 된다.

이러한 전조작기 유아의 상징적 사고 특성은 '상징놀이'나 '그림' 이외에도 언어라는 상징을 통해서 표현되며 그 발달시기도 비슷하다고 보았다(Piaget & Inhelder, 1969).

❺ 전조작기 인지발달에 관한 최근의 연구

전조작기 유아의 사고가 자아중심적이라는 Piaget의 주장은 최근 연구들(Borke, 1975; Dunn, 1988; Shartz & Gelman, 1973)에 의해 많은 비판의 대상이 된다. 이 연구들은 전조작기 유아가 Piaget의 가정보다 훨씬 높은 인지능력을 지님을 여러 측면에서 보여 준다(Gelman & Baillargeon, 1983; Shaffer, 1993).

그렇다면 Piaget가 전조작기 유아의 사고를 과소평가한 이유는 무엇일까?

첫째, Piaget가 주로 임상적 관찰법으로 유아의 내재적 사고를 진단했기 때문이다. 임상적 관찰법은 주로 유아의 언어적 설명에 의존하기 때문에 아직 언어발달이 완전하지 않은 전조작기 유아의 생각을 충분히 전달하지 못하는 한계가 있다. 따라서 실제로는 내재적 사고능력이 있더라도, 언어적으로 설명하는 데 있어서 어려움을 겪는 한계로 인해 실제 수행능력 간의 차이가 존재한다는 사실이 Piaget 연구의 문제점으로 지적되었다(Flavell & Wohlwill, 1969).

둘째, Piaget의 실험에서 사용한 과제가 전조작기 유아가 처리하기에는 너무 복잡하고 어려운 과제라는 점이다. 유아가 필요한 조작능력을 가지고 있었지만, 과제의 난이도가 높아 실제로는 발달수준이 낮은 것으로 이해되었다는 것이다.

실제로 Piaget의 연구에서 제시된 과제보다 단순한 과제를 제시할 경우, 전조작기 유아의 문제해결능력이 높게 나타났음을 보여 주는 연구결과가 이러한 비판의 타당성을 증명해 준다(Gelman, 1978). 또한 Piaget 이론에 따르면 유목화의 조작능력이 4~6세경에 획득되는 것으로 알려졌는데, 한 연구(Carlson & Abrabmson, 1976)에서는 유목화 실험에 사용되는 유목의 수를 적게 해 줄 경우 유목화 조작능력의 획득 시기가 Piaget가 가정한 시기보다 빨라질 수 있음을 보여 준다.

셋째, Piaget 실험에서 사용한 과제나 방법이 유아의 일상 경험에서 쉽게 접할 수 있는 친숙한 대상이나 상황이 아닌 경우가 많아 유아의 인지능력을 드러내기 힘들었다는 점이다.

실제로, 한 연구(Borke, 1975; Cuneo, 1980)에서는 보존 실험에서 나무토막이 아닌 장난감이나 과자로 보존 개념 형성 여부를 실험했을 경우 그 획득 시기가 빨라질 수 있음을 확인할 수 있었다. 이는 공간-시각적 조망능력에 관한 Flavell (1981a)과 Borke(1975)의 실험에서도 잘 나타나고 있는데, 이러한 연구결과들을 통해 살펴보면, 과제의 친숙성 정도에 따라, 3~4세 유아도 탈자아중심화된 공간-시각적 조망능력을 가질 수 있음을 볼 수 있다.

(3) 구체적 조작기(Concrete operational stage)

구체적 조작기는 논리적 사고능력을 가능하게 하는 '조작능력'이 습득되는 시기로, 약 6~7세경에서 11~12세경에 해당하는 시기이다.

조작(operation)이란 정신적 표상에 대해 정신적으로 행하는 활동, 즉 논리적 사고를 의미하는 것으로, 정신적 조작이 가능한 구체적 조작기를 논리적 사고의 시작으로 보았다. 이 시기는 전조작기처럼 지각적 판단에 의해 문제를 이해하고 해결하는 것이 아니라 정신적 조작, 즉 논리적 사고를 통해 문제를 해결하게 된다.

그러나 구체적 조작기 사고의 특성은 구체적 상황에 기반을 두고 조직하고 분류하며 조작하기 때문에 구체적 조작기라 불린다. 이 시기에는 가상적인 상황을 만들어 추론하며, 추상적이고 복잡한 가설이 가능한 형식적 조작기의 사고는 가능하지 않다.

Piaget는 구체적 조작기 아동의 조작 행동 속에 나타나는 논리적 사고의 가장 중요한 특징으로 가역성(reversibility)의 개념을 들고 있는데, 이 시기의 가역적 사고가 가장 잘 드러나는 대표적인 조작 형태가 보존, 분류화, 서열화이다.

❶ 보존(Conservation) 개념

조작(operation)을 통한 논리적 사고능력의 발달은 이 시기 아동이 사물의 보존 개념을 이해하게 되었음을 의미한다.

보존 개념을 획득하였다는 것은 사물의 외형적, 물리적인 형태가 변화해도 다시 더하거나 빼지 않는 한, 사물의 본질은 변하지 않는다는 원리를 판단할 수 있는 인지적 능력을 가지게 됨을 의미한다.

Piaget의 가장 대표적인 액체량의 보존 실험에 대해 자세히 살펴보도록 하자. [그림 1-3-3]에서 보는 바와 같이, 보존 실험을 단계별로 설명하면 다음과 같다.

- 1단계: 아동에게 모양과 크기가 같은 2개의 컵 A와 B에 같은 양의 액체가 들어 있음을 보여 준다.
- 2단계: 아동이 보는 앞에서, 컵 B에 들어 있던 액체를 모양이 완전히 다른 컵 C에 따른다.
- 3단계: 아동에게 컵 A에 들어 있는 액체의 양과 컵 C에 들어 있는 액체의 양이 같은지, 다르다면 어느 컵에 더 많은 액체가 들어 있는지를 물어본다.

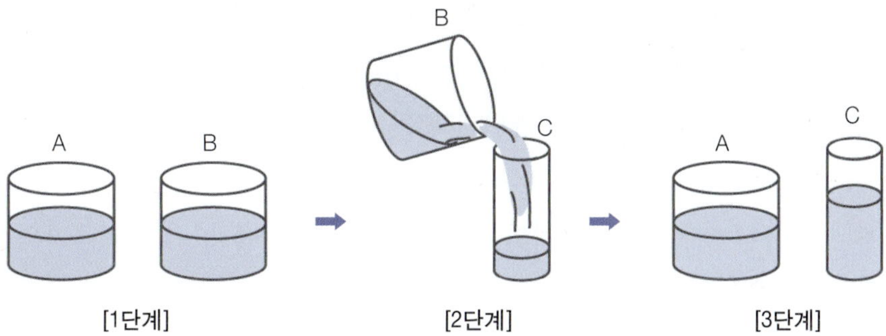

[그림 1-3-3] Piaget의 액체량 보존 실험

출처: 성현란(2001). 인지발달. 서울: 학지사.

위의 [그림 1-3-3]의 액체 보존 실험에서, 전조작기 유아는 컵 A 혹은 컵 C에 액체가 더 많다고 대답한다. 즉 보존 실험에 실패하게 된다.

Piaget에 따르면, 전조작기 유아가 보존 실험에서 실패 한 이유는 눈에 보이는 지각적 특성에 따라 사고하는 직관적 사고(intuitive thinking)와 액체의 높이 혹은 넓이만을 고려하여 판단하는 중심화(centration) 사고 경향 때문이다.

반면 구체적 조작기에 이른 아동들은 다양한 정신적 조작활동을 통해 보존 과제를 해결하게 된다.

Piaget에 따르면, 보존 개념을 이해하기 위해서는 다음에 제시된 3가지 원리에 대한 논리적 이해가 필요하다.

위의 [그림 1-3-3]의 액체 보존 실험에서, A와 C 중 어느 컵에 더 많은 액체가 들어 있는지를 묻고, '같아요' 하고 대답한 아동에게 그 이유에 대해 물었을 때, 다음과 같이 대답을 한 경우이다.

첫째는 아무것도 첨가되거나 제거되지 않는 한 그 물질은 동일한 상태임을 이해하는 동일성(identity)의 원리이다.

"물을 더 붓지도 않았고 덜어내지도 않았으니까 그대로예요."라고 대답한 경우로, 동일성의 원리를 이해하였음을 의미한다.

둘째는 한 방향으로의 변화는 또 다른 방향의 변화에 의해 보상될 수 있음을 이해하는 상보성, 혹은 보상성(compensation)의 원리이다.

"C의 물은 높이가 높아졌지만 A의 물은 넓이가 더 넓어요."라고 대답한 경우로, 보상성의 원리를 이해하였음을 의미한다.

셋째는 변화된 것을 다시 원래의 상태로 돌릴 수 있음을 이해하는 가역성(reversibility)의 원리이다.

"C의 물을 B에 다시 부으면 같아질 것이니까요."라고 대답을 한 경우로, 가역성의 원리를 이해하였음을 의미한다.

Piaget에 따르면 구체적 조작기 동안 아동은 길이, 무게, 부피 등 여러 형태의 보존 개념을 형성하게 된다. 일반적으로 수의 보존은 5~6세, 질량이나 면적, 액체 부피는 7~8세, 무게는 9~10세, 고체 부피의 보존 개념은 11~12세경에 획득된다(Piaget, 1971). 이들 보존 과제는 그 형태는 다르나 가역적 사고과정은 동일하다. 그러나 Gelman(1978)의 연구에서는 수 보존 실험 과제를 3~4개로 줄여서 3~4세 유아를 대상으로 실험한 결과, 이들 역시 수 보존 개념을 형성하고 있음을 보여 주고 있어 Piaget가 생각한 것보다 이른 나이에 수 보존 개념이 획득됨을 시사한다.

〈표 1-3-2〉 보존 개념의 획득 연령

조작	제1단계	제2단계	전조작적 사고(오답)	조작획득 연령
수	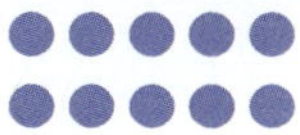 두 줄의 점이 동일한 간격으로 놓여 있다.	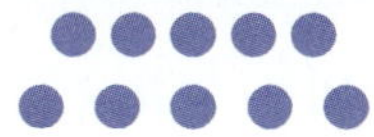 아래 줄의 점 사이의 간격을 넓힌다.	아래 줄의 점이 윗줄보다 더 많다.	6세
길이	 2개의 막대기	 막대기를 엇비슷하게 놓는다.	위(혹은 아래)의 막대기가 더 길다.	6~7세
면적	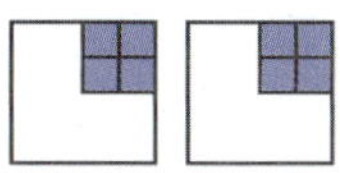 큰 사각형 속에 4개의 작은 사각형이 있다.	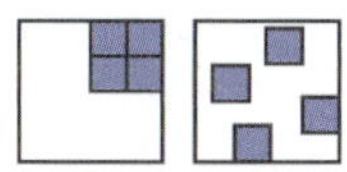 1개의 큰 사각형 속의 작은 사각형을 흩어 놓는다.	왼쪽 사각형 속에 남아 있는 공간이 더 넓다.	7~8세
액체(양)	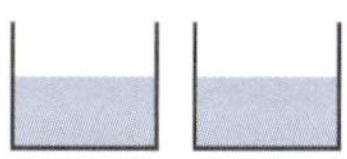 동일한 2개의 유리컵에 동일한 양의 물이 담겨 있다.	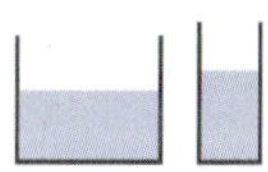 하나의 컵에 있는 물을 길고 가는 컵에 옮겨 붓는다.	왼쪽(혹은 오른쪽) 물이 더 많다.	7~8세
질량	 공 모양의 같은 크기의 찰흙	 1개를 납작하게 만든다.	왼쪽(혹은 오른쪽)이 더 무겁다.	7~8세
부피	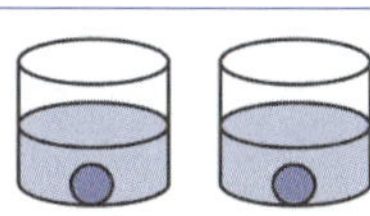 동일한 양의 액체가 들어 있는 컵 속에 동일한 무게의 진흙공이 담겨 있다.	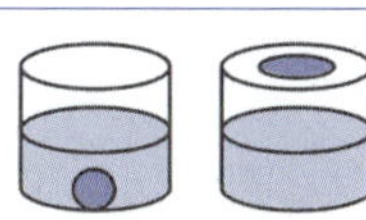 하나의 진흙 공을 물에서 꺼내어 모양을 변형시킨 다음 다시 물속에 넣는다.	오른쪽 액체의 높이가 더 높아질 것이다.	11~12세

출처: 황희숙 외(2008). 아동발달과 교육. 서울: 학지사.

❷ 분류화(Classification)

분류화란 '사물의 공통적인 범주를 중심으로 사물을 모을 수 있는 능력(mentally grouping objects according to similarities)'이다.

사물의 공통적인 범주를 찾아내는 분류 개념은 구체적 조작기 아동의 중요한 인지능력이다.

Piaget(Inhelder & Piaget, 1964)는 2~5세 유아를 대상으로 여러 가지 형태와 색의 동그라미, 세모, 네모 등 기하학적 도형들을 제시하고 이들을 같은 것끼리 모아보라고 지시하였다. 관찰결과, 2~5세 전조작기 유아들의 경우 색에 의해 묶는 지각적인 분류 행동을 보이고 있어, 엄밀한 의미에서 유목 개념이 형성되지 않은 것으로 Piaget는 보았다. 이는 아직 사물의 유사성에 따른 공통적 속성을 이해하는 내포(intension)나 같은 속성에 해당하는 대상을 함께 모으는 외연(extension)과 같은 기본적인 분류능력이 발달하지 않은 것으로 볼 수 있다.

그러나 5~7세 사이의 유아들은 네모꼴과 세모꼴을 구분하거나, 동물 인형과 사람 인형을 분류함으로써 같은 유목의 사물을 같은 것으로 분류함을 볼 수 있는데, 이러한 연구결과는 구체적 조작기 아동이 내포와 외연을 통합하는 유목 개념을 획득하고 있음을 보여 준다. 이러한 유목 개념은 토끼와 고양이가 동물이라는 동일한 상위유목에 포함되는 것을 깨닫게 되는 유목-포함(class-inclusion) 개념으로 발전하게 된다. 또한 구체적 조작기의 가역성의 논리적 사고 특성은 유목에 근거한 분류조작을 가능하게 한다.

이처럼 구체적 조작기 동안에 아동은 여러 사물의 현상을 그 속성에 따라 다양하게 분류하고 통합하여 유목의 위계적 망을 구성해 가는 구체적 조작사고를 숙달시켜 나가게 된다.

❸ 서열화(Seriation)

분류화(classification)가 사물 간의 '공통점'을 근거로 구분하는 능력이라면, 서열화는 사물 간의 '차이점'을 근거로, 큰 것부터 작은 것으로 혹은 반대로 순서적인 배열을 할 수 있는 능력(ordering objects according to differences)', 즉 순서짓기

능력을 말한다.

구체적 조작기에 들어설 무렵 아동은, 막대기의 색깔을 달리하는 등 지각적으로 혼란을 일으키는 요인이 첨가되었을 경우, 서열조작에 실패하는 전조작기의 한계를 극복하고, 사물을 길이나 크기 등의 기준에 따라 순서 짓는 비교적 안정된 서열조작 능력을 갖추게 된다.

구체적 조작기 서열조작 능력의 하나인 추이성(transitivity) 원리에 대한 이해는 유목-포함(class-inclusion) 조작능력과 유사한 시기에 획득된다.

추이성(transitivity) 원리란 길이가 다른 3개의 막대 A, B, C를 주고 순서짓기를 할 경우, 일단 A와 B의 길이를 비교한 후 A가 B보다 길다(A〉B)는 것을 확인한다. 다음에는 B와 C를 비교한 후 B가 C보다 길다(B〉C)는 것을 확인시킨 후, A와 C 중 어느 것이 더 긴가를 예상하게 하였을 경우, A와 C를 직접 비교하지 않고도 A〉C임을 논리적으로 추론할 수 있는 능력을 말한다. 즉 A〉B, B〉C 이면, A〉C임을 정신적 조작을 통해 이해하게 된다는 것이다.

더 나아가 구체적 조작기 아동은 두 개 이상의 요인을 동시에 비교하여 통합하는 서열조작 능력이 발달하게 되는데, 5~6세 아동은 크기나 색깔 중 하나의 기준에 따라 순서대로 배열할 수 있으나, 7~8세경에 이르러서는 크기와 색깔의 두 기준을 동시에 고려하여 순서 짓는 다중서열(multiple seriation)능력이 나타난다.

분류화와 서열화 개념은 유아의 수 능력발달에서 자세히 다루도록 하자.

(4) 형식적 조작기(Formal operational stage)

형식적 조작기는 추상적 개념을 통해 논리적 사고를 할 수 있게 됨으로써 가장 높은 수준의 인지능력을 발달시키는 시기로, 보통 11~12세 이후부터 가능하다고 본다.

이 시기는 관찰이 가능한 구체적 사건이나 사물에 한정된 논리적 사고가 가능한 구체적 조작기 사고의 한계에서 벗어나 가설과 같은 추상적 상황에 대한 논리적 사고, 즉 '조작(operation)에 대한 조작(operation)'이 가능한 시기이다.

또한 문제해결을 위해 여러 가지 시행착오적 방법을 거치는 구체적 조작기에 비해, 문제해결에 가능한 방법을 생각을 통해 그 결과를 가정해 볼 수 있는 가설 설정 능력으로 인해, 가설-연역적 사고(hypothetico-deductive reasoning)가 가능하게 되면서 추상적이고 융통성 있는 사고를 할 수 있게 된다. 또한 존재나 진리, 정의, 도덕성 등 심오한 문제에 대해서도 사고할 수 있게 되면서 전 영역에 걸친 이상주의(idealism)로 확장된다(Piaget, 1981).

3) Piaget 이론의 교육적 시사점

Piaget 이론은 지식구성과정에서 주체의 능동성을 강조한 구성주의 관점을 바탕으로 유아에 대한 이해와 유아교육과정 운영 및 교수방법 등에 많은 시사점을 제공하고 있다.

첫째, 유아의 능동적이며 주체적인 역할을 강조한다.

Piaget 이론은 지식구성과정에 있어 인간의 능동성을 강조한 점에서 구성주의(constructivism) 이론으로 불린다.

구성주의 인식론은 지식구성과정에서 인간의 수동적 역할을 설명한 객관적 인식론과 달리, 인간의 능동적 역할을 강조한 관점이다. 그에 따르면, 새로운 지식구성은 선험적인 것도, 환경에만 의존하는 것도 아니라 인간이 환경과의 상호작용 과정에서 능동적으로 사고하면서 이루어진다. 이처럼 능동적, 주체적 존재로서의 아동의 역할을 강조하면서 인지발달의 근원을 유아 내부에서 찾고자 한 점에서 Piaget 이론은 구성주의 인식론과 맥을 같이한다.

이러한 Piaget의 구성주의 관점에 따르면, 유아의 인지발달은 환경과의 상호작용과정에서 나타나는 유아의 반성적 사고(reflective thinking)의 결과이다. 또한 유아는 성인이 가르치는 대로 배우는 수동적 존재가 아니라 적극적이고 능동적인 참여를 통해 배우는 존재로, 학습 과정에서 주체로서의 유아의 역할이 강조된다. 이는 자신의 사고의 틀을 통해 세상을 이해하고 지각하는 현상학적 관점을 바탕으로 한 것으로, 인식 주체, 학습주체로서의 유아에 대한 새로운 이해를 이끌며 현대 아동중심교육, 유아중심교육의 이론적 근거를 제시하고 있다.

따라서 교사는 유아의 반성적 사고를 이끌 수 있는 교육환경을 제공하고, 유아가 학습과정에 능동적으로 참여할 수 있도록 이끌어야 할 것이다.

둘째, 유아는 미성숙한 존재가 아니라 성인과는 다른 사고체계를 지니는 존재이다.

Piaget 이론은 인지발달단계를 4단계로 제시하면서 단계별로 세상을 이해하는 방식이 다름을 보여 준다.

Piaget가 제시한 인지발달단계는 불연속성의 특성을 지니며, 각 단계의 의미는 세상을 이해하는 방식의 차이이다. 감각운동기는 감각운동기(sensori-motor stage) 사고의 틀을 통해 세상을 이해하며, 구체적 조작기는 정신적 조작이 가능한 논리적 사고의 틀을 통해 세상을 이해한다는 것이다. 이런 점에서 Piaget 이론은 자신의 사고의 틀에 따라 세상을 해석한다는 현상학적 관점을 바탕으로 하고 있음을 알 수 있다.

이러한 Piaget의 관점에 따르면, 유아는 성인보다 '미성숙한' 존재가 아니라 '다른' 사고의 틀을 가진 존재이다. 이는 유아기를 성인기보다 미성숙한 단계로 보는 발달에 관한 진보적 관점과는 다른 것으로, 유아기를 성인과는 '다른' 독립된 단계로 바라보면서, 완전한 존재로서의 유아에 대한 이해를 이끈다. 다름(difference)은 개별성에 대한 존중을 의미하는 것으로, 유아를 이해하기 위해서는 그들의 관점에서 보는 세상, 즉 그들의 지각의 장, 현상학적 장을 이해하여야 함을 의미한다. 따라서 교사는 성인의 입장에서가 아니라 유아의 관점에서 그들의 생각과 세계를 이해하고자 노력하는 것이 필요하다 할 것이다.

셋째, 유아는 같은 발달단계에 있다고 하더라도 발달속도에 있어서 개인차가 있다.

Piaget 이론은 인간의 인지발달과정을 보편적 특성에 근거하여 단계이론으로 제시한 점과 개인차나 문화적 맥락성을 고려하지 못했다는 점에서 비판의 여지가 있다. 그러나 각 단계 내의 유아일지라도 발달에 있어 개인차가 있음을 인정한 점에서 현대 교육에 시사하는 바가 크다. 이러한 Piaget의 관점은 신 Piaget 학파(Neo- Piagetian)에 의해 지속적으로 연구가 이루어지고 있다.

따라서 교사는 발달이론에서 제시한 단계별 보편적 특성보다는 지속적인 관찰을 통해 유아 개개인의 흥미와 발달적 특성을 이해하는 것이 필요하다. 그리고 각각의 개별적인 발달수준에 맞춘 적절한 환경을 제시함으로써 유아가 더욱 흥미를 느낄 수 있도록 고려해야 함을 시사한다.

넷째, 유아의 인지발달을 촉진하기 위해서는 인지적 갈등을 경험할 수 있는 다양한 환경을 제공하는 것이 필요하다.

Piaget 이론에 따르면, 인지발달의 출발은 '인지적 갈등' 상황이다.

인지적 갈등(cognitive conflict)이란 자신이 알고 있는 것과 다른 새로운 정보를 접할 때 인지적 불균형을 경험하는 것으로, 동화와 조절과 같은 적응과정을 통해 평형화에 이르게 됨으로써 인지발달이 이루어진다는 것이다.

인지적 갈등은 유아 스스로 일상생활에서 환경에 대한 탐색을 통해서도 이루어질 수 있을 뿐 아니라, 교사와의 상호작용을 통해서도 일어날 수 있다. 최적의 인지적 갈등상태를 경험할 수 있는 환경을 제공하는 것이 바로 교사의 역할이다.

따라서 교사는 유아들에게 인지적 갈등을 유발할 수 있는 새로운 경험들을 많이 제공해 줌으로써 새로운 지식을 형성해 갈 수 있도록 도와야 할 것이다.

다섯째, 단순히 지식의 증가가 아니라 유아의 사고의 틀을 확장시켜 주는 것이 교육의 역할이다.

Piaget 이론에 따르면, 인지가 발달한다는 것은 단순히 지식의 양이 많아지는 것을 의미하는 것이 아니라 사고의 틀, 즉 세상을 바라보는 인지적 구조인 도식(schema)이 질적, 양적으로 변화하는 것이다. 이런 점에서 볼 때 교육의 목표는 지식의 양을 증가시키는 것이 아니라 사고의 틀을 확장시켜 주는 것이어야 한다. 이처럼 사고의 틀이 발달하는 것은 곧 새로운 지식구성과 인지발달을 의미하며, Piaget는 이 과정에서 유아의 능동적 사고과정, 즉 '반성적 사고'의 중요성을 강조한다.

이런 점에서 볼 때, 교육은 특정한 사실(fact)에 대한 지식을 길러 주는 것이 아니라, 다양한 경험 속에서 스스로 발견하고 사고할 수 있는 능력을 길러 주는 것이어야 한다. 따라서 교사는 유아로 하여금 새로운 환경에 대해 능동적으로 사고하는 태도, 반성적 사고(reflective thinking)가 이루어질 수 있도록 기회를 제공하며, 학습 과정에서 유아의 주체적 참여를 이끌 수 있는 교육 프로그램을 개발하려는 노력이 있어야 할 것이다.

지금까지 살펴본 바와 같이, Piaget 이론에 대한 교육적 실천이 이루어지려면, 먼저 지식구성의 주체, 학습의 주체가 유아라는 인식이 필요하며 교육내용이 유아의 주체적인 참여를 통한 활동(activity)중심이어야 함을 시사한다. 그리고 끝없이 세상에 대해 반성적 사고를 할 수 있도록 도와야 할 것이다.

Piaget 이론은 발달(development)을 강조하면서 교육의 가치를 과소평가한 점에서 비판의 여지가 있지만, 주체적 존재로서의 유아에 대한 새로운 이해와 학습 과정에서 강조되는 유아의 능동적 역할과 반성적 사고의 중요성을 강조한 점, 그리고 현대아동중심교육과 유아중심교육에 대한 이론적 근거를 제시했다는 점에서 그 의미는 크다고 할 것이다.

2 신 Piaget 이론

Piaget의 인지발달이론은 아동의 사고발달에 대한 이해의 폭을 넓혀 주는 데 공헌하였다. 그러나 인지발달을 설명함에 있어 보편성 관점에서 접근함으로써 문화적 차이를 고려하지 못한 점을 비판받기도 한다.

Piaget의 인지발달이론에 따르면 같은 발달단계에 속한 아동은 같은 발달적 특성을 보이는 것으로 설명된다. 물론 Piaget도 발달단계 내에서의 개인차를 어느 정도 인정하였지만 단계이론의 바탕에는 보편성을 근거로 하고 있어 맥락에 근거한 개인차를 고려하지 못한 점에서 비판되고 있다. 또한 한 개인 내에도 영역에 따라 다른 발달적 특성을 보일 수 있음을 간과한 점에서도 비판의 여지가 있다.

또한 Piaget 인지발달이론에 따르면, 한 아동은 여러 영역에서 동일한 인지발달 단계에 속하는 것으로 가정될 수 있다. 이는 한 단계에 속하는 아동은 경험하는 여러 가지 영역에서 모두 동일한 이해 수준을 보인다는 것을 의미한다(김신옥, 2001). 그러나 실제로 여러 영역에서 동일한 이해 수준을 보이는 것이 아니라 아동 개인 내에서도 영역에 따라 차이가 존재한다는 점이 비판되는 부분이다.

이러한 Piaget 이론의 한계점을 보완·수정하려는 연구들이 이루어지는데, 이들을 신 Piaget 이론, 혹은 신 Piaget 학파라 부른다.

신 Piaget 이론가들은 기본적으로 Piaget 이론의 핵심적 특징인 단계(stage) 개념을 그대로 유지하면서 Piaget 이론의 가장 큰 비판점인 개인차에 대한 고려가 간과된 점을 보완하면서 새로운 이론을 정립한다.

본 장에서는 Piaget의 기본적인 인지발달 단계를 수용하면서 인지발달의 과정적 접근을 시도한 Case와 Fischer의 이론을 중심으로 한 신 Piaget 이론에 대해 살펴보도록 하자.

1) Case 이론

Case(1985)는 Piaget의 단계이론과 정보처리접근의 기억용량(memory capacity) 개념을 결합시켜 인지발달을 설명하는 이론을 제시한다.

(1) 작업기억용량(Working memory capacity)

Case에 있어 인지발달을 일으키는 변화의 기제는 아동이 작업기억용량(working memory capacity)을 사용하는 효율성(efficiency)의 증가에 두고 있다. 이 점이 Piaget 이론과 가장 다른 점이고 정보처리이론을 받아들인 부분이다.

Case는 아동이 문제를 해결하기 위해 사용하는 문제해결전략(problem solving strategy)이 나이에 따라 체계적으로 변화·발달함을 설명한다. 그는 이러한 문제해결전략이 수행되기 위해서는 각 단계에 적절한 양의 작업기억(working memory)이 요구되며, 단계가 높아질수록 기억량도 더 많이 요구되므로 기억용량을 늘려야만 새로운 전략을 수행할 수 있게 된다고 하였다.

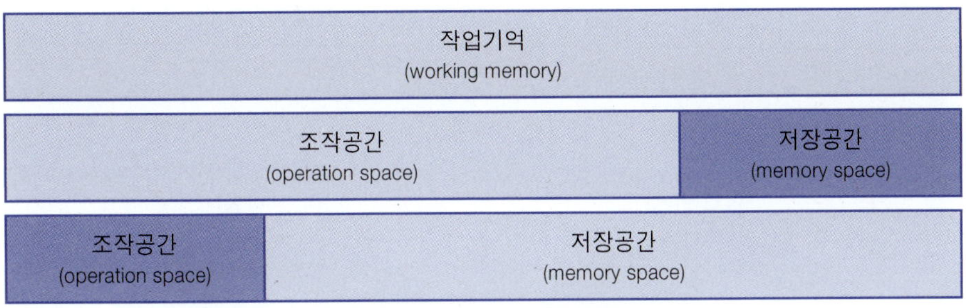

[그림 1-3-4] 작업공간 감소 모형

출처: Case(1984)에서 인용.

[그림 1-3-4]와 같이, 아동의 작업기억은 실제로 과제를 해결하는 과정에서 필요로 하는 '조작공간(operation space)'과 처리된 정보를 필요할 때 인출할 수 있도록 저장해 두는 '저장공간(memory space)'으로 구성된다고 보았다. 따라서 정보를 처리하는 전체 공간인 작업기억용량의 절대적인 크기는 한정되어 있으므로, 효율성을 늘려 작업기억용량을 늘리는 것과 같은 효과를 얻을 수 있는 방법이 필요하다.

Case는 작업기억용량의 한계를 극복하는 방법으로 자동화(automatization)를 통한 조작의 효율성 증가를 들었다. 즉 새로운 전략들이 경험이나 가르침에 의해 익숙해지면서 자동화가 이루어지게 되면, 이 전략을 수행하기 위해 소요되는 주의능력(attentional capacity)이 줄어들게 되어 에너지 소모가 줄게 되고, 상대적으로 기억이나 작업을 할 수 있는 능력이 증가할 수 있다고 설명한다. 따라서 반복적인 연습과 숙달에 의해 과제처리능력을 기르는 것은 자동화를 통해 조작 효율성을 증가시키기 위한 것이며, 조작의 효율성이 증가하면, 곧 조작공간이 감소하여 저장공간이 증가하므로 아동의 인지발달은 촉진된다고 보았다. 예를 들면, 수 세기(counting)의 경우 연습을 많이 하고 자주 반복하다 보면 자동화가 되어 노력이 덜 들고 수 세기에 필요한 에너지가 감소하게 되어 점차 조작공간이 감소하면서 저장공간이 증가하게 되어 더 높은 수준의 인지발달을 이루게 된다는 점이다.

또한 [그림 1-3-5]에서 보는 바와 같이, 어렸을 때는 많은 시간과 노력이 필요했던 문제들이 점차 연령이 증가하면서 자동화가 증가하게 되면서 정보를 처리하는 속도가 빨라지게 되고 효율성이 증가하게 되면서 결국 조작공간을 덜 필요로 하게 되어 저장공간이 증가하게 된다는 것이다.

[그림 1-3-5] Case의 조작 효율성 가설

혹은 생물학적 성숙과 함께 신경세포의 수초화가 진행되면서 신경충동의 전달이 빨라져서 기억용량 사용의 효율성이 증가하게 됨을 설명한다. 연령에 따른 작업기억용량의 증가는 이러한 관점에서도 설명될 수 있다.

(2) 중심개념구조(Central conceptual structure)

지금까지 살펴본 바와 같이, Case는 인지발달을 새로운 전략 사용으로 인한 '자동화'와 '생물학적 성숙'을 들어 설명하였지만, 최근에는 중심개념구조를 통해 인지발달을 설명한다(Case & Griffin, 1990).

'중심개념구조'란 여러 개념을 연결시켜 주는 내적 망(network)으로서, 아동이 새로운 과제를 대했을 때 여러 가지 다양한 상황을 감당해 낼 수 있는 새로운 조절구조를 개발하는 데 중추적 역할을 하는 구조를 말한다. 이러한 내적 구조는 아동의 과거 경험과 긴밀한 관계가 있으며 아동이 과제에 접근하기 위해 어떤 전략을 사용할지는 그들의 경험이 결정한다는 의미다. 그는 아동의 나이가 같다고 해서 똑같은 수준으로 반응하거나, 주어진 과제의 구조가 같다고 해서 한 아동이 모든 과제에 같은 수준으로 반응하는 것이 아니며, 아동은 주어진 과제를 그들의 경험 속에서 재구성하여 문제해결을 한다고 보았다. 이처럼 아동은 여러 상황에서 중심개념구조를 적용시켜 효율성을 높임으로써 단기기억용량의 한계를 극복할 수 있다.

Case 이론에서는 아동의 문제해결과정을 분석하기 위한 기본단위로서 정보처리이론에서 사용하는 실행전략(executive strategy) 개념을 도입하였다. Case가 제안한 실행전략의 개념은 추상적인 개념으로 어떤 문제를 해결하기 위한 정신적 절차 혹은 계획이라고 할 수 있다. 또한 문제해결과정을 총체적으로 분석하기 위해 실행제어구조(executive control structures)를 제안하였다. 이는 문제 상황을 해석하는 아동의 습관적 방식 및 절차를 나타내는 것으로 구조와 과정을 통합시킨 문제해결과정을 분석하는 새로운 방법이다. Case는 이러한 실행제어구조가 발달하는 데 있어 중추적인 역할을 하는 것이 중심개념구조임을 가정하였다.

(3) Case의 단계이론

Case 이론에서는 Piaget 이론처럼 인지발달이 수직적 구조를 보이며 질적으로 다른 단계를 통해 형성됨을 설명하고 있다. 이는 단계이론을 통해 잘 드러난다.

Case 이론에서 단계는 누구나 거치는 보편적인 단계로, 기본적으로 4단계로 구성되며, 어떤 유형의 정신적 표상을 형성하고 어떤 유형의 정신적 조작을 하는지에 따라 감각운동단계, 관계단계, 차원단계, 벡터단계로 나눈다.

〈표 1-3-3〉 Case의 인지발달단계

감각운동단계	관계단계	차원단계	벡터단계
+3 정교화된 협응 12~18개월	+3 정교화된 협응 3.5~5년	+3 정교화된 협응 9~11년	+3 정교화된 협응 15~18년
+2 양초점협응 8~12개월	+2 양초점협응 2~3.5년	+2 양초점협응 9~7년	+2 양초점협응 13~15년
+1 단일초점협응 4~8개월	+1 단일초점협응 1.5~2년	+1 단일초점협응 5~7년	+1 단일초점협응 11~13년
0 조작적 공고화 0~4개월	0 조작적 공고화 12~18개월	0 조작적 공고화 3.5~5년	0 조작적 공고화 9~11년

〈표 1-3-3〉에서 보는 바와 같이, 각 단계의 특징은 다음과 같다.

첫 번째 단계는 감각운동단계(sensorimotor stage)로 감각과 운동을 통해 인지적 조작능력이 발달하는 시기이다. 약 2세까지 해당된다.

두 번째 단계는 관계단계(relational stage)로 사람, 사건, 사물 간의 관계에 대한 이해가 발달하는 시기이다. 예를 들면, 여러 동물의 비슷한 점과 차이점을 이해하고 표상하는 단계로 약 2세에서 5세까지 해당된다.

세 번째 단계는 차원단계(dimentional stage)로 각 대상 또는 각 영역에 대한 구체적인 이해가 발달하는 시기이다. 예를 들면, 여러 가지 속성 중 중요한 두 차원(가깝다–멀다, 많다–적다, 길다–짧다 등)을 중심으로 나열하고 비교하고 표상하는 단계이다. 약 5세에서 11세까지가 해당된다.

네 번째 단계는 벡터단계(vectorial stage)로 둘 이상 차원 간의 상호작용 결과인 벡터(vector)라는 상위차원의 조작(second–order dimensional operation)을 이해하는 단계이다. 즉 대상을 구체적으로 비교하는 것이 아니라 그들을 대비시켜 나온 추상적인 방향 값인 벡터에 주의를 기울이는 것을 말한다. 약 11세에서 18세까지 해당된다.

Case의 단계이론의 특징은 각 단계 안에는 동일한 하위단계가 4개씩 있다는 점이다. 즉 조작적 공고화(0), 단일초점협응(unifocal coordination), 양초점협응(bifocal coordination), 정교화된 협응(eleborated coordination)의 질적으로 다른 4개의 하위단계를 설정하여 발달을 더욱 세분화시켜 설명하고 있다. 이처럼 이 하위단계를 단계마다 반복해서 통과하면서 점점 더 정교한 인지기술을 습득해 가게 된다.

2) Fischer 이론

Fischer 이론은 동일한 단계의 아동은 동일한 수준의 인지발달을 보일 것으로 보았던 Piaget의 관점을 비판하고, 동일한 단계 내에서의 개인적 차이를 드러냄으로써 보편성에 근거하여 인지발달을 설명하고자 한 Piaget 이론의 한계점을 극복하고자 하였다.

Fischer는 어떤 한 수준에서도 특정 상황에 따라 행동에 관여하는 기술(skill)의 수준이 다르다는 '수평적 차이(horizontal decalage)'를 발달의 규칙으로 설명하면서 환경조건에 따른 발달수준의 차이를 설명하고자 하였다. 이를 위해 그는 인간 유기체와 환경의 상호작용을 함축하는 '기술' 개념을 도입하였다. 기술이란 인간 유기체가 특정 상황에서 조직화된 방식으로 행동하는 능력을 말한다. 그에 따르면, 인간 유기체는 그가 처한 특정 상황 속에서 자신의 행동을 조절하기 때문에, 행동이 일어나는 상황에 따라 사용하는 기술에는 현저한 차이가 나게 된다는 것이다. 즉 기술의 구조는 인간 유기체의 행동이 일어나는 상황에 의해 결정되는 것이다.

Fischer는 인간 유기체와 상황적 요인을 모두 고려한 기술의 구조가 어떻게 변하는지를 밝힘으로써 인지발달을 설명하고자 하였다. 그에게 있어 인지발달은 상황 특정적(context-specific)인 기술을 위계적으로 조직하는 능력이 발달하는 것으로 정의된다.

Fischer는 인지발달과정에서의 기술구조의 변화를 설명하기 위해 단계(stage)라는 용어보다는 수준(level)이라는 개념을 사용한다. 이는 아동의 행동을 전체보다는 행동 하나하나를 기술 수준으로 설명하고자 한 것으로, 한 아동은 어떤 정해진 '단계'에 속하는 것이 아니라 과제와 상황에 따라 다양한 '수준'을 보임을 나타낸 것이다.

〈표 1-3-4〉와 같이 각 '기술'은 13단계의 '수준'을 거쳐 점진적으로 발달하는데, 이 수준은 위계적 특성을 지닌다. 즉 어떤 한 수준의 기술은 하위수준의 기술을 습득함으로써 이루어지는 것으로, 수준이 높아질수록 기술의 구조가 복잡해진다. 이 13단계의 '수준'은 각기 다른 기술로 구성된 4개의 층(tier)으로 나누어진다.

〈표 1-3-4〉 Fischer의 인지발달수준

층과 수준			발달 연령
1층	반사기술(reflex skills)		
	수준 1	단일반사	3~4주
	수준 2	반사의 연결	7~8주
	수준 3	반사체계	10~11주
	수준 4	반사체계의 체계	15~17주
2층	감각운동기술(sensory-motor skills)		
	수준 4	단일감각운동행동	15~17주
	수준 5	감각운동행동의 연결	7~8개월
	수준 6	감각운동행동의 체계	11~13개월
	수준 7	감각운동체계의 체계	18~24개월
3층	표상기술(representational skills)		
	수준 7	단일표상	18~24개월
	수준 8	표상의 연결	3.5~4.5년
	수준 9	표상의 체계	초등학교
	수준 10	표상체계의 체계	고등학교 초기
4층	추상기술(abstract skills)		
	수준 10	단일추상적 행동	고등학교 초기
	수준 11	추상적 행동의 연결	고등학교 말기
	수준 12	추상적 체계	성인기 초기
	수준 13	추상적 체계의 체계	성인기 이후

출처: Fischer(1980). 성현란 외(2003). 인지발달. 서울: 학지사, 재인용.

첫 번째 층은 반사기술(reflex skills)의 층으로, 반사작용에 의해 행동하는 시기이다. 두 번째 층은 감각운동기술(sensory-motor skills) 층으로, 이 시기에는 실제 사물이나 대상에 대한 행동을 통해 사고한다. 세 번째 층은 표상기술(representational skills)의 층으로, 어떤 사건이나 대상에 대해 직접 행동을 하지 않고서도 사건이나 대상에 대한 표상을 통해 사고가 가능해지는 시기이다. 네 번째 층은 추상기술(abstract skills) 층으로, 구체적 사물이나 현상이 없어도 추상적 개념을 통한 사고가 가능해지는 시기이다.

Fischer는 각 층은 단일세트(single sets), 행동의 연결(mapping), 행동의 체계(system), 체계들의 체계(system of system)라는 4유형의 수준을 반복하면서 발달해 간다고 설명하고 있다. 즉 기술의 발달은 층별 단일세트, 행동의 연결, 행동의 체계, 체계들의 체계로 구성되는 한 주기(cycle)를 4회에 걸쳐(4층) 반복적으로 거치게 되며, 각 층의 마지막 수준은 다음 층의 첫 수준이 되는 것으로 보았다. 이처럼 4개의 층, 총 13개의 수준을 거쳐 인지발달이 이루어진다고 보았다.

Fischer는 한 '수준'에서 더욱 복잡한 다음 '수준'으로 변화하는 것을 설명하기 위해 5개의 변형규칙을 제시하였다. 변형규칙은 기술 간의 상호 협응(inter-coordination), 합성(compounding), 상황에 따라 다른 기술에 관심이 바뀌는 초점이동(shift in focus), 한 기술을 다른 기술에 일반화시키는 대치(substitution), 통합과 함께 일어나는 하위세트로의 분화(differentiation)로 구분되며, 아동의 특정 상황에서의 경험에 의해 결정된다. 즉 변형규칙을 어떻게 활용하느냐에 따라 더 높은 수준으로의 이행이 가능하고, 이러한 과정을 통해 점차 인지가 발달해 간다는 것이다.

종합적으로, Fischer 이론은 동일한 단계에 있는 아동의 경우 동일한 행동의 특성을 보일 것이라는 Piaget의 관점과는 달리, 같은 층에 있더라도 그 속에는 4개의 수준으로 구분되며, 각 수준 내에서 5개의 변형규칙을 어떻게 활용하느냐에 따라 더 높은 수준으로 이행이 가능하다는 점에서 '수평적 차이'가 존재함을 설명한다.

또한 각 수준으로의 이행이 아동의 연령 증가와도 관련이 있는 것으로 보았는데, 이는 연령이 증가함에 따라 최적수준(optimal level)도 올라가며 발달속도도 빨라진다고 보았기 때문이다. 최적수준(optimal level)이란 이상적인 조건하에서 해낼 수 있는 행동의 상한점을 의미하는 것으로, 평상시 조건에서 이룰 수 있는 행동의 상한점인 기능수준(functional level)과 구분된다.

이는 아동의 인지발달에는 상황적 조건에 따라 달라지는 기술의 구조에 따라서도 차이가 있지만, 기본적으로 연령 증가와 함께 높은 수준의 인지능력을 가지게 되는 것은 이상적인 조건하에서 해낼 수 있는 행동의 상한점인 최적수준이 높아지기 때문으로 설명될 수 있다.

지금까지 살펴본 바와 같이, 신 Piaget 이론은 Piaget의 기본적인 인지발달단계를 수용하면서도, 보편적 관점에서 인지발달의 구조적인 설명을 시도한 Piaget 이론의 한계를 극복하기 위해 인지발달의 과정적 접근을 시도함으로써 인지발달의 구조적 관점과 과정적 관점을 통합한 이론이다.

3 Vygotsky 이론

Vygotsky(1896~1934)는 인지발달에 있어 사회문화적 환경을 강조한 러시아의 학자로 Marx 이론에 기초하여 인간발달에 관한 새로운 이론을 제시한다.

인간발달의 근원을 사회로부터 분리된 개인 내에 두고 있는 대부분의 인지발달 이론과 달리, Vygotsky 이론에서는 사회적 존재로서의 인간에 대한 이해를 바탕으로, 인지발달도 사회문화적 맥락 속에서 이해하고자 하였다.

Vygotsky 이론에서 가정한 2개의 발달 경로는, 하나는 안으로부터 나타나는 자연적 경로(natural line)이고, 다른 하나는 외부로부터 아동에게 영향을 주는 사회역사적 경로(social–historical line)이다(Vygotsky, 1931a; Crain, 2005).

이러한 Vygotsky 이론은 Marx 이론(Marxism)을 기초하여 인간발달에 관한 새로운 이론을 모색하는 과정에서 생겨난 이론으로, 그의 관점 속에는 Marx 이론의 핵심적인 가정이 다음과 같이 담겨 있다(Thomas, 2000).

첫째, 사고의 결과로 행동이 나타나는 것이 아니라, 행동이 사고를 낳는다는 것이다. 즉 어떤 행동(물질의 생산과 분배에서의 활동)을 하는가에 따라 사고가 결정된다고 보는 관점으로, 인지발달과정에서도 활동(activity)이 사고의 내용을 구성한다고 본다.

둘째, Marx가 Hegel의 변증법 이론을 통해 사회발달을 설명하였듯이, 인간의 발달도 어떤 주장(정)이 있고, 그 주장에 대한 반대 주장(반)이 제기되고, 이들 간의 갈등이 해결되는 과정(합)의 변증법적 과정을 통해 이루어진다고 보는 관점이다. 즉 현재의 사고체계(정)가 새로운 상황(반)에 직면하게 되면 갈등이 생겨나고, 이를 해결하기 위해 새로운 문제해결방법(합)을 찾는 과정이 끊임없이 되풀이되면서 인지발달을 이룬다고 보는 것이다.

셋째, 발달을 문화적인 맥락 속에서 일어나는 역사적인 과정으로 본다. 이는 한 사회의 문화가 과거 역사의 산물인 동시에 미래의 발달을 위한 맥락이 된다는 관점으로, 인간의 발달을 이해하려면 그가 속한 문화와 역사적 배경을 이해해야 한다는 것이다.

이처럼 인간의 사고나 인지발달에 있어 사회·문화적 요인을 강조한 Vygotsky 이론은 인지발달을 인간 내부에서 일어나는 과정으로 바라보는 현대 서구 발달이론과 많은 부분에서 상반된 태도를 보이면서 독자적 이론체계를 구성하게 된다.

1) 인지발달과정

Vygotsky 이론에서 인지발달은 사회적 상호작용과정에서 획득한 고등정신기능을 자신의 것으로 내면화(internalization)하는 과정을 통해 이루어진다.

Vygotsky의 사회·문화적 관점에 따르면, 모든 지식은 한 공동체로서의 사회집단의 긴 역사를 통해 누적된 문화적 형태로 존재하며, 유아는 성인의 도움을 받아 문화적 산물로서의 지식을 내면화(internalization)함으로써 높은 수준의 지식이 학습되고 이를 통해 인지발달을 이루게 된다는 것이다. 이러한 관점에서 본다면 인지발달은 사회 속에 그 근원을 두고 있음을 알 수 있다.

Vygotsky 이론에서 인지발달은 두 단계로 나누어 이루어진다.

첫 번째는 '개인 간 단계(inter-personal level)'로 타인과의 사회적 상호작용과정에서 지식을 공유하는 과정이다. 두 번째는 '개인 내 단계(intra-personal level)로 사회적 상호작용과정에서 공유된 지식을 내면화(internalization)하여 자신의 것으로 받아들이는 과정이다.

이때 '개인 간 단계'에서 공유된 지식은 고등정신기능을 말하는데, 고등정신기능(high mental function)이란 사회적 상호작용을 통한 학습을 통해서만 획득되는 높은 수준의 정신기능을 말한다. 반면 인간이 기본적으로 타고나는 인지능력을 기본정신기능 혹은 저등정신기능(law mental function)이란 한다.

따라서 Vygotsky 이론에서 인지발달은 '개인 간 단계'에서 공유된 고등정신기능을 '개인 내 단계'로 내면화(internalization)하는 능동적인 과정을 통해 이루어진다.

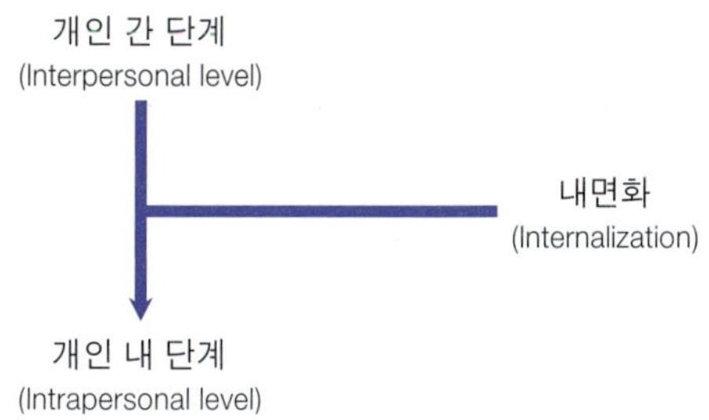

[그림 1-3-6] Vygotsky의 인지발달 기제(mechanism)

Vygotsky에 있어서 인지발달은 '고등정신기능'의 획득을 의미하는 것으로, 사회·역사적 산물로 사회 속에서 공유되는 '고등정신기능'은 성인과의 상호작용과정을 통해 학습된다고 보았다. 따라서 Vygotsky 이론에서 인지발달은 성인과의 사회적 상호작용, 즉 사회적 중재(social mediation)가 중요한 의미를 지닌다. 이것은 인지발달에 있어 성인과의 상호작용의 경험과 성인의 도움이 중요한 역할을 하게 된다는 의미이다.

그러나 Vygotsky 이론에서 성인의 도움은 유아 스스로 문제를 해결하고 자기조절의 능력을 가질 수 있는 단계에 이르렀을 때는 더 이상 필요가 없어진다. 사회적 상호작용이 이루어지는 '개인 간 단계'에서는 전적으로 사회 혹은 성인에 의존하여 문제해결이 이루어진다는 점에서 타인조절(other–regulation)이 이루어지지만, 점차 내면화를 통해 유아 자신이 스스로 문제를 해결하게 되는 '개인 내 단계'에 이르면, 성인은 도움 수준을 조절하여 유아 스스로 더 많은 주도성을 가지고 활동해 나가는 자기조절(self–regulation)의 능력을 갖도록 하는 것이다. 이처럼 높은 수준의 문제해결능력을 사회적 상호작용을 통해 공유하고, 이를 내면화하게 됨으로써 자신의 것으로 받아들이게 되는 과정을 통해 인지가 발달해 가는 것이다.

따라서 Vygotsky에 있어 높은 수준의 인지능력은 인간 개인의 마음속에 먼저 존재하고 나중에 표현되는 것이 아니라, 사회 속에 먼저 존재하고, 이를 사회적 상호작용을 통해 인간 개인 내로 내면화하는 과정을 통해 발달되는 것이다.

결국 Vygotsky 이론에서 인지발달은 사회적 상호작용(social–interaction)을 전제하고 있어, 인지발달의 근원을 사회에 두고 있음을 알 수 있다. 그러나 개인 내(intra–personal) 단계로의 내면화 과정은 유아의 능동적 역할을 의미하는 것으로, 단순히 성인의 도움만으로 인지발달이 이루어지는 것이 아니라, 유아의 능동적 역할이 중요한 의미를 지님을 강조하고 있다. 이는 지식구성과정에서 인간 주체의 수동적 역할을 강조한 객관주의 인식론과는 달리, 인식 주체로서의 능동적 역할을 강조한 점에서 구성주의 인식론의 관점을 드러낸다. 그러나 인지발달의 근원을 사회 속에 두는 점에서 Piaget 이론과는 차이를 보인다. Vysotsky 이론을 사회적 구성주의로 보는 이유도 바로 이것이다.

2) 주요 개념

Vygotsky 이론의 주요 개념인 근접발달구역과 비계설정, 사고에 있어 언어의 역할에 대하여 자세히 살펴보기로 하자.

(1) 근접발달구역(ZPD: Zone of Proximal Development)

Vygotsky 이론에서 가정한 2개의 발달 경로는, 하나는 안으로부터 나타나는 자연적 경로(natural line)이고, 다른 하나는 외부로부터 아동에게 영향을 주는 사회역사적 경로(social–historical line)이다(Vygotsky, 1931a; Crain, 2005). 자연적 경로란 발달(development)을 의미하며, 사회 역사적 경로는 학습(learning)을 의미한다고 볼 수 있다. 이러한 관점은 근접발달구역의 개념에서 잘 드러난다.

근접발달구역(Zone of Proximal Development)이란 "혼자서 해결할 수 있는 실제적 발달수준(level of actual development)과 어른이나 더 높은 인지능력을 가진 사람의 도움을 받아 이룰 수 있는 간의 차이" 를 말한다(Vygotsky, 1935).

> "The distance between the actual developmental level as determined by independent problem solving and the level of potential development as determined through problem solving under adult guidance or in collaboration with more capable peers."
>
> – Vygotsky(1935).

좀 더 자세히 살펴보면, '실제적 발달수준'이란 자연적으로 이루어지는 현재의 발달(development)수준을 말하며, '잠재적 발달수준'이란 학습을 통해 새로운 인지발달이 일어날 것으로 기대되는 수준을 말한다.

[그림 1–3–7]에서 보듯이, a 지점은 성인의 도움 없이 수행할 수 있는 실제적 발달수준(actual development level)으로, 성인의 도움이나 학습경험이 없어도 자연적 발달이 이루어지는 지점이다. b 지점은 성인의 도움으로 수행할 수 있는 잠재적 발달수준(potential development level)으로, 학습을 통해 이를 수 있는 수행능력 지점이다.

따라서 실제적 발달수준(a)과 잠재적 발달수준(b) 간의 차이를 의미하는 c의 영역이 근접발달구역(ZPD)으로, 성인의 도움이나 학습(learning)을 통해 발달을 이끌 수 있는 역동적인 영역이다.

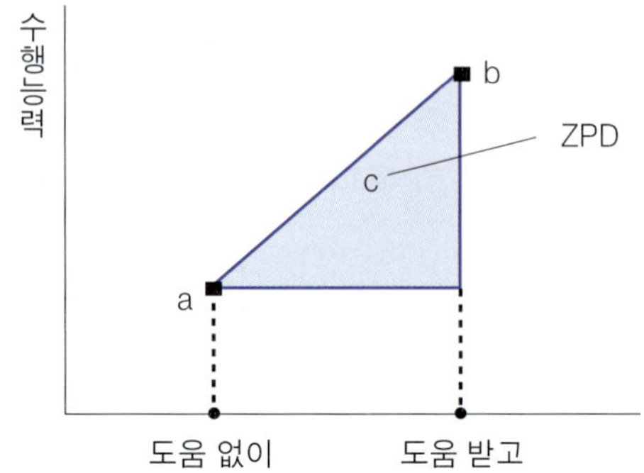

[그림 1-3-7] Vygotsky의 근접발달구역

근접발달구역의 관점에서 교육의 역할은 보다 높은 수준의 인지능력을 가진 성인이나 또래와의 상호작용을 통해 유아가 잠재적 발달수준에 이를 수 있도록 학습경험을 제공하는 것이다.

그러나 학습 과정에서 제공된 성인의 도움이나 비계설정의 역할이 바로 유아의 인지발달로 이어지는 것은 아니다. 사회적 상호작용을 통한 성인의 도움이 유아의 인지발달을 이끌 수 있지만, 이 과정에서 중요한 것은 유아 스스로 새로운 지식과 기술을 자신의 것으로 구성하고자 하는 능동적 역할이다.

Vygotsky 이론의 인지발달 메커니즘에 근거한다면, 개인 간(inter-personal) 단계에서 공유된 지식이 개인 내(intra-personal) 단계로 내면화하는 과정을 통해 인지발달이 이루어진다. 이때 내면화 과정은 유아의 능동적 참여와 반성적 사고를 통해 이루어지는 능동적 과정이기 때문이다.

이처럼 인지발달과정에서 사회적 중재를 강조하면서도 유아의 주체적 참여와 능동적 역할을 강조한 점에서 Vygotsky 이론을 구성주의 이론으로 볼 수 있다.

(2) 비계설정(Scaffolding)

근접발달구역의 개념을 이해하게 되면, 성인이 유아의 인지발달을 실제적 발달수준에서 잠재적 발달수준에 이를 수 있도록 어떻게 도움을 줄 것인가에 관심을 갖게 되는데, 근접발달구역 내에서 제공되는 성인의 도움의 실체, 이를 '비계설정'

이라 한다.

비계설정(Scaffolding)이란 말의 사전적인 의미는 '건물을 건축하거나 수리할 때 인부들이 재료를 운반하며 오르내릴 수 있도록 건물 주변에 발판을 세우는 것'으로, Vygotsky 이론에서는 근접발달구역 내에서 이루어지는 성인의 구체적인 도움의 실체를 일컫는다. 예를 들면, 단서 제공하기(hint), 모델링하기(modeling), 설명하기(explain), 질문하기(question), 토론하기(discuss), 공동으로 참여하기(cooperate), 격려하기(encourage), 주의 집중시키기(attention) 등 문제해결과정에서 성인이 줄 수 있는 인지적, 비인지적 도움을 말한다.

비계설정 시 성인의 중요한 역할은 과제의 특성 및 과제에 대한 유아의 수행능력에 따라 도움을 조절해 감으로써 도움의 질을 변화시켜 주는 것이다. 즉 유아가 많은 도움이 필요한 새로운 과제를 할 때는 성인이 더 많은 도움을 주지만, 그렇지 않은 경우 도움을 줄여 나감으로써 조절할 수 있다.

비계설정의 최종 목표는 유아 스스로 자신이 문제를 해결할 수 있는 능력을 가지도록 도움을 주는 것으로, 점차 유아에게 책임을 부여하여 자기조절의 능력을 갖도록 하기 위함이다. 따라서 초기에는 타인조절의 단계에서 성인의 도움이 많이 필요하지만, 점차 과제에 대한 책임을 부여함으로써 유아 스스로 문제를 해결해 나갈 수 있는 자기조절의 단계에 이르러서는 도움의 질을 변화시켜 나가는 것이 중요하다.

예를 들어 유아와 교사가 함께 퍼즐 활동을 할 때, 처음에는 교사가 완성된 모델을 제시하거나, 퍼즐의 위치나 모양에 주의를 기울이도록 하거나, 특정 대상에 대한 지적을 통해 유아의 행동을 배열하고 구조화시키면서 도움을 주다가, 점차 유아에게 책임을 부여하면서 유아 스스로 퍼즐을 완성하도록 하는 것이다. 이 과정을 살펴보면, 초기에 유아는 성인의 도움으로 퍼즐을 더 잘할 수 있었지만, 성인으로부터 습득한 지식이나 기술을 자신의 것으로 내면화함으로써 혼자 퍼즐 놀이를 할 때에도 사용할 수 있게 되어 새로운 인지 수준에 도달한다는 것이다(Miller, 1993).

이처럼 Vygotsky 이론은 유아 스스로 할 수 없는 것도 비계설정을 통해 유아의 능력에 따라 적절한 도움을 주게 되면, 능동적인 내면화 과정을 통해, 나중에는 스스로 문제를 해결할 수 있는 능력이 발달하게 됨을 설명하고 있다. 이는 인지발달에 있어서 유아의 능동성과 사회적 중재의 중요성을 강조하는 것으로, 단순히 성인의 도움이나 사회적 상호작용을 통해 높은 수준의 인지가 발달하는 것이 아니라, 사회적 상호작용과정에서 공유된 것들을 자신의 내면으로 내면화하는 능동적 과정이 반드시 요구된다는 점에서 Vygotsky 이론은 사회적 구성주의(social-constructivism) 이론이라 불린다.

(3) 언어(Language)

Vygotsky는「사고와 언어(Thought & Language)」(1962)에서, 언어는 정신기능의 전체적인 흐름과 구조를 바꾸어 정신을 재구조화하고, 더 높은 수준의 자기조절이 이루어진 사고과정을 형성하는 데 있어 중요한 도구임을 강조한다.

Vygotsky에 따르면, 인간이 사용하는 도구(tool) 중에서 가장 특유한 도구가 바로 언어이며, 인간의 인지적 기능은 바로 이 언어라는 심리적 도구(psychological tool)에 의해 매개된다고 보았다.

한 사회 속에서 살아가는 개인이 그 사회의 신호체계인 언어를 획득하는 것은 여러 가지 의미를 지닌다. 첫째, 사회 속에서 다른 사람과의 상호작용을 위한 대화의 도구로서의 언어이다. 둘째, 추상적 사고나 정신활동에 필요한 정신적 도구로서의 언어이다. 이때 언어는 '지금 그리고 여기(here & now)'에서 일어나는 우리의 지각 경험으로부터 벗어나 보이지 않는 것, 과거, 미래를 나타내도록 허용한다. 이러한 의미에서 언어와 사고는 역동적으로 관련되어 있음을 알 수 있다.

언어와 사고의 관계에 관한 Vygotsky의 견해는 다음 [그림 1-3-8]과 같이 4단계에서 설명된다.

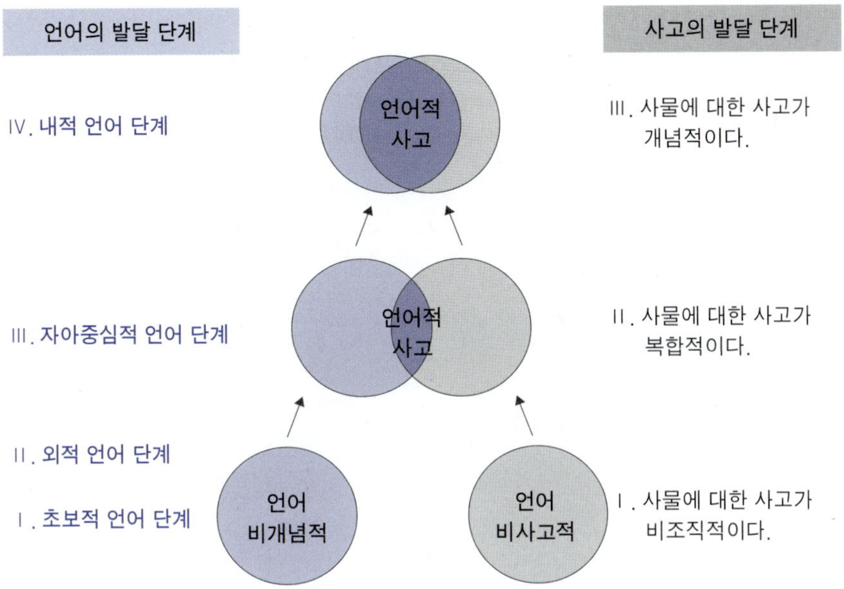

[그림 1-3-8] 언어와 사고발달에 관한 Vygotsky의 견해

출처: Thomas, R. M. (2000). Comparative theories of child development.

❶ 초보적 언어 단계(Primitive speech stage)

언어와 사고가 분리된 초보적 언어 단계다. 언어와 사고가 독립해서 기능을 시작하는 초기 단계로, 사물에 대한 사고가 아직은 비조직적인 단계이다. 보통 0~2세 영아기에 해당한다.

❷ 외적 언어 단계(External speech stage)

의사소통을 위한 사회적 언어를 사용하는 외적 언어 단계(external speech stage)로, 사물에 대한 상징이 가능해지고, 언어와 사고가 서로 결합하게 되어 언어적 사고가 가능해지는 시기이다. 약 2세에 해당하며, 순진한 심리적 단계(native psychological stage)라고도 한다.

❸ 자아중심적 언어 단계(Egocentric language stage)

문제를 해결하는 과정에서 자신의 생각과 행동을 통제하는 기능을 수행하는 혼잣말 혹은 사적 언어(private speech) 형태가 나타나는 단계이다.

약 3세에 해당하며, 다른 사람과의 상호 교류를 위한 언어인 외적 언어와 자신만이 들을 수 있는 혼잣말을 구분한다. 혼잣말은 어려운 문제를 해결하거나, 중요한 목표를 달성하고자 할 때 사용이 증가하는 경향이 있는데, Vygotsky의 인지발달과정에서는 내면화 단계에 나타나면서 언어와 사고가 더욱더 통합된다.

❹ 내적 언어 단계(Inner speech stage)

자아중심적 언어인 혼잣말이 내적 언어(inner speech)로 바뀌는 단계다.

약 7~8세가 되면 큰 소리로 하던 혼잣말은 속삭임으로 변하여 내적 언어로 전환되는데, 이는 문제해결이나 행동을 계획하는 것을 돕고 추상적 사고를 이끄는 역할을 하게 된다. 내적언어는 Vygotsky의 인지발달과정에서는 공유된 지식을 내면화한 후 개인 내 단계에서 자신의 지식으로 개념화하는 단계에서 나타나는 언어의 형태로, 이때 언어와 사고는 완전히 통합된다.

지금까지 살펴본 바와 같이 Vygotsky는 언어가 인지발달 및 사고에 있어 중요한 역할을 하게 됨을 강조하는데, 인지발달과정에서 나타난 심리적 도구로서의 언어의 기능을 자세히 살펴보면, 다음의 두 가지로 정리해 볼 수 있다.

첫째는 개인 간 단계(inter-personal stage)에서 나타나는 사회적 상호작용을 위한 대화의 도구로서의 사회적 언어(social language)의 기능이다. 둘째, 개인 내 단계(intra-personal stage)에서 나타나는 추상적 사고의 도구로서의 언어의 기능이다. 이러한 의미에서 언어와 사고는 역동적으로 관련되어 있음을 알 수 있다.

이처럼 언어와 사고발달 간의 관련성을 강조한 Vygotsky의 관점은 언어를 단순히 현재의 인지발달 상태를 반영한 것으로만 봄으로써, 사고나 인지발달에 있어 언어의 역할을 중요하게 생각하지 않은 Piaget의 관점과는 차이를 보인다.

유아기에 나타나는 언어적 특성인 혼잣말에 대해서도 Vygotsky는 문제해결과정에서 스스로 조절·통제할 수 있는 기능과 함께 사고에 있어 중요한 역할을 수행함을 강조하였다. 특히 Vygotsky는 유아가 문제해결과정에서 자신이 직접 해결할 수 없는 어려운 과제가 주어졌을 때, 어른에게 도움을 청하는 대신 자기 자신에게 이야기함으로써 혼잣말을 증가시킨다는 것을 발견하였다.

"유아는 그가 문제해결을 할 수 없다는 것을 알았을 때, 어른에게 간청하는 대신 자신에게 호소한다." – Vygotsky(1962).

이는 혼잣말이 문제해결과정에서 자신의 인지과정을 조절하기 위해 사용하는 언어로서 인간의 고등정신기능의 발달에 중요한 역할을 함을 의미한다.

반면, Piaget는 이러한 유아기 언어적 특성을 단순히 전조작기 사고의 특성인 자아중심성이 언어에 반영된 것으로 보았는데, 유아기 언어 형태를 '자아중심적 언어(egocentric language)'라고 부른 것도 바로 그런 의미이다.

이처럼 언어와 사고의 관계나 인지발달 과정에서의 자아중심어, 혹은 혼잣말의의 기능에 관해서는 Vygotsky 이론과 Piaget 이론 간의 관점의 차이를 엿볼 수 있다. 자세한 내용은 ' Piaget와 Vygotsky 이론의 관점 비교'에서 살펴보도록 하자.

3) Vygotsky 이론의 교육적 시사점

인지발달에 있어 사회·문화적 환경의 중요성과 역동적 영향력을 강조한 Vygotsky 이론이 가지는 교육적 시사점에 대해 살펴보기로 하자.

첫째, 유아의 인지발달과 사고력 향상에 있어 사회 · 문화적 맥락의 중요성을 강조하고 있다.

Vygotsky 이론에서 개인의 인지구조는 자신이 속한 사회의 가치나 실제를 반영하여 형성된다는 점에서 그 근원을 사회 속에 둔다. 이는 유아의 인지발달에 있어 성인의 도움이나 학습(learning)의 역할을 강조하는 것으로, 다양한 사회적 상호작용의 기회를 제공하는 교육 프로그램이나 사회적 환경이 중요함을 시사한다.

둘째, 근접발달구역과 비계설정의 개념은 유아들의 인지발달을 이끌어 줄 수 있는 성인의 도움의 역할과 실제적 도움의 실체에 대해 시사하는 바가 크다.

'근접발달구역(ZPD)'이란 유아 혼자서 문제를 해결할 수 있는 실제적 발달수준(actual developmental level)과 사회적 중재(social mediation)에 의해 이를 수 있는 잠재적 발달수준(potential developmental level) 간의 차이를 의미하는 것으로, 자연적 발달을 이끌 수 있는 학습의 기회를 제공하여야 함을 시사한다. 실제적 발달수준은 성인의 도움 없이도 문제해결이 가능한 발달(development)의 영역이라면, 잠재적 발달수준은 사회적 산물로서 공유되는 고등정신기능을 성인과의 상호작용을 통해 내면화함으로써 이르게 되는 학습(learning)의 영역이다.

'비계설정(scaffolding)'은 성인의 도움의 실체를 의미하는 것으로, 유아의 인지발달 과정에서 성인의 역할의 중요성을 시사한다. 유아의 발달을 이끌 수 있는 교사의 도움의 실체가 무엇인지, 혹은 유아의 사고발달을 이끌 수 있는 다양한 교수방법 및 교육환경의 중요성에 대해 시사하는 바가 크다.

이처럼 근접발달구역과 비계설정 개념은 유아가 현재 능력으로 해결할 수 있는 과제보다 조금 어려운 과제를 부여함으로써 잠재적 발달수준까지의 발달을 이끌고, 유아들 간의 상호작용의 기회를 증가시킬 수 있는 다양한 소집단 활동을 구성하는 등 유아의 인지발달을 이끌 수 있는 다양한 교수방법에 대해 교사가 끊임없이 연구하여야 함을 시사한다.

셋째, 사고와 인지발달과정에 있어서의 언어의 역할을 강조한다.

Vygotsky 이론에서 언어는 다른 사람과 대화하고 소통하기 위한 의사소통의 수단일 뿐 아니라 높은 수준의 인지발달과 추상적 사고발달에도 중요한 역할을 수행한다. 인지발달을 위해서는 언어발달이 선행되어야 한다는 의미이다.

특히 Vygotsky가 강조한 유아기 언어적 특성인 '혼잣말' 혹은 '사적 언어(private speech)'는 문제해결과정에서 자신의 인지과정을 조절·통제하는 자기조절(self-regulation)의 기능을 가지고 있어, 문제해결과정과 학습에도 중요한 역할을 수행한다. 이와 함께 유아기 언어교육의 중요성과 함께, 인지발달의 출발점인 성인과의 사회적 상호작용의 기회제공, 특히 언어적 상호작용의 기회를 증가시키는 것이 중요함을 시사한다.

4) Piaget와 Vygotsky 이론의 관점 비교

Piaget와 Vygotsky는 인간의 인지발달과정에서 유아의 능동적 역할을 강조한 점에서 구성주의 이론으로서의 공통점을 지닌다.

그러나 Piaget 이론은 인간의 인지발달이 개인 내부에서 이루어진다고 보는 점에서 개인적 구성주의(individual constructivism) 혹은 인지적 구성주의(cognitive constructivism)라 불리는 반면 Vygotsky 이론은 인간의 인지발달 근원을 사회 속에 두고 있다는 점에서 사회적 구성주의(social constructivism)라 불린다.

특히 Piaget 이론과 Vygotsky 이론은 인지발달을 설명하는 과정에서 다양한 관점에 있어 다음과 같이 차이를 보인다.

❶ 유아기 자아중심적 언어에 대한 관점의 차이이다

Piaget는 유아기에 나타나는 언어적 특성을 '자아중심어(egocentric language)'라고 하였는데, 이는 전조작기 사고의 특성인 자아중심성(egocentrism)이 언어에 반영되어 나타난 것으로 보았기 때문이다. 즉 언어는 인지발달을 반영한다는 것이다.

Piaget 이론에서 '자아중심어'는 전조작기 인지적 미성숙으로 인해 나타난 언어 특성으로, 사고나 인지발달에 있어 특별한 의미를 부여하지 않았으며, 점차 인지가 발달하고 논리적 사고가 시작되는 구체적 조작기에 들어서면, 탈자아중심화가 됨에 따라 자아중심어는 사라지고, 점차 사회적 언어(social language)를 사용하게 된다고 보았다.

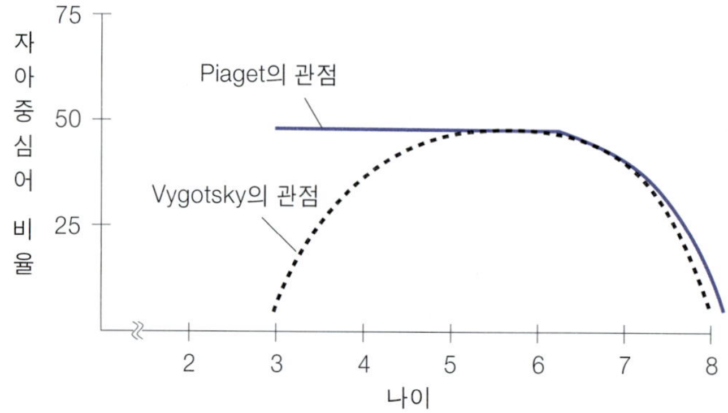

[그림 1-3-9] Piaget와 Vygotsky의 자아중심어에 대한 관점

출처: Crain, W. (2000). *Theories of development: concepts and applications.*

반면 Vygotsky는 유아기에 나타나는 이러한 언어적 특성을 '혼잣말' 혹은 '사적 언어(private speech)'라고 부르고, Piaget 이론에서 가정한 것과 달리 사고과정에서 중요한 의미를 부여한다. 즉 혼잣말은 문제해결과정에서 자신의 행동과 생각을 조절 및 통제하는 자기조절(self-regulation)의 기능을 지니며, 인지발달과 사고에 있어 중요한 의미를 지닌다.

또한 Vygotsky에 있어 '혼잣말'은 타인과의 의사소통을 위한 언어의 기능이 이루어지는 '외적 언어(external speech) 단계'에서, 추상적 사고를 위한 언어의 기능이 이루어지는 '내적 언어(inner speech) 단계'로의 전환과정에서 나타나는 과도기적 언어의 형태로 보았다. 따라서 혼잣말은 연령이 증가하고 인지가 발달할수록 사라지는 것이 아니라 내적 언어로 바뀐다는 것이다.

위에서 살펴본 유아기 언어에 대한 Piaget와 Vygotsky의 각기 다른 관점은 사고나 인지발달과정에서 언어가 하는 역할에 대한 관점의 차이에 기인한다고 볼 수 있다.

Piaget는 언어란 현실을 표상(representation)하기 위해 사용하는 여러 가지 상징적 기능 중 하나일 뿐 인지발달 측면에서는 중요한 의미가 없다(useless)고 보았다. 이와 함께 Piaget는 언어에만 치중한 교육을 오히려 경계하면서, 언어를 통한 학습보다는 유아의 능동적 탐색과 반성적 사고를 통한 인지구조의 변화를 강조하였다.

반면 Vygotsky에게 언어란 사고와 인지발달에 없어서는 안 되는 중요한 심리적 도구이며, 인지발달이 이루어지는 전 과정에서 다양한 역할을 수행하게 된다.

우선 성인과 유아 간 상호작용이 이루어지는 '개인 간(inter-personal)' 단계에서 언어는 의사소통의 도구로서의 기능을 수행한다. 바로 사회적 언어(social language)로서의 역할이다.

두 번째로는 '개인 내(intra-personal)' 단계로의 '내면화(internalization)' 과정에서 과도기적 형태로 나타나는 혼잣말은 문제해결과정에서 자신의 인지과정을 스스로 조절, 통제하기 위한 기능을 수행한다.

세 번째로 '개인 내(intra-personal)' 단계에서 언어는 추상적 사고를 위한 언어의 기능을 수행하게 된다. 내적언어(inner speech)로서의 역할이다.

이처럼 Vygotsky는 인지발달에 있어 언어의 역할을 강조하면서, 교육에 있어서도 유아기 언어교육, 특히 문해 능력을 기르기 위한 교육을 강조하였다.

❷ 상징놀이에 대한 관점의 차이이다

상징놀이(symbolic play)란 유아의 표상능력이 시작된 만 2세경에 시작되는 놀이로, '마치 ~인 것처럼 행동하는(acting as if)' 가상적 요소를 지닌 놀이라는 점에서 보통 가상놀이(pretend play), 상상놀이(imaginative play), 극놀이(dramatic play) 등 다양한 용어로 불린다.

유아는 2세경이 되면 아무것도 없는 컵을 들고 마시는 시늉을 하거나, 막대기로 총을 쏘는 시늉을 하는 등 상상력을 활용한 놀이를 시작한다. 이처럼 유아는 한 사물을 다른 사물로 대체하는 상징놀이를 통해 표상적 사고를 발달시켜 나간다.

유아기 상징놀이에 대한 연구가 Piaget에 의해 이루어지면서 상징놀이의 중요성과 가치에 대한 관심과 논의가 증가하였다.

Piaget(1962)는 상징놀이가 이루어지는 시기를 2세에서 7세경으로 보았으며,

상징놀이를 외부 현상이나 실재를 자신의 인지구조에 맞추어 해석하는 성향을 들어 조절(accommodation)보다는 동화(assimilation)가 우세한 불균형상태로서의 놀이로 특징지었다. 특히 유아의 연령이 증가할수록 상징놀이의 유형이 다음과 같이 변화한다고 설명한다.

첫째, 상징놀이의 대상이 점차 자기 자신에서 타인으로 전환되는데, 이를 탈중심화(decentration)라고 한다.

탈중심화란 자신을 통해 표현하던 가작화가 다른 사람이나 사물로 전이되는 것을 말한다. 예를 들면, 물컵을 자신의 입에 갖다 대면서 물 마시는 시늉을 하던 유아가 다른 사람이나 인형의 입에 물컵을 갖다 대면서 가작화 놀이를 하는 것이다.

둘째, 상징놀이 대상이 사물의 외형에서 벗어나기 시작하는데, 이를 탈맥락화(decontextualization)라고 한다.

탈맥락화란 초기에는 실물과 유사한 대체물을 상징 대상으로 사용하다가 점차 유사성이 떨어지는 사물에 대한 가작화가 일어나는 것을 말한다. 예를 들어 초기에 아기와 유사한 외형의 인형을 가지고 아기놀이를 하던 유아가 점차 외형상 유사성이 떨어지는 베개나 다른 사물들을 활용하여 상징놀이를 하는 것을 말한다.

셋째, 상징놀이가 단편적인 개별 활동으로 이루어지다가 점차 일련의 행동으로 나타나는데, 이를 통합(integration)이라 한다. 통합이란 단편적인 가작화 행동에서 벗어나 점차 다양한 이야기를 만들어 가는 것을 말한다. 예를 들면, 초기에는 인형에게 물을 먹이는 가작화된 행동만을 하던 유아가 인형에게 물을 먹이고, 잠을 재우고, 놀이를 하고 이야기를 하는 일련의 행동들을 하나의 이야기처럼 엮어 가작화 놀이를 하는 것이다.

이처럼 Piaget는 상징놀이를 현실의 자신에게 동화(assimilation)시키는 전조작기 사고의 특성을 드러내는 미성숙한 인지발달단계를 보여 주는 지표로 여기며, 이미 자신이 습득한 기존 지식을 연습하는 과정으로 보아, 인지발달에 있어 특별한 의미를 부여하지는 않았다.

반면 Vygotsky는 유아가 상징놀이를 통해 대상과 분리된 사고를 하게 됨으로써 사고의 융통성을 높이고 추상적 사고능력을 발달시킬 수 있다고 보았다. 또한 상징놀이에서 만든 규칙은 사회의 문화를 반영하고 있어 유아들로 하여금 그 사회의 문화와 규범을 보다 잘 이해할 수 있게 하고, 충동적 행동을 자제할 수 있는 능력과 함께 정서발달에도 도움을 준다고 보았다.

Smilansky 역시 Vygotsky의 관점을 반영하여 사회 속에서 정해진 역할을 수행하는 사회극놀이(social dramatic play)를 상징놀이의 가장 진보된 형태로 보았으며, 사회 극놀이의 발달적 의미에 주목하였다.

Smilansky(1968)는 놀이발달단계를 기능놀이(functional play), 구성놀이(constructive play), 극놀이(dramatic play), 규칙이 있는 게임(game with rule)으로 나누었는데, 이 중 다른 사람의 역할을 가장하여 행동이나 언어를 그대로 모방하는 놀이인 극놀이가 상징놀이에 해당된다.

Smilansky가 가장 주목한 극놀이, 혹은 사회 극놀이(social dramatic play)는 상징놀이의 요소인 사물의 가작화, 행동의 가작화, 상황에 대한 가작화 요소를 포함하면서, 10분 이상의 지속성과 2명 이상의 놀이 참여자 간의 상호작용, 특히 언어적 상호작용 등의 요소가 포함된 놀이로, 추상적 사고와 사회성 발달에 도움을 주는 발달적 의미를 강조하였다.

❸ 사회적 상호작용(Social interaction)에 대한 관점의 차이이다

Piaget와 Vygotsky는 인간발달에 있어 유전적 요소와 환경적 요소 간의 상호작용론적 관점을 제시한 학자로, 발달적 요소와 함께 발달을 자극하는 사회적 환경, 사회적 상호작용의 중요성을 강조하였다.

그러나 Piaget의 경우 또래 간의 상호작용을 강조한 반면 Vygotsky는 성인, 즉 유아보다 높은 수준의 인지능력을 가진 사람들과의 상호작용이 인지발달에 중요한 요소임을 강조한다.

Piaget가 또래 간 상호작용을 강조하는 이유는 우선 서로 다른 관점을 가진 사람과의 상호작용과정에서 인지적 갈등(cognitive conflict)이 생기게 되어 인지발달이 시작된다고 보았기 때문이다. 즉 유아는 자신의 인지구조(scheme)와 다른 경험이나 지식을 경험하게 될 경우, 인지적 불균형에 이르게 되고, 이를 동화와 조절이라는 적응과정을 통해 평형화에 이르게 됨으로써 새로운 인지구조, 즉 쉐마(scheme)를 구성해 가면서 인지가 발달한다고 보았다.

또한 또래 간 상호작용 과정에서, 또래와의 논쟁과 의견 불일치를 경험함으로써 자신의 생각과 다른 사람의 생각이 다를 수 있음을 깨닫게 되어 자아중심적 사고에서 벗어나는 계기가 되는 것이다. 자아중심적 사고란 타인의 생각이나 관점, 시공간적 조망이 나와 같다고 생각하는 것으로, 타인의 조망이나 생각이 나와 다를 수 있음을 알아가는 과정을 통해 탈자아중심화(dis-egocentrism)가 가능해지면서, 논리적 사고가 시작된다고 보았다. 결국 또래 간 상호작용의 경험은 인지발달 뿐 아니라 도덕성 및 사회성 발달에도 도움을 준다고 보았다.

특히 Piaget가 성인보다 또래 간의 상호작용을 강조한 것은, 성인과의 상호작용 과정에는 이미 보이지 않는 힘인 수직적 관계가 존재하여 유아가 아무 비판 없이 성인의 의견을 수용하는 경향을 보여서 진정한 의미의 '인지적 갈등'이 존재하지 못하며, 유아의 자율성을 길러 주는 데도 좋은 영향을 끼치지 못한다고 보았기 때문이다.

따라서 유아가 다른 사람의 생각을 경험하고 그들과 토론하는 과정에서 나와 다른 생각이 존재한다는 것을 경험하면서 자아중심성에서 벗어날 수 있도록, 또래 간의 상호작용의 기회를 많이 제공하는 것이 인지발달에 중요한 요소임을 알 수 있다.

반면 Vygotsky는 인지발달에 있어 성인과의 상호작용을 강조하였는데, 이는 이미 사회 속에서 공유된 다양한 고등정신기능(high mental function)을 상호작용과정을 통해 자신의 것으로 내면화(internalization)함으로써 인지가 발달하는 것으로 보았던 Vygotsky의 관점에서 기인한다.

즉 성인과의 상호작용과정에서 공유된 보다 높은 수준의 문제해결방법을 자신의 것으로 내면화함으로써 인지발달이 이루어진다고 본 Vygotsky의 관점에서는 또래 간의 상호작용 경험보다는 자신보다 높은 수준의 인지능력을 가진 성인과의 상호작용 경험이 인지발달에 더 중요한 의미를 지닌다. 특히 상호작용과정에서 이루어지는 성인의 언어적 중재(verbal mediation)가 유아의 사고발달에 중요한 의미를 지닌다고 보았다.

따라서 유아가 보다 높은 수준의 문제해결능력을 경험하고 그것을 자신의 것으로 내면화할 수 있도록 성인과의 언어적 상호작용의 기회를 제공하고, 또래 간의 협동 학습의 기회를 제공하는 것이 새로운 지식구성과 인지발달에 중요한 요소임을 알 수 있다.

또래 간의 상호작용에 관해서는 Piaget의 경우 인지적 갈등을 가져온다는 점에서 그 중요성을 파악하였으나, Vygotsky의 경우는 또래 간의 상호작용과정에서 이루어지는 협력(cooperation)을 강조하였다. 이는 지식구성을 사회적 맥락 속에서 이루어지는 역동적 과정으로 이해하는 사회적 구성주의 관점을 반영한 것으로, 인지발달은 구성원 간의 협동학습을 통한 공유된 이해에 이르는 과정으로 설명된다.

❹ 교육의 역할에 관한 관점의 차이이다

Piaget는 자연적 발달을 학습보다 강조한 학자로, 발달에 있어 교육의 역할을 과소평가했다는 점에서 비판된다.

Piaget에 따르면, 발달과 학습은 별개로, 학습이 발달을 이끄는 것이 아니라 학습 이전에 발달을 먼저 고려하여야 한다는 것이다. 이와 함께 '발달에 맞는 교육', 즉 유아의 발달수준을 고려한 교육 프로그램의 실행을 강조하였다.

반면 Vygotsky에 따르면, 학습이 발달을 이끄는 것으로 교사나 성인의 도움을 받아 이루어지는 학습을 통해 현재의 발달수준을 유아의 잠재력 내에서 이끌 수 있음을 강조한다.

이는 혼자서 수행할 수 있는 실제적 발달수준과 성인이나 또래의 도움을 통해 이를 수 있는 잠재적 발달수준과의 차이를 의미하는 근접발달구역(ZPD)의 개념을 통해 설명된다. 즉 자신보다 높은 수준의 인지능력을 가진 사람들과의 상호작용을 통해 자연적 발달에 의해 이를 수 있는 현재의 발달수준을 넘어 잠재적 발달수준까지 이를 수 있음을 강조한 것이다. 이런 의미에서 볼 때 근접발달구역(ZPD)은 학습이 발달을 이끌 수 있는 영역에 해당한다.

지금까지 살펴본 바와 같이 Piaget와 Vygotsky 이론은 다양한 영역에서 관점 차이를 보이고 있다. 그럼에도 불구하고 지식이란 인식 주체인 인간이 적극적이고 주체적으로 환경을 탐색하는 과정을 통해 구성되는 것으로 본 점에서, 두 이론은 '구성주의'라는 공통점을 지닌다.

구성주의(constructivism)란 지식구성, 인지발달과정에서 인간의 능동적 역할을 강조하고, 지식구성을 완결된 결과가 아니라 과정으로 보는 관점이다. 이는 지식이 인식 주체인 인간 외부에 존재하고 인간은 그것을 표상하고 재현하는 것으로 보았던 객관주의 인식론과 달리 인식 주체의 개별적 해석에 의한 능동적 구성의 결과로 보았던 구성주의 인식론에서 출발한다.

Piaget와 Vygotsky 이론을 살펴보면, 인지발달은 인식 주체로서의 인간이 적극적이고 주체적으로 환경을 탐색하는 과정을 통해 구성되는 것임이 강조된다.

Piaget 이론에서는 조절과 동화를 통한 능동적 적응과정을 통해 새로운 지식이 구성되고, Vygotsky 이론에서는 사회적 상호작용을 통해 높은 수준의 인지능력, 즉 고등정신기능이 구성되지만 이 과정에서 자신의 것으로 내면화하는 과정은 유아의 능동적 역할이 요구된다는 점에서 모두 구성주의 관점에 근거한다.

그러나 Piaget 이론은 인지발달을 인지구조의 변화로 본 점에서 '인지적 구성주의(cognitive constructivism)' 혹은 '개인적 구성주의(individual constructivism)'라고 불리며, Vygotsky 이론은 인지발달의 근원을 사회에 두고 있다는 점에서 '사회적 구성주의(social constructivism)'라고 불린다.

구성주의에 관한 내용은 '제11장 구성주의'에서 자세히 살펴보도록 하자.

4 정보처리접근(Information-processing approach)

인간의 인지발달에 대한 정보처리접근(Information-processing approach) 관점은 인간의 인지활동 및 사고과정을 컴퓨터의 작동 원리와 유사한 것으로 보는 관점에서 출발하였다. 즉 인간이 어떻게 정보를 받아들이고 어떻게 저장하며 저장된 정보를 어떻게 인출하는지에 대한 정보처리의 흐름이 주된 관심이다. 특히 외부 세계로부터 들어오는 정보를 기억과정을 통해 저장하고, 시간이 흐름에 따라 저장된 정보를 전환하며, 이를 효율적으로 인출하여 문제해결에 이르는 정보처리과정을 연구 대상으로 하고 있다.

정보처리접근에 따르면 컴퓨터와 인간의 사고과정에는 유사점이 있는데 이는 컴퓨터와 마찬가지로 인간의 정신도 어떤 논리적 규칙과 전략을 적용하여 정보를 처리하는 체제라는 점이다.

컴퓨터가 하드웨어와 소프트웨어의 향상을 통해 보다 우수한 정보처리체제로 바뀔 수 있는 것과 같이, 인간도 발달을 통해 변화하는 두뇌나 감각체제(하드웨어)의 변화나 학습에서 사용하는 인지전략(소프트웨어)의 변화를 통해 보다 효율적이고 유능한 사고자로 발달되어 간다는 것이다.

이와 함께 특정 문제를 해결하는 데 필요한 정보를 구하기 위해 주변 환경을 탐색하는 능력이나 기억용량이 연령에 따라 발달하는지의 여부, 서로 다른 연령에서 정보를 처리하는 과정이 어떻게 다른지, 왜 이런 차이가 나는지에 대해 연구함으로써 인간의 인지발달을 설명하고자 하였다.

1) 정보처리접근 인지과정

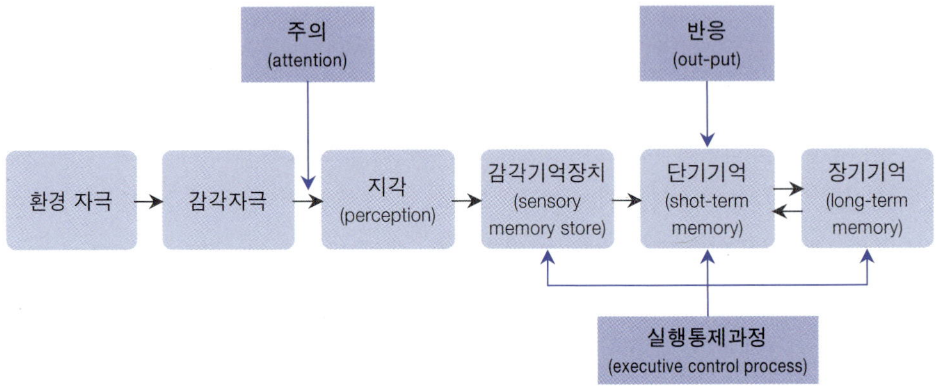

[그림 1-3-10] 정보처리접근 인지과정 모형도

[그림 1-3-10]의 정보처리접근 인지과정 모형도에 따르면, 인간은 외부에서 들어오는 정보를 몇 가지 단계에 걸쳐 처리함을 알 수 있다.

첫째, 인간은 정보 자료로서 자극이 주어졌을 때 먼저 주의(attention)를 집중하게 되는데, 주의란 자극으로 볼 수 있는 주변 사건에 대한 집중을 뜻한다. 주의집중력은 나이에 따라 변화를 보이며 점점 선택을 통해 주의를 집중하게 된다.

둘째, 외부 세계로부터의 정보가 시각, 청각, 미각, 후각과 같은 감각기관을 통해 인지체계에 투입되는 지각(perception)의 단계이다. 지각이란 인간의 오감으로 얻어지는 정보 또는 지식을 의미하며 사물이나 사건을 인식하는 과정을 의미한다.

셋째, 감각기관을 통해 투입된 정보는 정보의 저장과 관련되는 정보처리과정의 단계인 기억 단계에서 감각기억장치(sensory memory store)를 거친 후 단기기억(short-term memory)과 장기기억(long-term memory)을 거쳐 처리된다.

우선 정보는 시각, 청각 등 감각의 형태로 감각기억장치에 저장되는데, 많은 양의 정보를 저장하지만, 정보가 약 1초 이내에 약화 또는 소멸되며, 새로운 정보에 의해 쉽게 치환되는 속성을 지닌다.

시각 자극은 색과 밝기, 모양, 선과 같은 물리적 속성으로 구성된 시각적 형태로, 청각 자극은 청각적 형태로 감각기억장치에 저장되는데, 이렇게 저장된 정보에 대한 재인이나 유목화가 이루어지는 경우 그 정보는 단기기억장치에 전달된다. 단기기억장치에 전달된 정보는 보다 지속적인 형태로 부호화되어 용량의 제한이 없고 장기간 혹은 영구히 정보를 저장할 수 있는 장기기억장치로 보내진다. 이처럼 감각기관을 통해 지각되고, 부호화되고, 저장된 정보는 문제해결을 위해 인출과정을 거쳐 문제해결에 이르게 된다.

넷째, 정보처리과정에는 위에서 제시한 3개의 기억장치, 즉 감각기억장치, 단기기억장치, 장기기억장치 이외에 기억체제 내에서 정보의 흐름을 통제하는 실행통제과정(executive control process)이 존재한다.

실행통제과정이란 문제해결과정에서 필요한 전략을 선택하거나, 인지과정 전반에 대한 통제기능을 수행하는 것으로, 최근 인지심리학에서는 정보처리접근의 관점을 반영하여 인간의 인지능력 차이를 바로 이러한 실행통제기능에서의 효율성 차이로 보고 있다. 이는 인지과정 전반에 걸쳐 효율적 전략 선택과 자기통제기능이 인지발달에 있어 중요한 요소로 작용한다고 보는 관점이다.

이와 같은 정보처리접근의 관점은 최근 '인지과정에 대한 인지(cognition about cognition)'를 의미하는 '초인지' 혹은 '메타인지(metacognition)'에 대한 연구와 함께 다양한 연구가 이루어지고 있다.

2) 정보처리접근의 특성과 비판

인간의 인지과정, 즉 인간의 감각기관을 통해 들어오는 순간에서부터 정보를 처리하여 반응으로 나타나는 과정을 컴퓨터의 정보처리과정에 비추어 밝히려 한 정보처리접근이론의 특성과 이론적 한계점에 대해 살펴보자.

첫째, 정보처리접근에 따르면, 인간의 인지발달은 정보처리체제의 기본 구조의 변화가 아니라 '정보처리과정의 효율성(efficiency)과 전략 사용의 발달적 변화'로 인한 것이다.

인간은 연령이 증가하고 인지가 발달할수록 보다 적절한 문제해결전략을 사용하게 됨으로써 효율적 정보처리가 가능해진다고 본다. 즉 인지능력의 발달은 사고구조의 질적 변화에서 이루어지는 것이 아니라 정보처리속도나 양을 의미하는 사고과정의 기능적 측면에서 변화하는 것을 의미한다.

이러한 정보처리접근의 관점은 인지구조의 질적 변화를 통해 인지발달을 설명한 Piaget 이론과는 관점 차이를 보인다.

둘째, 정보처리접근에 따르면, 인간의 인지발달은 자기수정(self-modification)의 과정을 통해 진행된다.

인간은 기존의 자신이 알고 있는 정보나 지식을 끊임없이 자기수정을 통해 변화시켜 나감으로써 스스로 자신의 발달을 이루어 갈 수 있다고 본다. 이러한 관점은 아동을 주변 환경으로부터 얻은 정보를 끊임없이 수정하여 새로 만들어 가는 능동적인 존재로 본다는 점에서 Piaget의 관점과 유사하다.

셋째, 정보처리접근에 따르면, 문제해결과정에서 나타나는 차이는 단순히 자신이 가진 전략이나 지식으로 인한 것뿐만 아니라, 과제(task)의 특성에 따라서도 달라질 수 있다고 본다.

이는 특정 인지발달단계에 속한 아동의 경우, 과제의 특성에 따라 문제해결에 차이가 있음을 설명하지 못한 Piaget 이론과 다른 점이다.

예를 들어 Piaget는 구체적 조작기의 아동들이 길이 보존 과제는 성공하였으나 부피 보존 과제는 실패한 이유를 설명하지 못하였다. 그러나 정보처리접근에 따르면, 길이 보존 과제와 부피 보존 과제는 난이도의 차이가 있기 때문에, 길이 보존 과제를 수행하였어도 부피 보존 과제는 성공할 수 없었던 것에 대한 답을 주고 있다. 즉 성공적인 문제해결을 위해서는 개인의 인지능력뿐만 아니라 과제의 특성도 중요한 요인으로 작용한다는 것이다. 또는 동일한 과제라 할지라도 외부로부터 잘못된 정보가 제시될 경우 혼란을 야기하여 문제해결에 영향을 줄 수 있다고 본다.

이러한 정보처리접근의 관점은 인간을 외부 환경이나 정보에 대해 능동적인 존재로 보기보다는 투입된 정보에 대해 단순히 반응하는 존재로 봄으로써 수동적 존재로서의 인간관을 제시한다는 점에서 비판이 제기되기도 한다. 또한 정보처리접근에서 제시하는 이론이 아동의 실제 삶 속에서의 학습 상황과 격리된 인위적인 실험 상황에서 이루어진 점과 인간의 인지과정을 컴퓨터 정보처리과정에 비추어 인간의 내적 동기나 정서적 측면을 간과했다는 한계점을 지닌다.

PART 02

지능과 창의성 발달

인간지능에 대한 관점은 Socrates와 Platon의 시대까지 거슬러 올라가면, '누가 가장 현명한 사람인가?'를 알아내기 위한 주요한 논제와 관련된다. 이와 함께 인간지능과 신체와의 연관성에 대한 관심이나 인간지능에서의 개인차가 선천적인지에 대한 문제들이 논의되었으며, 탐구방법에서도 가설을 검증하고 연역적 추리를 유추하는 논리, 추론법 등을 발전시켰다. 이러한 방법론은 인간지능을 언어와 수학에서의 추상적 추론으로 보는 입장의 근거를 마련했다고 볼 수 있다.

그 후 인간의 지능이 후천적 경험을 통해서만 형성된다고 보는 경험주의 관점과 경험하지 않아도 이미 존재하는 경험 이전의 내재적 능력이라고 본 합리주의 관점이 대립되었다. 특히 Descartes의 합리주의 철학에 영향을 받아 인간의 이성적 능력이 강조되면서 인간지능은 수 · 논리적, 추상적 사고능력과 같은 이성적 사고능력으로 대변되었으며, 지능검사도 주로 이러한 인간 능력을 측정하는 데에 주안점을 두게 되었다. Kant는 경험주의와 합리주의 관점을 통합한 관점을 제시하면서 현대철학에서 정신–육체 통합체로서의 일원론적 인간관에 영향을 주게 된다.

최근에는 인간지능에 대한 관점도 변화하게 되고 이로써 수 · 논리적 사고능력에 한정된 지능 개념에서 벗어나 인간의 내면적 가치와 사회 속에서 조화롭게 살아가는 데 필요한 다양한 능력이 지능 개념 속에 포함되기 시작하면서 지능 개념은 다원화된다. 특히 Guilford(1956)의 지능구조모형(structure of intellect model)은 지능이 다양한 요소로 구성되어 있음을 밝혀 인간지능에 대한 통합적 관점을 제기하고, 지능의 요소 중 하나인 확산적 사고(divergent thinking)는 시대적 변화와 함께 창의성(creativity)의 개념으로 새롭게 조명되고 있다.

이처럼 인간지능의 개념은 '인간은 어떤 존재인가?' 하는 철학적 인간관과 지능발달에 관한 심리학적 관점의 영향으로 시대상에 맞게 변화하고 있음을 알 수 있다. 결국 '지능(Intelligence)' 이란 개념이 '자신이 살고 있는 사회 속에서 요구되는 중요한 인간 능력'으로 정의된다면, '어떤 능력을 지능으로 볼 것인가?' 하는 지능의 개념은 시대와 사회에 따라 변화될 수 있음을 의미한다. 지능 개념에서의 이러한 변화는 교육목표와 교육내용, 학습자관 등 교육 전반에 걸쳐 변화를 이끌고 있다.

CHAPTER

04

인지와 뇌 발달

1. 뇌 구성요소의 발달

1) 뉴런(Neuron)
2) 시냅스(Synapse)
3) 선택적 소멸
4) 대뇌피질(Cerebral cortex)

2. 뇌와 인지발달

1) 뇌 발달과 인지발달
2) 민감기와 뇌의 가소성
3) 뇌 발달: 유전인가, 환경인가

1 뇌 구성요소의 발달

출생 시 신생아의 뇌 무게는 1,300g 정도이며, 이는 성인의 뇌 무게의 약 25%이다. 그 후 생후 1년 사이에는 성인 뇌의 66%, 2세에는 75%, 5세 말에는 90%가 형성된다고 한다(Shaffer, 1993). 따라서 출생에서 2세까지 뇌가 급진적으로 발달하는 성장기라고 볼 수 있다.

1) 뉴런(Neuron)

인간의 뇌는 뉴런이라고 부르는 신경세포의 집합체로 구성되어 있는데 대략 1000억 개에 이르며 그중 고등인지기능에 중요한 기능을 하는 대뇌피질을 구성하는 뉴런의 수는 대략 120억~140억 개라고 한다.

뉴런이라는 뇌세포는 우리 신체의 다른 부분을 구성하는 세포와 달리 손상될 경우 재생되지 않기 때문에 출생을 전후한 시기에 가장 많고 그 이후로는 감소하는 것으로 알려졌다. 따라서 인간은 태어날 때 자신의 고유한 뇌를 구성하기에 충분한 커다란 뇌세포를 부여받는다고 할 수 있다.

뇌 발달과정을 살펴보면 가장 특징적인 패턴은 일단 많이 만들어 놓고 불필요한 것을 버리는 '과잉생산 후 가지치기(Blooming & pruning)' 방식으로 요약할 수 있다. 뉴런이라는 뇌세포도 처음에는 어떤 환경에도 적응할 수 있도록 충분히 제공되지만 점차 환경과의 상호작용을 통해 정교화된다.

뉴런의 구조를 살펴보도록 하자.

[그림 2-4-1]에서 보는 바와 같이, 뉴런은 기본적으로 세포체, 수상돌기, 축삭의 세 부분으로 구성된다.

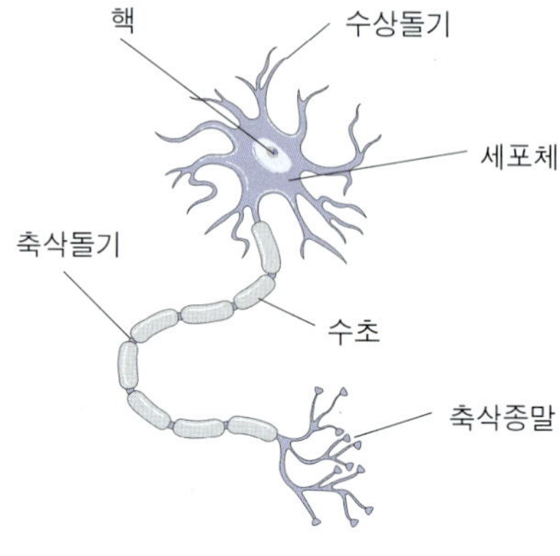

[그림 2-4-1] 뉴런의 구조

우선 세포체(soma)는 뉴런의 몸체로서 유지 기능을 담당하는 여러 가지 구조물로 이루어져 있다. 수상돌기(dendrite)는 뉴런과 뉴런이 의사소통을 할 때 정보를 받아들이는 수용부에 해당하며, 축삭(axon)은 받아들인 정보를 다음 뉴런에게 전달하는 역할을 담당한다. 또한 축삭의 표면은 수초라고 하는 일종의 절연물질로 덮여 있어 뉴런의 빠른 정보전달을 돕는다. 축삭의 끝 부분은 나무뿌리처럼 여러 갈래로 갈라져 있으며 그 끝을 축삭종말(axon terminal)이라 부르는데, 이 축삭종말이 다른 뉴런의 수상돌기와 만나서 자신이 받은 정보를 전달한다. 이때 축삭종말과 수상돌기가 접하는 부분을 시냅스(synapse)라고 하며, 이는 새로운 기능이나 지식 획득과 매우 밀접한 관계가 있는 곳이다.

뉴런과 뉴런 사이, 즉 시냅스에서의 정보 전달은 화학 작용에 의해 매개되며, 이러한 뉴런 간의 화학적 의사소통은 시냅스의 축삭종말에서 방출되는 신경전달물질이 그 축삭종말과 맞닿아 있는 수상돌기의 세포에 반응을 일으킴으로써 이루어진다.

2) 시냅스(Synapse)

시냅스의 형성은 뉴런의 이동과 분화가 일어나는 순서에 따라 순차적으로 이루어지는 것이 아니라 모든 피질 영역의 모든 층에서 거의 동시에 시작되는 것으로 밝혀졌고, 만 2세까지 지속적으로 증가하고, 그 후로는 점차 감소한다.

시냅스의 형성과정에서 초기의 시냅스 형성 자체는 생득적인 프로그램에 따라 진행되며 환경요인의 영향을 거의 받지 않는 것으로 알려졌다. 그러나 개인별 고유 경험이나 학습, 훈련 등과 같은 환경적 요인은 발달 초기의 시냅스 형성과 소멸과정이 한차례 끝난 후 시냅스의 선택적 소멸과정에서 특정 기능의 회로가 발달할 때 중요한 역할을 한다.

3) 선택적 소멸

뇌 발달에서 가장 흥미로운 단계는 과잉생산된 뇌세포와 시냅스의 소멸과정이다.

인간은 누구나 태어날 때 커다란 뇌세포 덩어리를 가지고 태어나며 이 뇌세포는 다른 세포와 달리 손상되면 재생되지 않기 때문에 출생 시 가장 많고 그 후 줄곧 감소한다. 이들 뇌세포에서 축삭과 수상돌기가 돋아나고 이들이 서로 연결되어 시냅스를 만들 때도 동일한 패턴이 관찰되는데, 거의 무작위로 과잉생산된 이후 사용되지 않는 축삭돌기(axon fiber)나 수상돌기(dendrite), 시냅스(synapse)는 없어진다. 즉 발달과정을 통해 한편으로는 필요한 과정의 뉴런과 시냅스를 만들어 나가는 반면, 불필요한 것들은 버리는 방식으로 뇌의 구조와 기능이 형성된다.

이러한 방식은 뉴런, 시냅스, 수상돌기 등이 형성되고 성숙되는 과정에서 공통적으로 관찰할 수 있는 특징으로, 큰 찰흙 덩어리를 먼저 만들어 놓은 다음 불필요한 부분을 깎아내는 것과 같은 방식이라는 의미에서 '과잉생산 후 가지치기' 방식이라 한다.

시냅스의 소멸은 초기에 무선적으로 다량 형성되었던 뉴런들 간의 연결이 줄어드는 것을 말하는데, 신생아와 성인의 시냅스 밀도를 비교했을 때 초당 200개의 축삭이 사라지는 것으로 추정된다(Rakic, 1991).

시냅스 밀도가 증가했다가 감소하는 시간표는 대뇌피질의 영역별로 차이를 보이는데, 시각피질의 경우는 생후 1년까지 계속 증가하다가 1년 후에는 차츰 감소하여 11세경에는 성인 수준에 도달한다(Huttenlocher, 1990, 1994). 전두엽은 5~7세 정도에 시냅스가 감소하기 시작하여 16세 정도가 되면 성인 수준까지 감소하게 된다.

이처럼 시냅스의 소멸은 과잉생산된 뉴런과 시냅스 연결을 통해 중복회로를 하였으나 별로 자극을 받지 못하거나 사용되지 않는 뉴런 혹은 시냅스를 없앰으로써 기능을 정교화·구체화시켜 나가는 것으로, 이는 신경계가 더욱 정교하게 만들어지는 과정으로 이해할 수 있다.

여기서 중요한 점은 발달과정에서 이루어지는 시냅스의 선택적 소멸(selective extinction)을 통한 신경회로의 정교화 및 기능의 세분화가 이루어지기 위해서는 외부로부터 적절한 환경 자극이 필수적이라는 것이다. 한 연구(Oppenheim & Nunez, 1982)에 따르면, 특정 시냅스의 활동이 증가할수록 연결된 회로의 시냅스 숫자가 감소한다는 것을 보여 주어 환경적 자극을 통한 시냅스의 선택적 활성화가 시냅스 가지치기(synaptic pruning)를 통해 신경회로의 정교화를 가져온다는 것을 시사한다. 이는 시냅스의 양적 팽창이 고도의 인지기능으로 연결되지 않는다는 사실을 통해서도 확인할 수 있는데, 신생아보다 더 뛰어난 인지기능을 가진 성인의 경우 시냅스 밀도는 신생아보다 낮았으며, 일부 지적 장애아동의 경우 정상아동보다 많은 시냅스가 관찰되었다고 보고된다(Cragg, 1975).

이처럼 시냅스와 뉴런이 처음에는 어떤 환경에 적응하기에도 모자람이 없을 만큼 넉넉하게 제공된다는 점은 불확실한 환경 변화에 대응할 수 있는 잠재력을 지니고 태어난다는 점에서 발달적 맥락에서 볼 때 인간의 큰 장점으로 볼 수 있다.

4) 대뇌피질(Cerebral cortex)

인간 뇌는 겉으로 드러나지 않는 여러 하위 영역으로 구분되며, 크게 '전뇌(fore brain)', '중뇌(mid brain)', '후뇌(hind brain)'의 세 부분으로 나누어 볼 수 있다. 이 중 인간의 뇌 구조상 전뇌에 위치하며 대뇌반구(cerebral hemisphere)의 표면에 해당하는 넓은 면적을 가진 부위로서 인간행동을 결정하는 주요 정보처리가 이루어지는 대뇌피질에 대하여 자세히 살펴보자.

(1) 대뇌피질의 구성

인간의 대뇌피질은 구불구불 주름진 형태를 하고 있으며 전두엽, 두정엽, 측두엽, 후두엽의 4개 영역으로 구분되고, 각 영역별로 고유의 전문화된 기능이 있다.

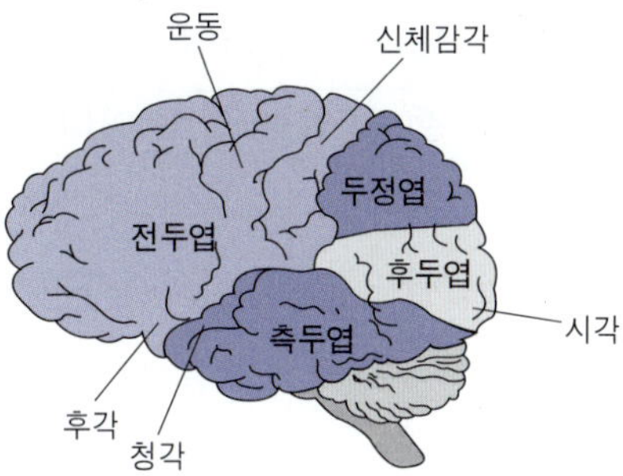

[그림 2-4-2] 대뇌피질

전두엽(frontal lobe)은 이마 쪽에 가까운 부분으로 어떤 일을 의지적으로 계획, 통제 혹은 판단하는 일을 관장하는 곳으로 특히 신체 각 부위에 대해 운동명령을 내리는 역할을 담당하는 일차 운동피질이 위치한다. 따라서 전두엽은 인간의 행동을 조절하는 기능을 가지는 기관으로 전체 대뇌피질의 40% 정도를 차지하며, 다른 동물에 비해 인간의 뇌는 전두엽이 매우 크다는 특징을 지닌다.

두정엽(parietal lobe)은 공간지각 및 주의기능을 관장하는 곳으로 신체 각 부위로부터 올라온 체감각 정보가 제일 먼저 전달되는 일차 체감각피질이 위치한다. 즉 공간적인 지각과 뇌와 그 밖의 감각 사이의 정보 교환과 관련이 있다.

측두엽(temporal lobe)은 언어이해 기능을 관장하며, 소리정보를 처리하는 일차 청각피질이 자리 잡고 있다. 즉 시각과 청각 자극을 연결시킬 수 있는 능력이 있고 주로 언어기능과 관련이 있다.

후두엽(occipital lobe)은 머리 뒤쪽에 위치하며 시각정보를 처리하는 시각피질이 위치한다. 즉 눈을 통해 들어오는 시각적인 정보를 담당하며 이곳에 손상을 입으면 시각에 장애를 일으키게 된다.

일반적으로 출생 후 3세까지는 뇌 전반에 걸친 기초공사가 진행되며, 3~6세경에는 전두엽 부위의 활동이 활발하고, 7세 이후에는 측두엽과 두정엽 부위의 활동이 활발해지는 것으로 보아, 3세부터 뇌 기능이 앞에서부터 뒤로 발달해 감을 알 수 있다(Restak, 2001).

이처럼 뇌는 발달단계가 있으므로 그 단계에 적합하게 지적 환경을 제공하면 아동의 지적 능력을 극대화할 수 있지만, 단계에 맞지 않는 환경은 오히려 아동의 능력을 저하시킬 수 있음을 보여 준다. 예를 들어 대뇌피질 중 전두엽이 집중적으로 발달하는 3~6세경 유아기에 언어기술 습득과 분석적 사고과정의 개발을 지나치게 강조하는 것은 오히려 지적 발달을 해치는 결과가 됨을 고려하여야 할 것이다. 이는 뇌 발달단계에 적합한 교육이 필요함을 시사한다.

(2) 좌뇌와 우뇌

인간의 대뇌는 하나의 덩어리로 이루어진 것이 아니라 좌우 2개의 반구(hemisphere)로 나누어졌으며, 그 기능도 분화되어 각기 다른 기능을 수행한다. 좌뇌는 주로 언어적, 계열적, 시간적, 논리적, 분석적, 이성적 기능을 담당하고, 우뇌는 비언어적, 시공간적, 동시적, 직관적, 형태적, 종합적, 감성적 기능을 수행한다.

인간 대뇌를 구성하는 양반구의 기능분화에 대해 살펴보자.

인간 대뇌 속 좌반구(left hemisphere), 즉 좌뇌는 주로 언어적 기능과 관련되어 있음이 밝혀지고 있다. 이는 뇌의 손상으로 인한 실어증이 우뇌보다는 좌뇌에 손상을 입었을 경우 훨씬 자주 나타난다는 연구결과(Russel & Espir, 1961)와 언어적 자료를 이분 청취검사에서 제시했을 때 오른쪽 귀에 제시된 자극이 보다 정확히 기억됨을 확인한 연구결과(Kimura, 1961) 등을 통해 밝혀지고 있다. 이외에도 좌뇌는 논리의 뇌, 이성적 사고를 관장하는 뇌이므로 주로 분석적, 개념적, 추론적 사고에 관련되는 기능을 수행한다.

반면 우반구(right hemisphere), 즉 우뇌는 비언어적 기능과 관련되어 있는데, 주로 사물의 공간적인 관계를 지각하고 조작하며 기억하는 기능과 언어로 설명하거나 묘사하기 어려운 시각, 촉각, 청각 자극을 지각하고 기억하는 기능을 수행한다. 이는 우뇌에 손상을 입었을 경우 직선의 경사나 간격의 크기, 한 직선 위의 점 위치 등 공간적인 과제에 어려움을 보이며, 얼굴이나 익숙하지 않은 복잡한 형체, 음악과 비언어적 음향 등의 기억에 어려움이 있다는 연구결과(Benton, 1968)를 통해 나타난다.

또 다른 연구에서는 좌뇌는 손상되지 않고 우뇌가 손상된 환자가 그린 그림은 세부적으로는 잘 그렸으나 불명확하고 통일성이 없는 반면에, 우뇌는 손상되지 않았으나 좌뇌가 손상된 환자의 그림은 전체적으로 정확하게 구성되고, 세부적인 묘사가 부족하여 지나치게 단순화되어 있다는 것이다. 이는 우뇌가 부분적, 세부적인 것보다는 전체적인 상호 관련성 기능을 함을 시사한다(고영희, 1986). 그리고 창의적 사고에 중요하게 작용하는 직관적 판단도 우뇌의 기능에 속한다고 보고 있다.

특히 우뇌는 정서의 뇌로, 주로 인간정서를 관장하는 뇌로 알려져 있다. 그러나 최근 정서와 관련된 좌·우반구의 역할에 관한 한 연구(Davidson, 1994)에 따르면, 내성적 유아는 우측 전두엽이 더 활성화된 반면 그렇지 않은 유아의 경우 좌측 전두엽이 더 활성화되었음을 알 수 있었다. 즉 정서는 전반적으로 우반구가 우세하지만, 구체적으로 살펴보면 좌반구는 긍정적 정서에 우세한 반면, 우반구는 부정적 정서에 우세함을 볼 수 있어(김유미, 2005), 정서를 우반구만의 전유물로 일반화했던 것을 다시 올바르게 이해하게 되었으며, 그 중요성을 인식하는 계기가 되었다.

〈표 2-4-1〉 좌 · 우뇌의 정보처리과정

좌뇌	우뇌
• 구성요소에 흥미를 갖고 특징을 탐색하는 정보처리 • 분석적 정보처리 • 순서적 정보처리 • 계열적 정보처리 • 시간적 정보처리 • 언어적 정보처리 • 연속적 정보처리	• 전체와 형태에 관심을 갖고 구성요소를 통하여 하나의 전체로 조직하는 정보처리 • 관계적 · 구조적 · 유형적 정보처리 • 동시적 정보처리 • 병렬적 정보처리 • 공간적 정보처리 • 시각적 정보처리 • 음악적 정보처리

좌뇌와 우뇌의 발달시기를 살펴보면 우뇌는 4세에서 7세 사이가 성장 고조기이며, 좌뇌는 7세에서 9세 사이가 성장 고조기이다(Hannaford, 1995).

유아기는 주로 우뇌의 발달이 주를 이루어 유아의 상상력과 정서발달이 활발하고, 아동기에 이르면 논리적 사고가 발달하게 된다는 것이다. 따라서 인생 초기에는 우뇌적 인지 특성으로 시각적·직관적으로 문제를 해결하다가 점차 연령이 증가할수록 좌뇌적인 인지 특성인 논리적 사고로 전환된다고 볼 수 있다.

2 뇌와 인지발달

뇌의 변화는 인간이 새로운 인지기능을 탄생시키기 위한 예비 과정으로 이해해도 좋을 것이다. 이는 특정 인지기능이 발달하거나 인지기능 간의 통합이 이루어지기 위해서는 그에 필요한 신경회로가 먼저 발달해야 하기 때문이다.

유아기와 아동기 전체에 걸쳐 이루어지는 뇌의 미세한 변화는 이 시기에 나타나는 감각-지각, 인지기능의 발달과 연결되면서 새로운 인지기능의 출현과 뇌의 재구조화가 밀접한 상관이 있음이 밝혀지면서 이 시기의 뇌 발달이 발달심리학자들의 관심을 끌고 있다.

출생 후 뇌에서 일어나는 변화가 인지능력의 발달과 변화에 어떻게 관련되는지를 살펴보자.

1) 뇌 발달과 인지발달

인간의 반사행동은 출생 이후 몇 개월 동안 대뇌피질이 미처 발달하지 않았을 때 피질하 영역(subcortical region)에 의해 이루어진다. 이처럼 생득적으로 프로그램화된 반사행동은 피질하 영역을 통제하는 대뇌피질이 작용하기 시작하면서 사라지게 되며 그 후로는 자신의 의도에 따른 행동을 나타낼 수 있게 된다. 따라서 인간의 인지는 뇌 발달의 영향을 받음을 알 수 있다.

뇌 발달이 이루어지는 첫 시기는 생후 2~4개월까지로, 울음, 외침 및 파악 반사(grasp reflex)와 같은 기본적인 행동이 나타나는 단계이다. 이 시기는 시각과 공간감각, 시각과 체감각 간의 기능 통합이 이루어지면서 이전까지 나타나던 반사행동이 전반적으로 재구조화된다. 생후 2~4개월 영아의 주의를 시각적 단서로 유도할 경우 주의촉진 효과를 나타내는데, 이는 이 무렵에 시작되는 전두엽과 두정엽의 발달과 관련이 있는 것으로 볼 수 있다.

인간 뇌의 성장이 급격히 활발해지는 2~4세경에는 시각, 언어, 청각, 말하기 등의 인지기능이 급격히 증가한다.

또한 5~8세경에는 언어능력이 발달하기 시작하며 이 시기의 후반기에 구체적 사고의 기능이 증가한다. 사람의 언어기능에 대한 생물학적 기초는 태어나기 전부터 마련되기 시작한다는 연구결과도 있지만 언어 능력은 말소리를 범주화해서 알아듣기 위한 지각능력과 그 내용을 이해하기 위한 의미이해능력, 그리고 입술과 혀, 성대 등의 움직임을 통제하여 말소리를 내기 위한 운동능력을 주로 사용하는 고도의 인지기능이 필요하므로 이 시기가 되어서야 가능하다고 본다. 이러한 언어능력 발달에 필요한 지각 및 운동 과정은 측두엽과 전두엽 발달과 관련된다.

12~15세 사이에는 뇌의 생리학적 발달이 이루어져 의도적 사고단계에 대한 잠재력을 가지며 뇌량의 수초화가 거의 완성되는 시기이다. Piaget의 단계이론에서 형식적 조작기에 해당하는 시기로, 논리적이고 추상적 사고가 가능해진다.

이처럼 뇌 발달과 인지발달 간에는 많은 상관관계가 있음을 알 수 있다.

2) 민감기와 뇌의 가소성

인간의 뇌 발달은 전 생애에 걸쳐 이루어지지만, 그 부위에 따라 최적의 시기가 존재하는데, 이를 '민감기(sensitive period)'라고 한다.

뇌 발달이 이루어지는 과정을 살펴보면, 우선 유전자의 명령에 따라 뇌의 기본 형태를 구성하고, 그 다음에는 외부 자극과 뇌 구조가 상호작용하면서 정해진 기능을 효율적으로 수행할 수 있는 최적의 신경회로를 만들어 간다. 이때 외부의 영향력이 가장 강력한 시기가 바로 민감기이다. 그러나 뇌의 전반적인 민감기가 존재하는 것이 아니라 뇌의 부위에 따라 다른 시기에 다른 강도로 발달하기 때문에 뇌 부위 각각을 위한 민감기가 존재한다고 볼 수 있다(김유미, 2002; Berk, 2000; Gazzaninga, Ivry, & Mangun, 2002).

뇌에 민감기가 존재한다는 것은 교육적으로 어떤 의미를 지니는 것일까?

그것은 뇌의 어떤 기능이 적절하게 발달하기 위해서는 민감기에 해당하는 이 기간에 해당 자극에 노출되어야 하며, 만약 이 시기를 놓치면 그 기능의 발달이 지연되거나 왜곡될 수 있다는 것이다. 이는 적절한 시기에 이루어진 외부 자극이 뇌 발달을 촉진하고 결국 인지능력의 발달을 이끌 수 있음을 보여 주어 뇌 발달의 시기적 적절성이 중요함을 시사한다.

뇌 발달에 있어 시기적 중요성에 대한 '민감기' 관점은 뇌의 가소성과 관련되기도 한다.

가소성(plasticity)이란 뇌의 구조가 발달해 가는 과정에서 변화할 수 있는 가능성을 의미하는 것으로, 이는 인간의 뇌가 적절한 환경적 자극이나 훈련을 통해 새로운 기능이 형성되기도 하지만, 이미 존재하는 능력도 사용하지 않으면 사라지게 되는 현상을 말한다. 이러한 현상은 시냅스와 수상돌기, 축삭의 증감을 통해 알 수 있다.

가소성에는 2가지 유형이 있는데, 하나는 정상일 때 가동되지 않던 기능을 양도받아 갖게 되는 능력으로 손상된 뇌 영역에서 담당하던 기능을 주변의 다른 영역이 대신 수행함으로써 뇌 손상으로 인한 기능장애로부터 회복을 가능하게 만드는 가소성을 말한다. 다른 하나는 기능적 요구에 의해 구조적 변화를 초래하는 가소성으로서 특정 기능에 대한 요구가 많을 때 특정 기능을 반복적으로 활용함으로써 그 기능과 관련된 피질에 변화가 일어나는 것이다. 한 예로 현악기 연주자의 왼쪽 새끼손가락에 해당되는 체감각피질의 면적이 보통사람보다 더 넓다는 사실과(Elbert et al., 1995), 청각장애인의 시각정보처리능력이 보통사람보다 더 뛰어난 경우를 들 수 있다. 기능적 요구에 의한 이러한 가소성은 발달과정에서나 민감기에 관찰되는 전자의 가소성과는 달리 성인이 된 후에도 가능하다.

이는 학습이나 훈련을 통해서도 새로운 시냅스가 얼마든지 형성될 수 있음을 보여 주는 것으로, 뇌의 가소성이 뇌 발달 기간뿐 아니라 성인기에도 훈련이나 후천적 경험에 의한 피질의 재구조화를 통해 가능하다는 것을 보여 준다.

뇌의 가소성이 가지는 교육적 의미는 지금까지 주로 뇌 손상 환자나 발달장애 아동을 위한 특수교육 및 훈련 프로그램이 실제로 뇌의 재구조화를 통해 어느 정도의 기능회복과 그에 상응하는 효과가 있었는지에 주로 초점이 맞추어져 왔다.

그러나 최근에는 이러한 뇌의 가소성은 정상아동에게도 환경이나 후천적 경험을 통해 뇌 구조에 변화를 일으킴으로써 보다 뛰어난 능력을 발휘하게 할 가능성에 대한 관심으로 나타나고 있다. 한 연구에 따르면(Kempermamm, 1997), 풍요로운 환경에서 자란 쥐와 척박한 환경에서 자란 쥐의 뇌를 비교·분석한 결과, 뇌에 있어서 신경해부학적 차이가 있음이 밝혀졌다. 즉 풍요로운 환경의 쥐의 해마에서 더 많은 뉴런이 발견되고 해마의 전체적인 크기도 더 큰 것으로 나타났으며 새로운 과제를 학습하는 능력도 더 우수한 것으로 나타났다.

이처럼 뇌의 가소성이 손상된 뇌의 기능회복에만 기여하는 것이 아니라 정상적인 아동의 뇌 발달 촉진도 가능할 것이라는 연구결과들은 환경적 자극을 통한 유아기의 능력을 극대화하려는 유아 조기학습 프로그램의 이론적 근거로 사용되기도 한다.

그러나 앞에서도 밝혔듯이 인간의 능력은 어느 정도 뇌 발달이 이루어진 후에 가능한 것으로 본다면, 언어능력을 관장하는 측두엽의 발달 이전에 이루어지는 조기 언어학습은 언어능력을 확장시키는 데 큰 도움이 되지 않음을 시사한다. 특히 언어능력은 단순히 글을 소리 내어 읽을 줄 아는 능력이나 말소리를 청각적으로 이해하는 능력만을 키운다고 되는 것이 아니라 광범위하고 다양한 인지기능을 포함하는 능력으로, 언어의 개념적 이해와 사고를 가능케 하는 신경구조(전두엽을 비롯한 연합피질)의 발달이 채 이루어지지 않은 상태에서 단어 읽기나 듣기와 같은 어떤 한두 가지 기술을 반복적으로 훈련시킨다고 해서 발달하는 것은 아니라는 점이다.

한 예로, 과잉언어증(hyperlexia) 장애를 보이는 아동은 글을 읽고 말하는 데는 매우 뛰어나지만, 그 내용을 개념적으로 이해하지 못하는 한계를 나타낸다. 따라서 최근 신경심리학에서 뇌 발달에 맞는 학습의 중요성과 함께 '적기교육'의 개념을 강조하는 것도 바로 이러한 맥락에서 이해할 수 있다.

3) 뇌 발달: 유전인가, 환경인가

발달을 이끄는 힘의 근원이 유전이냐 환경이냐 하는 문제는 끊임없이 제기되는 논쟁의 주제로, 뇌 발달에 있어서도 유전적인 영향과 환경적 영향과의 관계에 대한 궁금증은 여전하다.

인간의 뇌를 구성하는 뉴런은 태어나는 순간에 유전자에 의해 뇌의 어느 영역, 어떤 유형의 뉴런으로 발달할 것인지가 결정된다고 한다. 즉 인간의 뇌는 기본적으로 유전자 프로그램에 의해 제공된 생물학적 시간표에 따라 발달한다. 그러나 이것은 적절한 환경 자극이 제공되었을 경우에만 가능하다.

유전자 명령에 따라 기본적인 형태 구성을 마친 뇌에 대한 환경의 역할은 유전자가 제공한 회로도면에 대한 스위치와 같은 역할이다. 즉 인간의 뇌 발달은 유전자가 제공한 회로도면에 의해 이루어지지만 그 회로가 기능하기 위해서는 스위치를 눌러 주는 환경 자극이 반드시 필요한 것이다.

그렇다고 정해진 도면에 따른 회로가 만들어지지 않은 상태에서 스위치만 연결되는 경우도 역시 회로기능이 제대로 이루어질 수 없을 것이다. 이는 유전요인과 환경요인 중 어느 한 가지만 빠져도 뇌의 구조적, 기능적 발달이 이루어질 수 없음을 의미한다.

또한 아무리 정교하게 만들어진 전기회로라 하더라도 스위치 연결이 되지 않으면 쓸모가 없을 뿐 아니라 오랜 시간 스위치를 연결하지 않은 채 방치하면 결국 녹슬고 단절되어 버릴 것이다. 이는 뇌의 기능을 관장하는 시냅스의 '과잉생산 후 가지치기'의 특성과 환경적 자극에 따른 '선택적 소멸(selective extinction)'로 이해된다.

따라서 뇌가 만들어지는 초기 과정인 뉴런의 증식과 시냅스의 과잉형성단계에서는 상대적으로 유전적 요인이 중요한 역할을 하기 때문에 환경적 자극의 조기 투입이나 상대적 박탈이 별다른 영향을 미치지 못하지만, 과잉 증식된 뉴런과 시냅스에서 '선택적 소멸과정'을 통한 회로의 정교화가 이루어질 때는 중요하게 작용함을 알 수 있다.

이러한 관점에서 뇌 발달과 인지발달은 상호작용하는 것이며 변화를 의미하는 발달은 사전에 결정된 것이 아니라 환경과의 상호작용을 통해 결정된다는 것으로 요약할 수 있다.

그러나 이처럼 '풍요로운 환경(enriched environment)'의 중요성에 대한 강조가 '더 빨리 더 많이 가르치기'로 잘못 알려져 너무 일찍부터 유아에게 과중한 인지 과제를 부여할 경우에는 오히려 뇌 발달에 심각한 영향을 줄 수 있음을 여러 사례를 통해 볼 수 있다. 따라서 호기심과 상상력이 풍부한 유아들에게 학습에 대한 지나친 요구는 많은 스트레스를 유발하게 되어 결국은 기억을 담당하는 해마를 위축시킬 수 있으며, 학습에 대한 부정적 태도나 낮은 정서지능이 형성될 수 있어 장기적으로는 학습에 부정적 영향을 끼칠 수 있음을 명심하여야 할 것이다.

그렇다면 유아에게 필요한 '풍요로운 경험'이란 무엇일까?

Jensen(1998, 2000)에 따르면, 풍요로운 경험이란 심각한 스트레스, 위협, 외상 등과 같이 뇌 발달에 부정적인 요소가 없는 상태에서 선택의 기회, 도전적인 분위기 및 피드백을 제공하는 경험이라 할 수 있다(서유헌, 2007). 또한 풍요로운 경험은 인지발달뿐 아니라 인지, 정서 및 신체발달을 고루 촉진하는 활동이 포함되어야 한다는 것이다(김유미, 2002).

따라서 유아교육은 인지 영역뿐 아니라 정서를 고려하고, 유아 스스로 의미 형성의 기회를 가지는 '풍요로운 경험'을 유아에게 제공해야 한다. '뇌를 기반으로 한 유아교육'은 뇌 발달을 고려한 적기교육의 의미를 바탕으로 어떤 특정 영역에만 관심을 두는 것이 아니라 총체적 입장에서 유아교육에 접근하고 사회·문화적이며 포괄적 관점을 지향한다고 볼 수 있다(Caine & Caine, 1995).

CHAPTER

05

지능발달

지능(intelligence)이란 무엇인가?

인간지능에 관한 연구는 1905년 프랑스의 Binet가 최초의 지능검사 도구를 고안한 이래로 약 100년 가까이 되었으나, 인간지능의 본질을 이해하고 그것을 평가해 낼 수 있는 방법을 고안하는 일은 아직도 심리학의 핵심 과제로 남아 있다.

지능의 정의를 살펴보면, 학문적 입장에 따라 시대에 따라 다르게 정의됨을 알 수 있다.

Binet(1905)는 지능을 이해(understanding)와 논리(reasoning)에 대한 일반적 능력으로 보고, 이해력, 논리력, 추리력, 기억력이 인간이 살아가는 데 필요한 기본 능력으로서 지능의 구성요소임을 밝히고 있다.

미국에서 표준화된 지능검사 도구를 처음으로 개발했던 Terman(1924)은 지능을 추상적인 문제해결능력으로 정의하였다.

Sternberg와 Detterman(1986)은 24명의 지능 연구자에게 '지능이란 무엇인가?'라는 질문에 답하게 한 결과, 지능은 '경험으로부터 학습할 수 있는 능력'이며, '환경에 적응할 수 있는 능력'이라는 새로운 정의에 접근하게 된다. 이에 덧붙여 자신의 사고과정에 대한 이해와 조절능력인 초인지능력, 즉 메타인지(metacognition)능력이 지능의 중요한 지표가 됨을 강조하게 된다. 이러한 연구결과는 지능이 단순히 문제해결의 결과(result)에 근거하는 것이 아니라 문제해결과정(process)에서의 차이가 중요한 지표가 됨을 보여 주면서 인지과정의 중요성에 대한 인식전환을 가져오게 된다.

최근에는 다중지능이론(multiple intelligence theory)을 비롯하여 다양한 지능이론이 제시되면서 지능에 대한 보다 확장된 정의가 제시되고 있다. 이는 사회 전반적인 변화의 흐름과 그 맥을 같이 하는 것으로, 사회 변화에 걸맞게 요구되는 인간상도 변하고 있음을 의미한다.

현대철학에서는 정신과 육체의 이원론적 관점에서 벗어나 정신과 육체를 통합체로 보는 일원론적 인간관이 대두되면서 지능에 관한 관점도 통합적 관점으로 변화하고 있다. 또한 인간지능을 정의함에 있어 개인의 경험이나 사회·문화적 요인에 의한 상황적·맥락적(contextual) 요인이 강조되면서 지능의 상대성 개념이 새롭게 인식되고 있다.

이처럼 인간지능의 개념은 '인간은 어떤 존재인가?' 하는 철학적 인간관과 지능 발달에 관한 심리학적 관점의 영향을 받아 시대상에 맞게 변화하고 있음을 볼 수 있다. 결국 지능(intelligence)이란 자신이 살고 있는 시대와 사회 속에서 요구되는 인간능력으로 정의될 수 있으며, 인간의 어떤 능력을 지능(intelligence)으로 볼 것인가 하는 것은 시대와 사회에 따라 변화되고 확장될 수 있음을 의미한다. 왜냐하면 시대와 변화하는 사회에 따라 요구되는 인간상이 변화하기 때문이다.

이처럼 시대 변화에 따른 지능 개념의 변화는 교육목표와 교육내용, 학습자관 등 교육실행의 전반에 걸쳐 변화를 이끌고 있다.

본 장에서는 최초로 지능검사를 고안한 Binet(1905)에서부터 현대 지능이론에 이르기까지 지능 개념의 변화를 살펴보고 교육적 시사점에 대해 살펴보고자 한다.

1 지능이론

Binet(1905)의 지능검사가 개발된 이후 다양한 지능검사의 발달과 검사결과에 대한 통계적 분석들은 지능을 설명해 줄 수 있는 구성요인과 구조를 찾아내고 설명하는 데 크게 공헌하게 된다. 이러한 일련의 작업은 지능에 대한 요인·분석적 접근을 시도한 Spearman과 Thurstone, Guilford, Bunon, Cattel을 통해 이루어졌으며 이는 Gardner와 Sternberg의 통합적 관점으로 이어져 현재에 이르고 있다.

지능이 몇 개의 요인으로 구성되어 있음을 밝히고자 한 요인분석적 접근에서부터 통합적 접근에 이르기까지 지능이론을 자세히 살펴보도록 하자.

1) Spearman의 일반요인이론(G factor theory)

Galton의 영향을 받은 Spearman(1990)에 따르면, 지능은 모든 지적인 과제에 공통적으로 넓게 적용되는 일반지능으로서 '일반요인(g factor: general intelligence)'과 어떤 특수한 영역의 과제를 수행하는 데 고유하게 작용하는 특수지능으로서 '특수요인(s factor: specific intelligence)'이 존재한다. 이를 지능의 2요인설이라고 하는데, 일반요인(g factor)은 지적 작업능력을 유도하는 기본 능력으로 신경학적으로 뒷받침되는 힘, 에너지에 의한 지능을 구성하는 핵심적인 요인으로 보았다.

Spearman은 지능을 설명하는 요인을 추출하는 데 상관계수를 바탕으로 한 요인분석(factor analysis) 방법을 사용하였다. 지능연구에서 요인분석의 과정을 살펴보면, 많은 사람에게 여러 가지 다른 능력검사를 실시한 후, 이 검사 간의 상관관계를 결정하게 된다. 이 결과로 통계적 분석을 통해 검사 점수의 결과를 요약할 수 있는 몇 가지 요인으로 단순화한다. 이 요인분석법은 오랫동안 지능연구에 중요한 방법으로 사용되었다.

2) Thurstone의 다요인이론(Multi-factors theory)

Thurstone(1887~1955)은 지능의 핵심이 하나의 요인에만 있는 것이 아니라 7개의 기본적인 정신능력 요인에 있다고 보았다. 이는 다양한 형태의 지적 수행을 생리학적 특질을 '일반요인(g factor)'으로 설명할 수 있다고 주장한 Spearman과는 대조되는 것으로, 일반요인에 대한 비판적 관점을 엿볼 수 있다.

이는 지적 작업능력을 유도하는 기본 능력인 일반요인(g factor)이 신경 체제에서 기인하는 것이라는 증거가 없다는 연구결과(Gardner, Kornhaber, & Wake, 1996)에 기인한다.

이러한 맥락에서 Thurstone은 요인분석을 통해 중심이 되는 약 10개의 비교적 독립적인 요인의 군을 추출해 내고, 이를 바탕으로 지능을 설명하는 중심요인으로서 '일반요인'의 개념을 대신할 수 있는 언어적 이해, 언어적 유창성, 추론능력, 공간관계, 수, 기억, 지각 속도의 7개의 기본정신능력(primary mental abilities)을 제안하였다.

3) Guilford의 지능구조모형

지능을 설명하는 단일요인으로서 '일반요인(g factor)'을 강조했던 Spearman과 달리, 지능이 여러 요인으로 구성되어 있다고 보는 Thurstone의 다요인이론(multi factors theory)은, Guilford에 의해 더욱 발전하게 된다.

Guilford(1956)는 지능구조모형(Structure of Intellect Model: SOI이론)을 통해 지능이 120개의 요인으로 구성되어 있음을 밝히고 있다.

지능구조모형에 따르면, 먼저 지적 요인을 내용(contents), 조작(operations), 산출(products)의 3가지 측면의 3차원에 의한 교차요인으로 분석한다. 그리고 내용영역에서는 4가지 유형을, 조작영역에서는 5가지 유형을, 산출영역에서는 6가지 유형을 각각 제안함으로써, 지능구조를 입체적으로 분석하여 지능을 구성하는 120가지(4×5×6=120) 요인을 밝혔다.

그 후에 Guilford는 내용영역을 5개 유형으로 수정·보완하여 150개(5×5×6=150)의 요인을 제시하였고, 또 다시 180개(5×6×6=180)의 요인으로 더욱 세분화하였다.

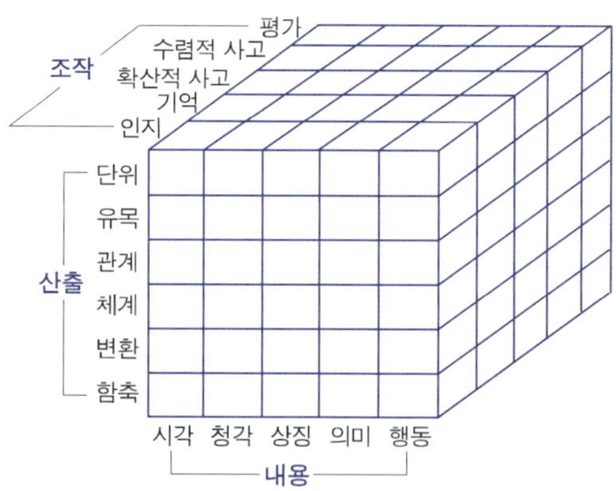

[그림 2-5-1] Guilford의 지능구조모형(150개의 요인)

출처: Guilford(1988)에서 인용.

Guilford의 지능의 150개(5×5×6=150) 구성요인을 자세히 살펴보자(그림 2-5-1 참조).

(1) 내용(Contents)영역

주어진 정보의 내용에 관한 것으로 시각적(visual) 동작과 청각적(auditory), 상징적(symbolic), 의미적(semantic) 동작을 포함한 행동적(behavioral) 정보 등의 5개 요인이 포함되어 있다.

(2) 조작(Operations)영역

주어진 정보를 처리하고 작동하는 지적 활동으로서 여러 형태의 정보에 관한 인지(cognition), 인지 정보의 기억(memory), 주어진 정보로부터 여러 가지 해결책을 찾는 확산적 사고(divergent thinking), 여러 정보나 전제를 통해 정확한 답을 찾는 집중적·수렴적 사고(convergent thinking), 사고결과의 직결성을 판단하는 평가(evaluation)의 5개 요인이 포함되어 있다.

(3) 산출(Products)영역

무엇에 의해 사고하는지 또는 그 내용을 어떻게 사고하는지에 관한 것으로, 조작(operation)의 결과에 해당한다. 이는 각 단위(units)의 정보, 공통적인 특성을 공유하는 유목(classes), 2개 이상의 단위를 종합하는 관계(relations), 단위가 조직화된 체계(systems), 기존 정보에 대한 해석 또는 수정적용(transformations), 어떤 정보에서 생기는 기대나 함축된 시사점(implications) 등의 6개 요인이 포함되어 있다.

Guilford의 지능구조모형(structure-of intellect model)은 지능이 언어, 수 논리적 사고 등과 같은 단순한 몇 개의 영역이 아니라 다양한 영역으로 구성된다고 본 점에서 기존의 지능 개념의 변화를 이끈 점에서 의의가 있다. 또한 지능을 산출물(product)보다는 과정(process), 즉 인지과정, 정보처리과정으로 이해하기 시작했다는 점에서도 중요한 의미가 있다. 그뿐만 아니라 창의적 사고의 특성으로 간주되는 확산적 사고(divergent thinking)를 지능의 한 요인에 포함시킨 점 등은 지능을 보다 통합적 관점에서 이해하는 데 공헌하였다고 볼 수 있다. 이후 확산적 사고는 창의적 사고능력으로 분리되어 활발한 연구가 이루어지게 된다.

지금까지 살펴본 바와 같이 Thurstone과 Guilford의 이론은 요인분석을 바탕으로 지능을 구성하는 세분화된 요인을 제시하였으나, 그들 간의 위계성은 제시되지 않아 비위계적 요인분석이론이라 할 수 있다.

그러나 미국의 심리학자 Cattel과 Horn은 지능을 유동적 지능(fluid intelligence)과 결정적 지능(crystalized intelligence)의 2차원으로 구별하여 위계적 이론을 제안하였다.

유동적 지능(fluid intelligence−Gf)이란 추상적인 일반적 능력을 의미하며, Spearman의 이론에서 지능의 일반요인(g factor) 개념과 유사한 것으로, 개인의 독특한 신체구조와 과정에 기초하여 14세경까지 계속 발달하다가 22세 이후 급격히 감소하는 선천적 지능을 말한다. 반면 결정적 지능(crystallized intelligence−Gc)이란 문화적 맥락과 개인의 교육적 경험을 통해 형성되는 후천적 지능을 말한다. 그러나 결정적 지능은 유동적 지능의 활용을 통해 학교교육으로부터 형성됨이 강조되고 있어, 이 두 요인은 서로 상관관계를 가지는 것으로 나타났다. 따라서 유동적 지능의 최고 정점은 18세경에 나타나지만, 결정적 지능은 성인기를 통해 계속 발달하는 것으로 본다.

4) Gardner의 다중지능이론

Gardner(1983)는 지능이란 전체적이고 단일한 능력이 아니라 각기 독립된 능력이며 상이한 여러 유형의 능력으로 구성된다는 다중지능이론(multiple intelligence theory)을 제시하면서, 지능을 일반적인 하나의 통합된 능력으로 보는 전통적인 관점에 대해 다른 입장을 나타낸다.

Guilford는 지능이란 한 가지 인간능력이 아니라 다양한 인간의 능력을 조직화하는 능력이라고 설명한다. 즉 지능은 개인이 구체적인 상황에 적합한 사고를 발현하도록 해 주는 힘, 즉 가능성이다.

그러나 지능을 일반적 하나의 통합적 능력으로 보지 않고 몇 개의 요인으로 구성되어 있음을 강조한 요인이론의 관점은, 지능을 일반요인(g factor)과 특수요인(s factor)으로 구성된다고 보았던 Spearman의 지능의 2요인이론이나 7개의 기본정신능력(primary mental abilities)을 제안한 Thurstone의 다요인이론에서도 이미 제시되었다.

그러나 Gardner 이론은 Spearman과 Thurstone 이론과는 달리, 지능이 여러 가지 구성요소로 되어 있으나, 지능의 기저가 되는 일반요인(g factor)이 있는 것이 아니라, 각각의 지적 요인이 독립적으로 존재한다는 관점을 제시하였다. 따라서 Gardener 이론에서 제안한 7가지 지능영역은 위계적 관계를 지니는 것이 아니라 각각 독립된 인간 능력으로, 그 가치는 동일하다고 보았다.

Gardner가 제시한 지능의 7가지 영역은 다음과 같다.

❶ 언어적 지능(Linguistic intelligence)

언어의 여러 가지 기능을 민감하게 파악하고 표현하는 언어활용능력을 말한다. 책 읽기, 소설, 시 쓰기, 대화의 이해 등과 관련된 언어능력을 말한다. 주로 작가, 번역가, 편집자 등에게 필요한 능력이다.

❷ 음악적 지능(Musical intelligence)

소리로 만들어진 것의 의미를 이해하고 창작해 내는 음악적 능력을 말한다. 주로 노래하기, 작곡, 연주, 감상과 관련된 작곡가, 지휘자, 연주자에게 필요한 능력이다.

❸ 논리-수학적 지능(Logical-mathematical intelligence)

추상적 추론을 통해 사물을 조작하고 가설을 세우는 등 추상적이고 논리적 관계를 이해하는 능력과 이 능력의 핵심 요소 중 하나인 수학적 능력을 말한다. 기존의 지능검사에서 강조된 능력으로 주로 수학자, 컴퓨터 프로그래머, 회계사, 의사, 과학자 등에게 필요한 능력이다.

❹ 공간 지능(Spatial intelligence)

시각적이고 공간적인 정보를 이해하고 활용할 수 있는 능력을 말한다. 주로 화가, 조각가, 건축가, 항해사, 탐험가 등에게 필요한 능력이다.

❺ 신체-동작 지능(Bodily-kinesthetic intelligence)

문제해결을 위해 신체의 부분을 활용하는 능력을 말한다. 주로 무용가, 산악인, 체육인 등에게 필요한 능력이다.

❻ 개인 간 지능(Inter-personal intelligence)

다른 사람의 감정이나 생각, 의도 등을 알아내고 이해하는 능력을 말하며 대인관계 지능이라고도 한다. 주로 교사, 정치가, 외판원, 치료사 등에게 필요한 능력이다.

❼ 개인 내 지능(Intra-personal intelligence)

자신의 감정, 의도, 동기 등의 이해를 통한 자기이해 및 자기통찰능력을 말한다. 주로 종교 관련 수도자, 정신과 의사, 시인, 작가 등에게 필요한 능력이다.

최근에는 여기에 자연 현상에 대한 유형을 규정하고 분류하는 능력을 일컫는 자연탐구 지능(nature intelligence)을 포함시키고 있다. 자연탐구 지능이 높은 사람은 자연 친화적이고, 동물이나 식물채집을 좋아하며, 이를 구별하고 분류하는 능력이 높다.

Gardner는 사회 각 분야에서 성공한 사람의 지능을 비교연구하였는데, 연구결과에 따르면, 지능은 여러 가지 독립된 요소로 구성되어 있으며, 사람마다 강점지능(strenth intelligence)이 다르며, 성공한 사람은 자신의 강점지능과 직업에서 요구하는 능력이 일치한 경우임을 밝히고 있다. 예를 들면, 외과 의사나 건축가에게는 공간 지능이, 운동가에게는 신체·동작 지능이, 교육자에게는 대인관계 지능이 필수적이듯, 성공한 사람들은 종래의 지능검사에서 중점적으로 다루었던 언어적 또는 수·논리적 지능뿐만 아니라 직업이 요구하는 특정 지능을 우수하게 갖추고 있다는 경험적 자료를 제시하였다(Gardner, 1993).

또한 Gardner는 천재나 자폐아, 뇌 손상 환자 등 특수집단의 지적 능력에 관한 자료를 근거로 7가지 지능영역을 모두 우수하게 갖추고 있는 사람은 없으며, 마찬가지로 지적장애아라 하더라도 이들 지능 모두가 박약한 것은 아님을 보여 주었다. 이는 아동의 지적 능력을 이해하고 교육하는 데 있어 중요한 단서가 되는 것으로, 아동이 지니는 강점지능을 바르게 진단하고 교육하는 것이 중요함을 시사한다.

가드너의 다중이론의 교육적 시사점으로 가장 중요한 것은 인간은 '누구나 각각 다른 영역에서 자신만의 강점지능을 가지고 있다는 것이다(All children have strengths)'. 따라서 개개인이 가진 강점지능과 잠재능력을 찾아내어 개발시켜 줄 수 있는 개별화된 교육적 접근이 필요하게 된다. 이런 점에서 다중지능이론은 인간능력의 다양성과 잠재 가능성을 열린 시각으로 볼 수 있게 한 점에서 교육적 시사점이 크다고 할 것이다.

또한 인간의 지능을 수·논리적 능력이나 언어능력 등 특정한 영역의 몇 가지 인지능력에 한정하는 것이 아니라, 독립된 다양한 인간의 능력을 지능으로 인정한 점에서 교육의 패러다임의 전환을 이끌게 된다. 물론 Gardner의 다중지능이론에 대한 비판도 있으나 인간 능력의 다양성과 잠재 가능성을 보다 열린 시각에서 볼 수 있게 해 준 점에서 교육현장에 적용될 수 있는 교육 방향성에 대한 시사점은 크다고 할 수 있다.

5) Sternberg의 삼원지능이론

Sternberg(1984, 1985)는 인간지능이 분석적 능력, 경험적 능력 및 맥락적 능력으로 구성된다는 지능의 삼원이론(triarchic theory of intelligence)을 제시함으로써 지능을 3차원의 측면에서 이해하고 설명하고자 하였다.

Sternberg가 제시한 인간 지능의 3가지 하위요인(sub-theory)을 살펴보자(그림 2-5-2 참조).

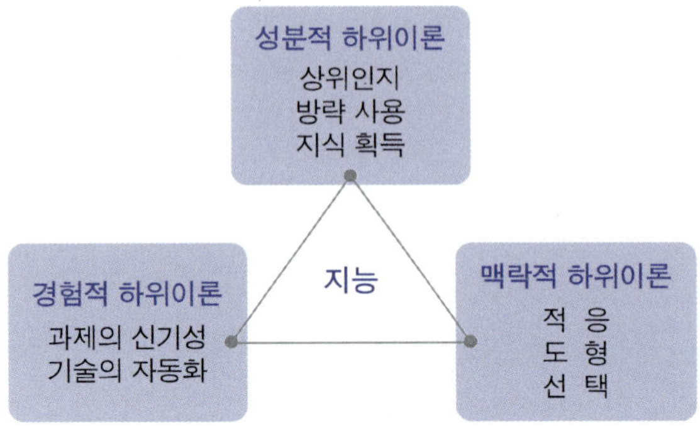

[그림 2-5-2] Sternberg의 삼원이론

출처: Berk(1994)에서 인용.

첫째, 지능의 성분적 하위요인(componential sub-theory)으로, 분석적 능력에 해당한다. 이는 지능의 삼원이론을 구성하는 3요소 중 핵심 과정으로, 지적인 문제를 해결할 때 머릿속에 진행되는 사고과정을 말한다.

성분적 하위요인은 메타요소(meta-component), 수행요소(performance component), 지식습득요소(knowledge-acquisition component) 등 3가지 하위요소로 나누어진다.

메타요소는 문제해결을 계획하고 조정하고 평가하는 실행과정이며 수행요소는 메타구성요소를 보완하는 하위과정으로, 추론(inference), 도식화(mapping), 적용(application) 등을 들 수 있다. 지식습득요소는 선택적 부호화(selective attention), 선택적 결합(selective), 선택적 비교(selective comparisons)를 통해 문제해결방법을 사전에 학습하는 과정이다.

이 세 구성요소는 독립적으로 기능하기보다는 문제해결 시 상호작용하게 되는데, 메타요소는 수행요소와 지식습득요소를 조정하고 활성화하며, 수행요소와 지식습득요소는 메타요소에 피드백을 준다.

둘째, 지능의 경험적 하위요인(experiential sub-theory)으로, 주어진 과제와 개인 경험과의 관계를 나타내는 것으로, 과제의 친숙도에 따라 문제해결이 달라질 수 있음을 보여 준다. 이는 경험이 지능에 어떠한 영향을 미치며 지능이 경험에 어떤 영향을 주는가에 관한 지능 경험적(experiential) 요소를 말한다.

셋째, 지능의 맥락적 하위요인(contextual sub–theory)으로, 외부 세계와의 상호작용이 지능에 어떤 영향을 미치며 외부 세계는 지능에 대한 생각을 어떻게 형성하는가에 관한 지능과 외부 세계와의 관계의 문제이다.

인간은 환경의 요구에 가장 최선의 반응을 보일 수 있도록 자신의 지적 능력을 활용하게 되는데, 자신의 삶과 능력에 적합한 실제 환경을 형성하고 선택하고 목적적으로 적응하는 것을 지능이라 한다. 따라서 지능의 맥락적 요인은 지능의 상대성 개념으로 이해할 수 있다.

이와 같은 인간지능의 3가지 하위요인을 바탕으로 Sternberg(1988)는 지능을 다음과 같이 분석적 지능, 창의적 지능, 실제적 지능으로 구분하였다.

❶ 분석적 지능(Analytical intelligence)

비교나 분석 등 문제의 요소나 요소 간의 관계를 조직하는 전략을 사용하여 문제를 해결하고자 하는 능력을 말하며, 지능의 성분적 하위요인(componential sub–theory)으로 체계화되었다. 새로운 지식을 획득하고 이를 논리적으로 적응하는 능력을 의미하며 가장 핵심적인 인간 정신 능력이다.

❷ 창의적 지능(Creative intelligence)

새로운 문제를 해결하는 능력을 말하며 이는 지능의 경험적 하위요인(experiential sub–theory)으로 체계화되었다.

❸ 실제적 지능(Practical intelligence)

우리가 아는 것을 일상의 상황에 적용하여 해결하는 능력을 의미하며 일상의 문제해결능력, 실제적인 적응능력 및 사회적 유능성을 포괄하는 것으로(Sternberg & Wagner, 1988), 지능의 맥락적 하위요인으로 체계화되었다.

이들 제반 측면에 대한 고찰을 바탕으로 볼 때, Sternberg의 삼원이론은 인간의 지적 능력을 설명함에 있어 성취 결과뿐 아니라 과정적 측면에 대한 고려가 필요함을 강조하였고, 개인적 경험과 상황적 요소를 함께 고려하는 비교적·통합적 관점에서의 지능이론을 형성하고 있다.

Sternberg는 종래의 심리측정적 접근에서 개발된 지능검사가 사고의 속도와 수행의 정확성만 강조하며 실제 삶에서 필요한 지능의 주요한 측면을 진단하는 데 실패했다고 주장하였다.

특히 Sternberg의 실제적 지능의 개념은 Gardner의 개인 지능(personal intelligence)개념과 함께 비학업적 지능(non-academic intelligence) 개념의 기초가 되면서, 후에 실생활의 적응능력으로서의 새로운 지능 개념인 정서지능(emotional intelligence)의 토대가 된다.

2 지능 개념의 변화

인간지능이 타고난 인지적 특성인지 후천적으로 습득된 인지적 능력인지, 인간지능의 심리적 구조가 단면적인지 다면적인지, 지능이 학업 성공을 예언하기 위한 것인지 실세계 속에서 사회적 성공을 예언하기 위한 것인지, 아니면 둘 다인지 등 인간지능에 대한 의문은 아직도 해결되지 못한 채 끊임없이 논쟁의 대상이 되고 있다.

1960년대 신경심리학의 대두와 함께 인간 뇌의 발달이 유전적 능력과 경험 간의 상호작용의 결과임이 밝혀지면서, 인간지능 역시 유전적 요인과 환경적 요인 간의 상호작용 결과로 보는 상호적 관점으로 인해 유전과 환경적 요인 간의 논쟁(nature & nurture)은 그 해결책을 찾아가고 있다.

이와 함께 최근 지능연구에서는 유전이냐 환경이냐의 논쟁보다는 유전과 환경의 상호작용적 관점을 바탕으로 인간지능을 통합적으로 이해하며, 지능의 상대성 개념을 바탕으로 인간지능을 맥락적으로 이해하려는 시도가 이루어지고 있다.

또한 다원성, 개별성으로 특징짓는 포스트모더니즘이라는 시대적 특성으로 인해 수·논리적 사고능력에 한정되어 온 지능의 개념에서 벗어나, 인간 내면의 가치를 존중하고 사회 속에서 조화롭게 살아가기 위해 필요한 다양한 능력을 지능으로 정의하면서 다양한 능력들이 지능 개념에 통합된다.

이와 함께 흔히 IQ(Intelligence Quotient)로 대변되던 인간의 능력은 EQ(Emotional Intelligence Quotient: 정서지능지수) 혹은 SQ(Social Intelligence Quotient: 사회성 지능지수; Spirituel Intelligence Quotient: 영적 지능지수), MQ(Moral Intelligence Quotient: 도덕지능지수) 등 다양한 관점에서 지능이 정의된다. 이러한 흐름은 이성중심의 모더니즘의 편협한 인간관의 한계를 극복하고, 독특성을 지닌 귀한 존재로서 개개인의 개성과 자율성과 다양성이 존중되는 포스트모더니즘이라는 시대적 특성이 지향하는 변화라고 볼 수 있다.

본 장에서는 1859년 Darwin의 「종의 기원(Origin of species)」에서부터 현대 지능이론에 이르기까지 지능 개념의 변화양상을 살펴보고, 이러한 변화를 이끌게 된 주요 이론들을 자세히 살펴보기로 하자.

〈표 2-5-1〉 지능 개념 변화표

시기	지능 개념의 변화
1895년	Charles Darwin의 종의 기원(origin of species)
1869년	Francic Galton의 인간지능의 유전성(heritability)에 관한 연구와 함께 고정지능(fixed intelligence)의 개념 도입
1905년	Alfred Binet의 지능검사 도구(intelligence scale) 개발, 정신연령(mental age), 지능지수(IQ) 개념
1921년	Terman의 스탠포드-비네 지능검사 개발
1930~1940년	지능검사의 대중화
1930~1950년	Stanley Hall과 Gesell의 성숙론으로 인한 선결정론(predeterminism)적 관점
1930~1960년	지능의 교육 가능성(educability)과 IQ의 불연속성 개념으로 인해 상호지능(interactive intelligence) 개념
1952년	Piaget의 상호론적 관점
1956년	Guilford의 SOI(structure of intelligence)모델 제시, 확산적 사고(divergent thinking)를 포함한 120가지 지능의 요소
1960년대	Vygotsky의 사회인지이론으로 인한 상호지능(interactive intelligence)의 개념 확장
1964년	Bloom의 연구로 인해 상호지능의 개념과 유아기 경험의 중요성 강조
1983년	Gardner의 다중지능이론(multiple intelligence theory)
1985년	Sternberg의 삼원이론(triarchic theory)
1995년~현재	지능은 다양한 영역(multidimension)으로 구성되며, 유전과 환경의 상호작용 결과임을 확신

출처: Clark, B. (2002). A timeline of the development of the concept of intelligence as it Affects Giftedness and Talent development.

1) 고정지능에서 상호지능으로

1859년 Darwin의 「종의 기원(Origin of species)」이 출간된 이후, 그의 사촌인 Galton은, 인간지능은 환경적 요인을 완전히 배제한 유전에 의해 결정되며, 타고난 지능은 죽는 순간까지 변하지 않는다는 '고정지능(fixed intelligence)'의 개념을 제안하였다. 또한 지능검사 도구를 개발하고 유전으로 인해 생기는 지능의 개인차를 인정하였다.

그러나 지능이란 교육에 의해 변화할 수 있는 어떤 것이라는 믿음을 가진 Binet는 1905년 학업에 문제가 있는 아동들을 구별하여 그들이 조기에 교육적 처치를 받아 학업문제를 극복할 수 있도록 하기 위한 지능검사 도구를 개발하게 된다.

고정지능에 대한 관점이 최고조로 이르는 1930~1940년대에는 미국을 중심으로 지능검사가 활발히 이루어졌는데, 1916년 Terman이 제작한 스탠포드-비네 검사가 대표적이다. 특히 1921년 Terman은 IQ 140이 넘는 영재아 1,500명을 대상으로 30년 동안 종단연구를 실시한 결과, 그들의 영재성이 유전에 의한 것임을 밝힘으로써 고정지능의 개념은 더욱 힘을 얻게 된다. 또한 Stanley Hall과 Gesell 등을 중심으로 연구한 것으로, 인간발달이 유전적 요인인 성숙(maturation)에 의해 이루어진다고 본 성숙이론(maturation theory) 등은 선결정론적(pre-determinism) 관점과 함께 고정지능에 대한 관점을 더욱 지지하게 된다.

1960년대에 이르러 이러한 고정지능의 관점은 인간의 인지발달을 환경과의 상호작용 속에서 설명하고자 한 Piaget와 Vygotsky의 인지이론으로 인해 지능이 고정된 것이 아니라 환경과의 상호작용을 통해 변화할 수 있는 것이라는 인식과 함께 '상호지능(interactive intelligence)' 관점으로 변화하게 된다.

특히 Bloom(1964)은 인간지능은 태어나서 4세까지 성인지능의 50%, 6세까지 30%, 18세까지 나머지 20%가 완성된다는 관점을 제시하면서, 성인지능의 80%가 완성되는 생후 6세까지 환경적 자극이 중요함을 강조한다.

이뿐만 아니라 Wechsler가 개발한 지능검사 결과를 통해 제시된 지능 곡선(그림 2-5-3)은 인생 초기가 지능발달에 매우 중요한 시기임을 보여 주고 있어 초기 경험으로서의 교육적 환경에 대한 관심을 증가시켰다.

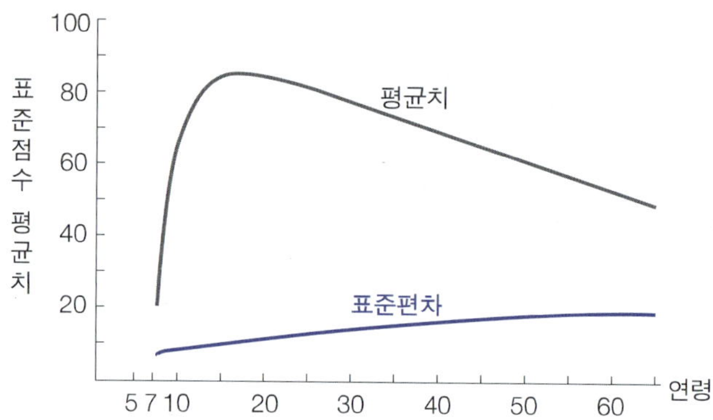

[그림 2-5-3] 7~65세까지의 웩슬러 지능검사 점수의 변화

출처: 홍순정(1999), 재인용.

이러한 관점은 지능에 있어 유전적 요인을 강조한 고정지능(fixed intelligence)으로부터, 유전과 환경 간의 상호작용의 결과로 보는 상호지능(interactive intelligence)의 관점으로의 변화를 이끌게 된다. 이와 함께 지능은 고정된 것이 아니라 '변화할 수 있는(changeable)' 것일 뿐만 아니라 '교육 가능한(educable)' 것임을 받아들이기 시작하면서 지능발달을 위한 교육적 적용에 영향을 미치게 된다.

2) 단일 요인에서 다양한 요인(Multiple dimension)으로

지능에 관한 전통적인 관점에 따르면, 지능은 언어능력이나 수·논리적 사고능력을 중심으로 한 단일 요인으로 구성된 능력이다.

그러나 1960년대 이후에 나타난 신경심리학의 영향으로, 좌뇌적 능력뿐 아니라 우뇌적 능력도 지능의 영역에 포함하면서, 지능을 구성하는 요인이 다양한 영역으로 확장되었다.

대표적으로 1956년 Guilford는 지능구조모형(structure of intellect model)을 통해 지능이 120개의 다요인으로 구성되어 있음을 밝히고 있다. 지능이 다요인으로 구성되어 있음을 밝힌 이러한 관점은 Gardner와 Starenberg에 의해 더욱 힘을 얻게 된다. Gardner(1983)는 다중지능이론을 통해 인간지능이 7개의 독립된 영역(언어적, 수·논리적, 공간적, 운동능력, 음악적, 개인 간, 개인 내)의 지능으로 구성되어 있음을 밝힘으로써, 기존의 전통적 지능관을 뒤집게 된다. 특히 가드너는 지능이 높은 아동이 모든 영역에서 우수하다는 생각을 비판하고, 누구나 자신의 강점 지능이 있음을 강조하면서 교육에 패러다임의 전환을 이끌게 된다.

Sternberg도 삼원이론을 통해 인간지능을 분석적 지능, 창의적 지능, 실제적 지능의 3가지 측면에서 설명함으로써 지능이 다양한 요인으로 구성됨을 보여 준다.

3) 결과에서 과정(process)으로

현대 지능연구가들은 인간의 사고과정, 즉 인지과정에 대해 관심을 증가시키고 있다. 이는 인간지능을 사고과정의 효율성으로 보는 1970년대부터 미국 심리학을 지배하기 시작한 인지심리학과 정보처리접근의 영향으로 볼 수 있다.

정보처리접근(information processing approach)에 따르면, 인간지능의 차이는 문제해결과정에서의 전략(strategy) 사용이나 자동화(automatization) 등으로 인한 문제해결과정의 효율성(efficiency) 차이에서 기인한 것으로 본다. 즉 지능이 높은 사람은 문제해결과정에 훨씬 효율적이라는 것이다.

특히 Sternberg는 삼원이론에서 인간지능의 3가지 하위요인을 제시하였는데 그 중 첫 번째 하위요인인 성분적 하위요인(component sub-theory)은 인지적 과제를 해결할 때 머릿속에 진행되는 사고과정, 즉 분석적 사고능력을 의미하며 지능의 핵심적 요인으로 보았다. 이는 문제해결과정을 의미하는 것으로, 문제해결을 계획하고(planning) 조절(control)하고 평가(evaluation)하는 실행과정으로서의 메타요소(meta component)와 메타요소를 보완하는 하위과정으로서의 수행요소

(performance component), 그리고 문제해결방법을 사전에 학습하는 과정을 의미하는 지식습득요소(knowledge-acquisition component)로 구성된다.

이 중 메타요소는 최근 인지심리학에서 주목하는 메타인지(meta-cognition) 능력과 관련되는 것으로, 문제해결과정에서 계획, 조절, 평가하는 능력으로 인간지능을 결정하는 중요한 요인의 하나로 보고, 그에 대한 관심이 증가하고 있다.

이처럼 현대 지능이론은 지능을 단지 성취 결과에만 의존하지 말고 문제해결의 과정적 측면을 함께 고려해야 함을 강조함으로써 인지처리과정으로서의 인간지능에 대한 관점 변화를 이끌고 있다.

4) 통합적 관점으로서의 지능

현대 지능이론가들(Snow & Farr, 1987)은 일찍이 Aristoteles가 인간의 정신기제를 인지적(knowing), 정서적(emotional), 의지적(willing) 측면으로 분류한 것이 타당하다면, 인간의 정신능력에 대한 완전한 이론은 인간능력의 인지적 측면뿐 아니라 정서적 측면과 의지적 측면을 포함시켜 지능 개념을 확장해야 한다고 주장한다.

이는 오랫동안 철학의 주요한 논제가 되어 온 '인간이란 무엇인가?'라는 주제에 대해, 인간의 정신-육체를 분리된 것으로 보았던 데카르트(Descartes)적인 관점에서 벗어나 정신과 육체는 하나의 통합체임을 설명한 포스트모던 철학에서의 일원론적 관점의 영향으로도 볼 수 있을 것이다.

이와 함께 인간의 지능은 수·논리적 사고능력이나 언어능력 등 인지적 능력에만 한정되는 것이 아니라 인지능력과 사회성, 정서능력의 통합적 관점에서 보고자 하는 흐름이 생겨나면서 통합적 관점으로서의 지능 개념으로 확대되고 있다.

이러한 흐름은 Gardner의 다중지능이론을 거쳐 새로운 지능 개념으로 확장된다. Gardner(1983)는 기존의 지능 개념에서 강조한 이성적 사고능력을 넘어 다양한 능력을 지능 속에 포함시키고, 각각의 지능은 동등한 가치를 지님을 보여 준다. Gardner의 다중지능이론에서 제시한 7개의 지능은 언어 지능, 수·논리적 지능, 공간 지능, 신체운동 지능, 음악 지능, 개인 간 지능, 개인 내 지능으로, 기존의 지능검사에서 주로 다루었던 수·논리적 능력, 언어능력뿐 아니라 공간능력, 음악능력, 신체운동능력과 같이 지능보다는 '재능(talent)'이라고 불리는 인간능력을 지능에 포함시킨다. 그뿐만 아니라 비학업적 지능이며 사회적 지능인 개인 지능(personal intelligence)을 포함시킨 점에서 그 의미는 크다고 할 것이다.

무엇보다 7개 영역의 각각의 지능이 동등한 가치를 지니며, 모든 아동은 자신만의 강점지능을 지닌다고 본 점에서 교육적으로 시사하는 바가 크다.

이처럼 Gardner의 다중지능이론은 흔히 이성중심의 데카르트적인 정신–육체 이원론적 관점에서 중시된 수·논리적 능력과 언어능력만이 아닌, '재능'에 해당하는 인간 능력과 함께, 비학업적 지능에 대한 현대적 해석을 시도하였다는 점에서 의의를 지닌다.

Sternberg는 삼원이론을 통해 전통적 지능검사에서 측정되는 능력과는 무관한 능력인 일상생활에서 획득되는 문제해결능력이나 실제적 적응능력과 사회적 유능성을 포함하는 '실제적 지능(Practical intelligence)'의 개념을 제시하면서 인간지능에 대한 보다 통합적 관점의 이론을 정립하게 된다.

이와 함께 지금까지 간과되었던 인간의 정서·사회적 능력에 대한 관심이 대두되면서 나타난 인간지능의 연구 경향은 바로 '정서지능(emotional intelligence)'의 개념이다. 이는 언어적 능력과 수·논리적 능력만을 포함하는 협의의 지능 개념에서 벗어나 인간지능에 대해 보다 통합적으로 재조명하려는 시도로 이해될 수 있다.

정서지능 개념은 1990년 Yale 대학의 Peter Salovey와 John Mayer가 "자신의 감정을 이해하고 타인의 감정을 이해하며 더 나은 삶을 위해 정서를 조절할 수 있는 능력"으로 정의한 지능 개념이다. 이후 1995년 뉴욕타임지 기자인 Daniel Goleman에 의해 Salovey와 Mayer가 제시한 과학적 이론을 풀어 쓴 「정서지능(Emotional Intelligence)」이 출간되면서 세상에 더욱 알려지게 되었다.

특히 종래의 지능이 대부분 학업성취를 예언하는 데 그쳤기 때문에 학교 이외의 수행과 성취에 대한 예언, 즉 실세계에서의 성공에 대한 예언력은 가지지 못하였다는 비판(Gardner, 1983)과 함께, 정서지능은 실생활에서의 성공예언력을 높여주고 있어 교육분야에서의 적용이 활발히 이루어지고 있는 실정이다. .

정서지능 개념은 이전의 이론에서 그 근원을 찾을 수 있는데, Sternberg의 실제적 지능, Waker와 Foley(1973)이론에서의 사회적 지능, 그리고 Gardner(1983)의 다중지능이론에서의 개인 지능(personal intelligence) 등이 대표적인 예이다.

이처럼 인간의 정서적, 사회적 측면을 인간지능으로 이해하고자 한 Salovey와 Mayer(1990)의 정서지능이론과 이를 대중적으로 보편화시킨 Daniel Goleman (1995)의 정서지능 개념에 대해서는 '제6장 정서지능'에서 자세히 살펴보기로 하자.

5) 맥락(Context)으로서의 지능

현대 지능 연구의 또 하나의 경향은 인간지능을 상황적, 맥락적으로 이해하려는 시도이다.

인간지능을 맥락적 관점에서 이해한다는 것은 인간의 행동이 시간과 공간에 따라 다르게 정의할 수 있으므로 문화적, 역사적 배경에 따라 이해될 수 있음을 의미한다. 이러한 연구 경향을 대표하는 이론은 Sternberg의 삼원이론이다.

Sternberg(1984)는 지능을 구성하는 3가지 하위요소로 성분적 하위요인, 경험적 하위요인, 맥락적 하위요인을 두었는데, 이 중 맥락적 하위이론은 지능의 상황적, 맥락적 요인을 강조하고 있다. 지능의 맥락적 요인이란 세계 속에서 경험하는 주체로서의 개인이 그를 둘러싼 사회·문화적 맥락에서 벗어날 수 없으며 지식구성이나 인지활동도 그것의 영향을 받게 됨을 의미한다. 이러한 관점은 인식 주체로서 개인은 각각의 개인적 경험과 맥락 속에서 세계를 이해하고 해석함을 강조하는 현대철학의 관점과도 그 맥을 같이 한다고 볼 수 있다.

이처럼 지능에 관한 관점의 변화는 인간을 규명하는 인간관, 지식의 근원에 관한 인식론적 관점에 끊임없이 영향을 받았음을 알 수 있으며, 이러한 지능관의 변화는 현대교육에 있어 다양한 패러다임의 전환(shift of paradigm)을 이끌고 있다.

3 지능검사

1905년 프랑스의 Binet가 Simon과 함께 정상아동과 지적장애아동을 감별하기 위한 목적으로 최초로 지능검사를 제작하였다.

이 지능검사에서 Binet는 아동의 '정신연령(mental age)'의 개념을 소개하고, 각 연령에 따라 지적 기능이 발달되는데 연령별 평균아동이 성취할 수 있는 과제를 풀었을 경우 그 수준의 정신연령을 지녔다고 평가하게 된다. 이러한 Binet의 정신연령 개념은 Stern에 의해 정신연령과 생활연령의 비율인 지능지수(IQ)로 아동의 지적 능력 정도를 나타내는 용어로 사용되게 되었다.

$$\text{지능지수(Intelligence Quotient)} = \frac{\text{정신연령 MA(Mental Age)}}{\text{생활연령 CA(Chronological Age)}} \times 100$$

이러한 지능지수는 개인의 생활연령의 증가와 직선적 관계를 이루면서 지적 능력이 계속 증가한다는 것을 전제로 한다. 그러나 실제로는 일정한 연령 이후 지적 능력은 계속 하강하는 추세를 보이고, 특히 40세 이후에는 급격한 하강을 보이기 때문에 성인의 지능지수 산출에는 적합지 않음이 밝혀졌다. 또한 대부분 언어성 검사로 이루어졌기 때문에 언어능력이 제한된 사람들에게는 검사를 실시하기 어려운 점도 있다.

1) 스탠포드-비네 지능검사(Stanford-Binet intelligent scale)

1916년 미국의 Terman은 Binet의 지능검사를 미국의 풍토에 맞게 수정하여 스탠포드-비네 지능검사라는 이름으로 지능검사를 재구성하게 된다.

이 검사는 개인용 검사로서 지적장애아뿐만 아니라 정상인에게도 적용 범위가 확장된 검사이며, 가장 오랫동안 사용된 표준검사로 알려져 있다. 2세부터 18세까지 아동의 지능을 측정하는 검사로 지식, 언어능력, 기억, 지각, 논리적 추리 등으로 연령수준에 따라 총 142문항이 배열되어 있으며, 총 실시시간은 30~60분 정도 걸린다.

2세에서 5세까지는 발달이 가장 급속하게 이루어지므로 6개월 간격으로 일정한 6개의 소검사와 각 연령에 맞는 1개의 소검사로 구성된 검사를 하며, 5세 이상부터는 1년 간격으로 하게 된다. 각 검사는 언어, 조작, 기억, 산수, 추리, 평가, 인지, 문제해결 등과 같은 능력을 요구하는 소검사로 분류될 수 있는데, 이 분류는 학자들의 판단에 따른 인위적인 분류로서 요인분석 연구결과, 지지를 받지 못하였다(Wikoff, 1971).

2) 웩슬러 지능검사(Wechsler intelligent scale)

웩슬러 지능검사는 현재 가장 널리 사용되고 있는 지능검사로서 유아에서 성인에 이르기까지 전 연령을 포함할 수 있는 검사들로 구성되어 있다.

이 검사는 개인이 속한 해당 연령집단 가운데 차지하는 상대적인 위치를 지능지수로 환산하는 편차지능지수 개념을 소개하였다. 이러한 입장은 개인의 절대적인 지식 정도는 변하지만 개인의 상대적 지식수준은 일관됨을 전제로 한다.

Wechsler(1939)는 지능이란 하나의 특별한 능력이 아니라 여러 가지 형태로 나타날 수 있으며 따라서 통합적이고 전반적인 속성으로 이해하였다. 즉 지능이란 개인이 환경과의 관계에서 유목적으로 행동하고, 합리적으로 사고하며, 환경에 효율적으로 대응할 수 있는 집합적이고 총체적인 능력으로 정의하면서 지능 속에 환경에 대한 적응적 성질, 학습하는 능력, 추상적인 것에 대한 학습과 그것을 구체적인 사실로 연결시키는 능력을 지능에 포함시키게 된다.

따라서 웩슬러 지능검사는 "목적적으로 행동하고 이성적으로 사고하며 환경에 효율적으로 대응하는 개인의 총체적 또는 전반적인 능력"으로 정의되는 지능을 측정하기 위해 만들어졌다고 볼 수 있다(Wechsler, 1944). 이렇게 광범위한 정의 속에는 인지적 능력뿐 아니라 인내력, 흥미, 충동통제, 목표의식과 같은 특성과 지능의 비인지적 요소가 포함되어 있기 때문에 지능 개념의 폭이 넓어지고 지적 기능을 보다 정교하게 이해하게 되었다.

웩슬러 지능검사는 12개의 소검사로 이루어져 있으나 일반적으로는 10개만 실시되며, 크게 언어성 검사(verbal test)와 수행성 검사(performance test), 두 부분으로 나뉜다. 언어성 검사는 고도로 조직화된 능력, 즉 아동기부터 축적된 경험과 지식을 요구하는 반면 수행성 검사는 비교적 덜 조직화된 즉각적인 문제해결능력, 과거 축적된 지식의 활용, 즉각적인 대처능력을 요구한다. 따라서 언어성 IQ, 수행성 IQ, 그리고 전체를 얻게 된다.

웩슬러 지능검사의 소검사를 살펴보자.

❶ 언어성 검사(Verbal test)

- 상식: 광범위한 지식 중에서 선정된 30개의 문항으로 이루어지며 각 문항은 난이도 순서에 따라 배열된다. 이 소검사는 일반적인 것으로 학업성취와 관련 있고 이 항목의 점수가 낮음은 학습에 문제가 있음을 반영하는 것이다.
- 공통성: 19개의 단어 쌍이 난이도에 따라 배열되고 아동에게 두 단어의 공통점을 말하도록 한다. 이 과제는 본질적으로 추상적인 것이지만 일반지능을 재는 가장 좋은 측정치 중 하나이다.
- 산수: 18개의 기본적 산수능력을 재는 문항이 난이도에 따라 배열되고 각 문제는 언어적으로 제시되며 머릿속에서 풀도록 한다. 이것은 가장 학업 지향적인 소검사이다.

- 이해: 아동이 사회적 도덕과 가치에 얼마나 익숙한지를 측정하는 소검사로 17개의 문항으로 이루어지며 난이도 순서에 따라 배열된다.
- 숫자 외우기(선택 항목): 일련의 숫자를 불러 준 뒤 따라 하도록 하는데 처음에는 3개부터 점차 9개까지 숫자를 늘려가면서 불러 준 뒤 바로 따라 하도록 한다. 그 다음에는 2개부터 8개까지 숫자를 늘려가면서 거꾸로 따라 하도록 한다.

❷ 수행성 검사(Performance test)

- 빠진 곳 찾기: 일상적으로 대할 수 있는 그림이 28개 제시되는데 그 그림 중에는 중요한 부분이 빠져 있다. 난이도에 따라 제시된 각 그림에서 빠진 부분을 가리키도록 하는데 이 검사는 현실감을 갖춘 시각적 정확도를 평가하는 것이다.
- 차례 맞추기: 12개의 장면이 난이도에 따라 제시되는데 각 장면은 연재만화 형식으로 되어 있어 아동에게 올바른 순서대로 배열하도록 지시한다.
- 토막 짜기: 흰색과 빨간색이 대각선을 기준으로 반반씩 칠해져 있는 2면으로 이루어진 정육면체를 주고 그것을 이용하여 그림에 나와 있는 11개의 모양을 만들도록 한다. 그리고 이 모양을 난이도에 따라 배열한다. 이 소검사는 시각적 운동과제로 일반지능을 재는 가장 훌륭한 측정치이다.
- 모양 맞추기: 모양이 잘린 4장의 퍼즐을 주고 제한시간 내에 올바른 모양이 되도록 맞추게 한다.
- 기호 쓰기: 8세 이하의 아동에게는 여러 가지 도형 안에 적당한 원과 선을 그려 넣게 하고 8세 이상인 경우는 각 숫자에 해당하는 기호를 적도록 한다. 이 소검사는 유일한 지필검사로 학습문제와 관련되어 있다.
- 미로 찾기(선택): 9개의 미로를 복잡한 순서대로 제시하면 아동은 줄을 그으면서 빠져나가야 한다.

〈표 2-5-2〉 웩슬러 지능검사의 대상연령과 개별 척도

검사 종류	K-WPPSI	K-WISC-III	K-WAIS
연령 범위	3~7세	6~16세	16~64세
언어성 검사	2. 상식	2. 상식	1. 기본 지식
	4. 이해	4. 공통성	3. 숫자 외우기
	6. 산수	6. 산수	5. 어휘
	8. 어휘	8. 어휘	7. 산수
	10. 공통성	10. 이해	9. 이해
	12. 문장(주1)	12. 숫자(주1)	11. 공통성
동작성 검사	1. 모양 맞추기	1. 빠진 곳 찾기	2. 빠진 곳 찾기
	3. 도형	3. 기호 쓰기	4. 차례 맞추기
	5. 토막 짜기	5. 차례 맞추기	6. 토막 짜기
	7. 미로	7. 토막 짜기	8. 모양 맞추기
	9. 빠진 곳 찾기	9. 모양 맞추기	10. 바꿔 쓰기
	11. 동물 짝 찾기(주1)	11. 동형 찾기(주2)	
		13. 미로(주1)	

(주1) 보충 소검사
(주2)기호 쓰기에만 대치할 수 있는 보충 소검사

〈표 2-5-2〉에서 보는 바와 같이 우리나라는 3~7세 유아의 경우에는 K-WPPSI (Korean-Wechsler Preschool and Primary scale of Intelligence)를 사용하고, 6~16세 아동의 경우에는 K-WISC-Ⅲ(Korean-Wechsler Intelli-gence Scale for Children)을 사용하며, 16~64세까지 성인의 경우에는 K-WAIS(Korean-Wechsler Adult Intelligence Scale)을 사용한다. 그러나 6~7세 아동은 연령이 중복되므로 일반적으로 평균 이하의 아동의 경우 K-WPPSI로, 평균 이상의 아동의 경우는 K-WISC-Ⅲ를 실시하는 것이 바람직하다.

3) 카우프만 지능검사(Kaufman intelligent scale)

최근 지능이론에 입각한 지능관의 변화 중 가장 중요한 흐름은, 지능은 고정된 것이 아니라 '변화할 수 있으며(changeable)', '교육에 의해 향상될 수 있다(educable)'는 관점으로의 변화이다. 또한 단순히 수·논리적 지식을 중심으로 한 좌뇌적 기능뿐 아니라 우뇌적 기능도 인간지능의 중요한 측면임을 인식하고 지능을 통합적 관점으로 접근한다는 점, 그리고 단순히 성취 결과(result)로서가 아니라 문제해결과정(problem-solving process)에 있어서의 효율성을 지능의 중요한 측면으로 제시한 점 등은 인간지능에 대한 중요한 관점 변화로 들 수 있다.

이러한 지능관의 변화와 함께, 전통적인 지능검사에서 지적되는 문제점을 몇 가지 살펴보면 다음과 같다.

첫째, 전통적인 지능검사는 우뇌가 발달한 아동이나 우뇌 지향 문화에서 양육된 아동에게는 불리하다는 점이다.

스탠포드-비네(Standford-Binet) 지능검사의 경우도 언어능력과 관련된 좌뇌 지향적 검사이고, 웩슬러 지능검사(Weschler Intelligence Scale) 역시 외견상으로는 언어성(verbal) 척도와 수행성(performance) 척도로 구성되어 있어서 좌·우뇌의 기능을 모두 골고루 측정하는 것으로 보이지만, 실제로 각 척도의 특성을 분석한 연구에 따르면 우뇌 지향적 문화권에서 양육된 아동에게 불리한 검사로 지능을 총체적으로 평가하기 위한 도구로는 적합지 않은 것으로 지적되었다.

둘째, 전통적인 지능검사의 경우 주로 내용 중심의 검사로, 검사결과를 통해서는 아동이 왜 그러한 정도의 수행을 할 수 있었는지, 어떤 과정을 통해 그 문제를 해결하였는지 등의 문제해결과정(problem-solving process)에 대해 설명할 수 없다는 점이다.

따라서 지능검사결과에 근거한 교육적 처방을 마련할 수 없다는 한계를 지닌다는 것이다.

이러한 전통적인 지능검사의 한계점과 함께 새로운 지능관을 반영한 지능검사 도구 개발의 필요성이 제기되면서 Kaufman 부처에 의해 개발된 지능검사가 카우프만 지능검사(Kaufman Intelligent Scale), 즉 K-ABC 지능검사이다.

K-ABC 지능검사는 지능을 인지처리과정으로 보는 인지심리학자들과 신경심리학자들이 발전시킨 인지과정(process)에 대한 중요한 인식에서 출발하여 만들어졌고, 그 초점은 좌뇌와 우뇌의 기능 차이에 두고 있다.

K-ABC 지능검사는 '인지과정 척도'와 '습득도 척도'로 나누어지며, 이 중 '인지과정 척도'는 좌뇌와 우뇌의 기능 차이를 반영하여, 순차적 처리(sequential processing)와 동시적 처리(simultaneous processing)로 표현되는 2개의 정보처리 양식으로 존재하게 된다.

K-ABC 지능검사의 2개의 척도인 '인지과정 척도'와 '습득도 척도'에 대해 자세히 알아보자.

(1) 인지과정 척도(Mental processing composite)

인지과정 척도는 새로운 상황에서의 문제해결능력을 측정하는 척도로, 순차적 처리척도(sequential processing scale)와 동시적 처리척도(simultaneous processing scale)로 구성된다. 이는 위계적인 관계가 아니라 지적 기능에 있어 둘 다 중요한 과정으로 이해되며, 이러한 2가지 척도를 통해 총체적 지능을 측정한다.

순차적 처리(sequential processing)란 문제를 해결할 때 정보를 한 번에 1개씩 시간적인 순서로 연속적으로 분석하는 과정을 말하며, 주로 좌뇌적 문제해결방식이다. 즉 각각의 정보는 앞의 정보와 직선적, 시간적으로 연결된다.

문제를 순차적으로 처리하는 능력은 다양한 일상적인 기능이나 학교학습과 관련된 기능과 밀접한 관계를 지닌다. 예를 들어 문법적인 관계나 규칙의 학습, 역사적 사실의 연표 이해, 적절한 단계를 이용하여 과학적인 방법을 실천하는 것, 다양한 수학의 기능을 위한 단계적 절차를 사용하기 등이다. 즉 복잡한 과학문제나 수학 문제를 단순한 부분으로 나누어 생각하지 못하거나 도형이나 그림의 다양한 부분이나 특징에 관해 체계적으로 해석하는 것이 곤란한 아동은 순차처리 능력이 떨어진다고 생각한다.

동시적 처리(simultaneous processing)란 효율적 문제해결을 위해 정보를 전체적으로 통합하여 처리하는 과정을 말하며, 주로 우뇌적 문제해결방식을 말한다. 즉 동시적 문제해결방법은 순차적 처리의 특징인 자극별 처리가 아닌 많은 자극을 통합하고 합성하여 동시에 처리하는 능력이다.

동시적 처리능력은 주로 문자나 숫자의 모양을 학습하거나 그림이나 다른 시각적 자극의 의미를 추출하는 것과 같은 지각적 수준에 있는 과제에 영향을 미친다(문수백·변창진, 2002). 따라서 동시적 처리능력이 뛰어난 아동은 읽기 학습의 초기 단계에 있어 문자의 모양이나 단어의 윤곽을 단 시간 내에 학습하는 데 유리하다. 또한 동시적 처리는 얻어진 다양한 정보를 통합하고 무관계한 자극을 개관해서 정리하는 능력이기 때문에 고차적인 지적 기능과도 밀접하게 관련되어 있으며 창의적 문제해결에도 상당히 영향을 준다.

이처럼 Kaufman 부처는 2가지 양식의 인지처리능력을 측정하기 위해 순차적 처리척도와 동시적 처리척도를 별개로 구성하였지만, 실제로 많은 인지적 행동은 아마도 순차적 처리와 동시적 처리가 통합되어서 생기는 것으로 생각하였다(문수백·변창진, 2002).

따라서 K-ABC는 어느 한 처리양식만을 순수하게 측정하는 검사를 만들기보다는 성격상 주로 순차적 처리를 측정하지만 동시적 처리도 측정하는 또는 동시적 처리를 측정하지만 순차적 처리도 측정하는 과제를 개발하였다.

예를 들면 '마법의 창' 하위검사의 경우, 순차적으로 제시되는 문제를 풀기 위해서는 시각화와 동시적 처리를 해야 한다. 또한 '손동작'은 시각적·공간적으로 제시되는 자극을 순차적으로 처리해야 한다(문수백·변창진, 2002).

이처럼 순차적 처리냐 동시적 처리냐 하는 분류는 자극의 제시방법이나 아동의 반응 특징이 아니라 자극이 인지적으로 어떻게 조작되느냐에 따라 결정된다(문수백·변창진, 2002).

(2) 습득도 척도(Achievement scale)

습득도 척도는 새로운 상황에서의 문제해결능력을 측정하는 인지과정 척도(Mental processing composite)와는 달리, 문화적 환경 속에서 혹은 학교에서 습득되는 지식과 능력을 평가하고자 하는 척도다.

일반적으로 인지과정 척도에서 높은 점수를 얻은 아동은 이러한 지적 능력을 학교 장면이나 일상의 학습 장면에도 적용할 것이고, 그 결과 습득도 척도의 하위검사에서도 높은 점수를 받을 것으로 기대할 수 있다(문수백·변창진, 2002). 그러나 지식의 획득은 교육의 기회, 환경적 배경, 동기 등 다양한 요인의 영향을 받기 때문에 습득된 기능을 지적 기능과 동등하게 생각할 수는 없으므로 습득도 척도는 인지과정 척도와는 다른 척도로 구분된다.

K-ABC 지능검사가 전통적 지능검사에 비해 백인 중산층 아동에게 편파적이라는 비판을 비껴갈 수 있었던 이유는 문화적인 영향을 받지 않는 인간의 보편적인 정신처리 과정을 후천적으로 습득된 지식과 분리시켰기 때문이다.

(3) K-ABC의 개별 척도와 그 하위검사

〈표 2-5-3〉에서 보는 바와 같이 K-ABC 지능검사에서 인지과정 척도와 습득도 척도에 해당하는 문항은 다음과 같다.

첫째, 인지과정 척도에는 정보를 한 번에 1개씩 시간적인 순서로 연속적으로 분석하는 순차적 처리척도(Sequential Processing Scale)에 해당하는 하위검사로 '손동작 / 수 회생 / 단어 배역' 등이 있으며, 정보를 전체적으로 통합하는 동시처리 척도에 해당하는 하위검사는 '마법의 창 / 얼굴 기억 / 그림 통합 / 삼각형 / 시각유추 / 위치 기억 / 사진 순서' 등이 해당된다.

둘째, 문화적 환경 속에서 혹은 학교에서 습득되는 지식과 능력을 평가하고자 하는 습득도 척도에 해당하는 하위검사는 '표현 어휘, 인물과 장소 / 산수 / 수수께끼 / 문자 해독 / 문장 이해' 등이 해당된다.

〈표 2-5-3〉 K-ABC의 개별 척도 및 그에 따른 하위검사

<table>
<tr><td rowspan="2">인지처리과정 척도</td><td>순차처리 척도</td><td>정보를 한 번에 1개씩 시간적인 순서로 연속적으로 분석하는 과정</td><td>손동작 / 수 회생 / 단어 배역</td></tr>
<tr><td>동시처리 척도</td><td>정보를 전체적으로 통합하는 과정</td><td>마법의 창 / 얼굴 기억 / 그림 통합 / 삼각형 / 시각 유추 / 위치 기억 / 사진 순서</td></tr>
<tr><td>습득도 척도</td><td colspan="2">문화적 환경 속에서 혹은 학교에서 습득되는 지식과 능력을 평가하고자 하는 척도</td><td>표현 어휘, 인물과 장소 / 산수 / 수수께끼 / 문자 해독 / 문장 이해</td></tr>
</table>

출처: 노주선 외(2003). K-ABC 임상사례연구.

셋째, 인지과정 척도의 하위검사 중에서 검사자가 몸짓으로 검사를 실시할 수 있고 아동이 동작에 의해 반응할 수 있는 하위검사만을 모아 편성한 것이 비언어성 척도(nonverbal scale)로, '얼굴 기억 / 손동작 / 삼각형 / 시각 유추 / 위치 기억 / 사진 순서' 등이 있다.

연령마다 비언어성 척도는 순차적 처리(Sequential Processing)와 동시적 처리(simultaneous processing)의 하위검사를 모두 포함하지만, 동시적 처리의 하위검사가 더 많다. 예를 들면, 4세는 '얼굴 기억, 손동작, 삼각형' 등이며, 5세는 '손동작, 삼각형; 시각 유추, 위치기억'이 해당되며, 6세 이상은 '손동작, 삼각형, 시각 유추, 위치 기억, 사진 순서' 등이 비언어성 척도를 구성하는 하위검사이다.

이 척도는 인지과정 척도의 하위검사를 실시할 때, 검사자와 아동 간에 언어적 커뮤니케이션의 문제로 인해 타당한 측정이 어려운 아동의 지적 기능을 신뢰성 있게 측정하기 위해 특별히 편성된 척도이다. 특히 청력장애, 언어장애, 난청, 청각장애인, 자폐증, 한국어를 하지 못하는 아동의 지적 능력을 측정하는 데 도움이 된다. 다만, 4세 미만의 아동은 충분한 신뢰도를 지닌 척도를 구성하기 어렵기 때문에 비언어성 척도의 실시 대상에서 제외된다.

CHAPTER

06

정서지능

1. 비학업적 지능
2. 정서지능의 영역

최근 지능연구의 주요 동향 중 하나는 인간지능의 범위를 인지적 영역에서 정의적 영역으로까지 확장해 정의하려는 시도이다.

이러한 변화는 인간 본질에 관한 철학적 관점에 있어서 지금까지 소홀히 다루었던 정서 문제를 긍정적 관점으로 다루기 시작한 것과도 무관하지 않다.

고대 그리스 철학에서부터 인간의 정서는 지나치게 주관적이고 개별적이고 가변적이어서 신뢰할 수 없었으며, 오히려 인간의 이성을 해치는 것으로 보았다. 이는 인간의 본질을 정신과 육체로 분리하여 보는 이원론적 관점을 바탕으로 하는 것으로, 유럽 계몽주의를 거쳐 자연과학의 발달과 함께 이성 우위적 인간관이 최고의 전성기를 맞이하는 근대에 이르기까지 인간의 정서와 감성은 설 자리를 잃게 되었다. 그러나 이성을 강조하는 이러한 흐름에 반대하는 낭만주의 시대의 예술과, 철학자들을 중심으로 인간 정서의 중요성이 역설되면서 인간의 정서에 관한 연구가 활발해지기 시작하였다.

이러한 흐름과 함께 1960~1970년대를 중심으로 나타난 뇌 과학의 발달은 인간의 지적 활동을 주관하는 뇌가 이성적 기능으로 대변되는 좌뇌와 감성적 기능으로 대변되는 우뇌의 양 반구로 구성되어 있으며, 이 양 반구 간에는 신경체의 흐름으로 연결되어 있음을 밝히면서 인간의 이성적 능력과 정서 감성은 분리되는 것이 아니라 상호작용하는 것임을 인식하기 시작한다. 이와 함께 심리학 분야에서도 지능과 정서 간의 관계 속에서 인간 능력을 이해하고자 하는 연구가 이루어졌다. 1970~1980년대를 중심으로 이루어진 인지와 감성(cognition and affect) 간의 관계에 관한 연구들이 그것이다.

현대철학에서는 인간의 본질에 관하여 정신-육체가 미분화된 상태의 통합체로 보는 현상학적 일원론적 관점이 대두되면서 인간의 육체, 지각, 감성, 정서 문제는 새로운 관심을 받기 시작한다.

Blaise Pascal의 유명한 인용구인 "감성은 이성이 알지 못하는 그만의 논리가 있다. (The heart has its own reasons of which reason knows not.)"에서도 알 수 있듯이, 인간의 이성과 감성은 분리된 별개의 것이 아니라 미분화된 상태의 통합된 그 무엇인지도 모른다는 관점을 제안한다. 이는 인간을 정신, 육체, 의지를 가진 통합체로 규명한 Aristoteles 인간관으로의 회귀이며 오랫동안 이성 우위의 이원론에서 벗어나고자 하는 철학적 관점의 반영이라 할 수 있을 것이다.

인간 본질에 관한 철학적 관점 변화와 함께 심리학연구에서도 인간의 감성과 정서에 관한 연구가 활발해지기 시작하였으며, 인간지능 연구에서도 정서 문제가 대두되기 시작하였다. 특히 과거에 언어적 기능이나 수학적 기능만을 포함하는 협의의 개념으로서의 지능 개념에서 벗어나 정서나 사회성 같은 비학업적 지능으로서의 정서지능 개념은 인간지능에 대한 시각 전환을 이끌고 있다.

본 장에서는 인간의 이성과 감성의 관계를 이해하고자 하는 최근 심리학연구인 정서지능(emotional intelligence)의 개념과 이론적 관점을 알아보고 그 교육적 시사점에 대해 살펴보고자 한다.

1 비학업적 지능

비학업적 지능인 정서지능의 전조라고 할 수 있는 개념은 이미 이전부터 나타나기 시작하는데, Thorndike(1920)의 사회적 지능(Social Intelligence)과 Sternberg에 의해 제시된 실제적 지능(Practical Intelligence), 그리고 Gardner(1983)의 다중지능이론 속에서 제시된 개인 지능(Personal Intelligence) 개념을 들 수 있다.

Thorndike(1920)는 일찍이 사회적 지능을 다른 형태의 지능과 구별하여 여러 부류의 사람을 이해하고, 잘 다루며, 인간관계에 있어 현명하게 대처하는 능력이라고 정의하였다. Vernon(1933)은 사회적 지능을 사람과 잘 어울리고 사회적 기술과 사회문제에 대한 지식에 밝고 타인으로부터의 자극에 감수성을 발휘할 수 있는 능력으로 정의하였다. Wechsler(1958)는 사회적 지능을 "인간을 잘 다루는 재주"라고 정의하였다. 여러 학자의 정의를 종합해 볼 때 사회적 지능은 전통적인 지능 개념이나 인지적 지능과는 다른 비학업적 지능(non-academic intelligence)임을 알 수 있다.

Sternberg는 실세계에서의 과업을 성공적으로 수행하는 데에는 직접 배우지 않고, 언어화되지 않으며, 잘 정립되지 않은 암묵적 지식과 관련이 있음을 전제하면서 '개인의 일상생활에 적합한 절차화된 지식'(Sternberg & Caruso, 1985)을 '실제적 지능(practical intelligence)'의 개념으로 정의하였다. 실제적 지능의 개념은 학업적 지능의 한계를 보완하기 위한 지능 개념으로서 학교에서 습득되지 않은 암묵적 지식으로 구성된 지능이며, 광의의 비학업적 지능이라 할 수 있다.

Gardner(1983)는 7개의 서로 다른 지능을 포함한 다중지능이론을 발표하면서 타인과의 관계를 위한 지식을 의미하는 개인 간 지능(inter-personal intelligence)과 자신의 내면세계에 대한 지식을 의미하는 개인 내 지능(intra-personal intelligence)을 포함하는 개인 지능의 개념을 제시하였다. Gardner의 개인 지능(personal intelligence) 개념은 인간관계에서 사회적 유능성을 의미하는 지능으로, Sternberg의 실제적 지능보다는 협의의 비학업적 지능이라 할 수 있다.

이처럼 과거의 지능 개념이 주로 언어적 기능이나 수·논리적 기능만을 강조함으로써 학업성취와 관련된 학업적 지능임에 비해, 정서지능은 학교 밖에서의 실생활에서의 적응능력이나 사회적 유능성을 포함하는 비학업적 지능이라 할 수 있다.

2 정서지능의 영역

정서지능 개념은 1960~1970년대를 중심으로 인간의 이성적 능력과 정서 감성은 분리되는 것이 아님을 밝힌 뇌 과학(brain science)의 토대 위에서 제기된 것으로, 1990년 Salovey와 Mayer가 학술지인 「지능(Intelligence)」에 「정서지능(Emotional Intelligence)」 논문을 발표하면서 세상에 드러나게 된다. 5년 뒤인 1995년에는 뉴욕타임지 기자였던 Goleman(1995)은 Salovey와 Mayer의 과학적 이론을 평범한 독자들이 소화해 내기 쉽게 출간해 냄으로써 기대 이상의 관심을 불러일으키며 세상에 널리 알려지게 되었다. 특히 지능이 사회적 성공에 대한 예언력이 20%밖에 되지 않고 그 나머지 변량의 대부분을 정서지능이 차지한다는 Goleman(1995)의 주장은 대중에게 커다란 관심을 일으키게 된다.

정서지능의 정의는 크게 2가지 영역으로 구분할 수 있다.

첫째는 정서에 대해 추론하는 능력과 정서에 의한 사고 향상을 의미하는 정서와 관련된 지능 또는 인지능력으로서 정서지능의 본래 정의이다. Salovey와 Mayer(1990)의 초기 정의가 이에 해당된다.

둘째는 정서지능을 다른 재능이나 성격 특성과 혼합시킨 대중화되고 혼합된 것으로 보는 정의이다. Goleman(1995)의 정의는 바로 후자에 해당한다고 볼 수 있다.

(1) Salovey와 Mayer(1990)의 정서지능

정서지능을 하나의 능력으로 개념화한 Salovey와 Mayer(1990)의 초기 정의는 다음과 같다.

"정서지능(emotional intelligence)은 정서정보처리의 일종으로서, 자기 자신과 타인 정서의 정확한 평가, 적절한 정서 표현, 그리고 삶을 향상시키는 방식으로서의 정서조절을 포함한다."
— Salovey & Mayer(1990).

〈표 2-6-1〉 Salovey와 Mayer(1990)의 정서지능 요소

정서지능

정서적 및 지적 성숙을 증진시키는 정서의 반성적 조절			
유쾌한 감정과 불쾌한 감정에 모두 개방성을 유지하는 능력	정보성이나 유용성에 대한 판단에 근거해 반성적으로 정서에 관여하거나 또는 그것에서 벗어나는 능력	자신과 타인과의 관계에서 정서가 얼마나 명확한지, 전형적인지, 영향력이 있는지, 합리적인지를 반성적으로 점검하는 능력	정서가 전달하는 정보를 억압이나 과장 없이, 부정적인 정서는 완화하고, 반면에 유쾌한 정서는 고양하여 자신과 타인의 정서를 관리하는 능력

정서에 대한 이해와 분석: 정서적 지식의 활용			
정서를 명명하고, 애정과 사랑 간의 관계 같이 단어와 정서 그 자체 간의 관계를 인식하는 능력	슬픔이 종종 상실을 동반하는 것과 같이, 정서가 전달하는 관련성에 대한 의미를 해석하는 능력	사랑과 미움의 동시적 감정이나, 두려움과 놀라움이 합쳐진 경외감과 같은 복합적인 감정을 이해하는 능력	분노가 만족으로 전환되거나 분노가 부끄러움으로 전환되는 것과 같이, 정서 간의 전환 가능성을 인식하는 능력

정서의 사고촉진			
정서는 중요한 정보에 주의를 기울임으로써 사고의 우선순위를 결정한다.	정서는 감정과 관련된 판단과 기억에 도움을 주기 위해 생성될 수 있는 것으로 충분히 생생하고 활용 가능한 것이다.	정서적 기분의 전환은 다양한 관점을 고려하도록 고무하면서 개인의 관점을 낙관적인 것에서 비관적인 것으로 변화시킨다.	행복감이 귀납추리와 창의성을 촉진시킬 때처럼, 정서 상태는 특수한 문제를 각기 다르게 접근하도록 고무한다.

정서의 지각, 평가 및 표현			
자신의 신체 상태, 감정 및 사고에 내포된 정서를 지각하는 능력	언어, 소리, 외모, 행동을 통해서 타인, 디자인, 예술작품 등에 내재된 정서를 지각하는 능력	정서를 정확하게 표현하고, 그러한 감정과 관련된 욕구를 표현하는 능력	감정표현이 정확한지, 부정확한지 또는 정직한지, 부정직한지를 변별하는 능력

출처: Salovey & Mayer(1997)

이들에 따르면, 정서지능이란 자신과 타인의 감정을 조절하고, 분별하며, 이러한 정보를 이용하여 자신의 사고와 행동을 안내하는 능력으로 정의된다. 즉 정서지능은 '정서에 대한 인지능력'으로 인간의 인지와 정서가 분리된 것이 아니라 상호 관련됨을 보여 준다.

Salovey와 Mayer(1990)가 정의한 정서지능은 〈표 2-6-1〉과 같이 4가지 영역으로 더욱 세분화된다.

첫 번째 영역은 자신과 타인의 정서를 인식하고 평가하며 표현하는 능력이다.

두 번째 영역은 정서가 사고를 촉진한다는 전제하에서, 사고를 촉진하기 위해 정서를 사용하는 능력으로, 여러 감각과 정서를 정확히 연합시키는 능력, 사고력을 증가시키기 위해 정서를 사용하는 능력이다.

세 번째 영역은 정서와 정서적 지식을 이해하는 능력에 관한 것인데 정서를 분석할 줄 아는 능력, 어떤 감정 상태에서 다른 감정 상태로 전이 가능성을 이해하는 능력, 대인 상황에서 복잡한 감정을 이해하는 능력이다.

네 번째 영역은 자기 자신과 타인의 감정을 조절하고 관리하는 능력이다.

(2) Goleman(1995)의 정서지능

Salovey와 Mayer(1990, 1997)에 의해 도입된 정서지능의 개념은 1995년 Goleman에 의해 대중화되기 시작한다.

Goleman(1995)의 정서지능은 자신과 타인의 정서를 인식하고 조절할 수 있으며, 자신의 정서를 문제해결과정에서 동기화할 수 있고, 타인의 정서에 대한 공감능력과 사회관계 기술을 포함하는 능력이다.

이러한 정의는 초기 Salovey와 Mayer(1990, 1997)의 정서지능 개념에서 제외된 '자기동기화(self-motivation)'와 대인관계 능력을 의미하는 '사회적 기술(social skill)'을 포함함으로써, 단지 정서를 이해하고 처리하는 인지능력으로서의 정서지능 개념에서 벗어나 사회적 능력과 정서적 능력을 포함하는 보다 확장된 개념이다.

Goleman(1995)이 정의한 정서지능은 다음과 같이 5가지 영역으로 세분화 되어 정의된다.

첫째, 정서의 자기인식(self-awareness) 능력으로, 자신과 타인의 감정을 알고 인식하는 능력이다.

둘째, 정서의 자기조절(self-regulation) 능력으로, 자신과 타인의 정서를 상황에 따라 조절할 수 있는 능력이다.

셋째, 정서의 자기동기화(self-motivation) 능력으로, 자신의 정서를 활용하여 스스로에 대한 동기부여를 할 수 있는 능력이다. 이러한 능력은 문제해결과정에서 힘든 일에 부딪혔을 때 빛을 발한다.

넷째, 정서에 대한 공감(empathy) 능력으로, 타인의 감정에 대해 정서적으로 공감할 수 있는 능력이다.

다섯째, 사회적 기술(social skill)로, 사회 속에서 타인과 함께 살아가는 데 필요한 다양한 대인관계 능력을 말한다.

정서지능은 처음 발표될 당시 그러한 지능이 존재할 수도 있다는 주장만으로도 논란의 여지가 있었다. 20여 년이 지난 지금에도 이 주장을 뒷받침하는 상당한 증거에도 불구하고 여전히 정서지능의 존재에 대해서는 아직도 논쟁이 되고 있다. 특히 정서지능이 실용적으로, 과학적으로 중요하다는 것을 증명하기에 충분한 자료들이 없어서 일부 연구자와 철학자 사이에는 정서지능의 가치에 대한 회의적인 주장도 제기되고 있다.

그러나 정서지능의 개념은 지금까지 외면되어 온 인간의 정서에 대한 철학적 관심과 함께 교육에 있어서도 이성중심의 교육에서 벗어나 인지와 정서를 모두 아우르는 보다 통합적 관점에서의 교육 방향성을 제시하고 있어 그 교육적 의의는 크다고 할 것이다.

CHAPTER

07

창의성

끊임없이 변화와 혁신을 추구하는 인간의 갈망은 다양한 사회·경제·문화적 변화와 발전을 이룩했으며, 지금 이 순간에도 그 변화의 흐름은 진행 중이다. 특히 시대의 한계를 뛰어넘는 산업혁명은 인류사회 전반에 광범위한 영향을 끼쳤다.

1차 산업혁명은 인류의 증기기관차 발명과 함께 이루어진 기계화 혁명이며, 2차 산업혁명은 전기 에너지 기반의 공장에서 대량생산이 가능해진 혁명이며, 3차 산업혁명은 컴퓨터와 인터넷 기반의 지식정보화 사회로의 혁명이다.

3차 산업혁명으로 불리는 21세기 지식정보화 사회는 더 이상 낡고 안이한 아이디어가 적용되지 않는 시대이다. 지식정보화 사회의 특성은 누구나 필요한 정보를 언제 어디서든 쉽고 자유롭게 접할 수 있어서 정보를 두뇌 속에 체계적으로 저장해야 한다는 필요성을 감소시킨다. 이와 함께 정보에 대한 단순한 암기능력이 아니라 다양한 정보를 효율적으로 처리·분배하고 자기 나름대로 독창적 방법으로 활용할 수 있는 능력이 요구된다. 정보 습득보다는 정보 창출이 요구되며, 새로운 아이디어는 경쟁사회에서 중요한 우위를 차지하게 한다. 이와 더불어 디지털화된 가상공간이라는 새로운 삶의 공간과 학습 공간을 창출하면서 더 이상 인간 데이터베이스나 로봇보다는 자신만의 색깔로 그 정보를 활용할 수 있는 창의적 능력에 대한 요구가 증가하는 실정이다.

이제 우리는 인공지능, 빅데이터, 로봇, 생명과학과 인간, 물리적 환경의 융합으로 대변되는 4차 산업혁명 시대를 맞고 있다. 이렇듯 4차 산업혁명 시대에 도래한 우리 사회가 필요로 하는 인재는 바로 창의융합형 인간이다. 창의융합형 인간이란 인문학적 상상력, 과학기술 창조력을 갖추고 바른 인성을 겸비하여 새로운 지식을 창조하고 다양한 지식을 융합하여 새로운 가치를 창출할 수 있는 사람을 말한다(교육부, 2015).

이러한 사회의 변화와 함께 최근 유아·초등·중등·고등·대학교육의 교육과정에는 '창의적인 인간 육성'의 덕목이 점차 강조되고 있다. 이는 시대적·사회적 변화에 따라 요구되는 인간상의 변화로 이해할 수 있다. 특히 새로운 무엇인가를 찾고자 하고 표현하고자 하는 능력으로서의 창의성이 일상생활이나 직업 활동 등 개인적인 수준에서 작용할 뿐 아니라 사회적인 차원에서도 문화발전이나 인간의 삶의 질을 향상시키는 데도 중요한 원동력이 될 수 있는 능력이라면, 인간 본성으로서의 창의성은 존중되어야 하며 끝없이 개발되어야 하는 인간의 능력임에 틀림없다.

특히 최근 교육현장에서 나타나는 다양한 변화의 흐름, 즉 아동중심, 탐구학습, 발견학습, 활동중심, 프로젝트 접근법 등은 그 바탕에 창의성 혹은 창의적 사고과정을 강조하고 있어 창의성의 의미는 더욱 새롭게 재조명되고 있다. 무엇보다 많은 연구(Torrance, 1963; starkweather, 1971)를 통해 창의성은 누구나 가진 잠재력으로서 개발 가능한 인간능력이며, 특히 유아기가 창의성 발달의 결정적 시기임이 밝혀지고 있어 에 관한 관심은 더욱 증가하고 있다.

본 장에서는 창의성이란 무엇일까? 하는 창의성의 본질과 개념 및 구성요소에 대해 살펴보고, 창의성은 어디로부터 오는 것인가? 무엇이 우리를 창의적으로 만드는가? 창의성을 길러 주기 위해 필요한 것이 무엇인가? 등 창의성 및 교육과 관련된 문제들을 심층적으로 생각해 보고자 한다.

1 창의성의 정의

창의성은 20세기 이전에는 다분히 관념적이고 신비스러운 정신 능력으로 간주되었으나, 20세기 이후에는 인간 능력에 대한 과학적 연구와 함께 창의성에 대한 심리학적·과학적 접근이 시도되고 있다.

창의성(creativity)이란 무엇인가?

창의성에 관한 정의는 학문 영역에 따라 다양한 관점이 제시된다. 일반적으로 창의성이란 '새로운 관계를 보는 능력, 비범한 아이디어를 산출하는 능력, 그리고 전통적인 사고 패턴에서 벗어나는 능력', 즉 새로운 아이디어를 산출해 내는 독창적이고 유연하며 정교한 사고능력을 의미한다.

Torrance(1959)는 창의성을 소수의 천재에게만 나타나는 것이 아니라 모든 인간에게 나타나는 보편적 특성이며, 교육으로 기를 수 있는 능력으로 보았다. Osborn (1953)은 창의성을 인간 모두가 가지는 보편적 능력이자 특성으로 보고, 일상생활에서 당면하는 제반의 사태나 문제를 개인 나름의 새롭고 특유한 방법으로 해결해 나가는 활동으로 보았다.

창의성에 대한 다양한 정의를 살펴보면, 창의성을 규정하는 중심적인 기준으로 간주되는 항목은 '새로움(newness)'(Torrance, 1988)과 '적합성(appropriateness)'이다. 새로움이란 기존의 질서를 재구성하는 것, 즉 전통적인 방법이 아닌 새로운 방식으로 사고하는 것을 뜻한다. 적합성이란 단지 새롭기만 하는 것이 아니라 인간의 삶에 도움이 되는 가치(value) 있는 사고이어야 함을 의미하는 것이다.

'새롭고 적절한 일을 만드는 능력'으로서 창의성은 크게 사람(person), 과정(process), 결과나 산출(product)의 3가지 측면에서 정의된다. 먼저 창의성을 사람(person)의 관점에서 정의하는 견해는 개인의 능력, 태도, 성격 특성에 초점을 맞추어 '창의적 성취 수준의 잠재력을 지닌 사람'을 창의적인 사람으로 정의한다. 창의성을 과정(process) 측면에서 정의하는 견해는 창의적인 문제해결과정을 제시하거나 아이디어의 통합과정을 중심으로 독창적 생각을 산출해 내고 발달시키는 과정적 측면에 초점을 맞춘다. 창의성을 산출(product)에 초점을 맞추어 정의하는 견해는 창의적 과정을 통해 이루어지는 산출물을 초점에 두고 정의하는 견해이다.

이러한 다양한 접근방법을 상호 보완적인 것으로 보고 종합적으로 이해한다면, 창의성이란 '창의적인 사고과정을 통해 창의적인 생산물을 생산해 낼 수 있는 인간의 인지적 특성 및 능력으로 정의되며, 이는 모든 인간에게 잠재된 능력으로 교육을 통해 개발될 수 있는 능력'으로 정의할 수 있을 것이다.

2 창의성의 구성요소

창의성에 대한 본격적이고 체계적인 연구의 출발점은 Guilford의 연구이다.

Guilford는 1950년에 미국 심리학회 회장이 되어 행한 연설에서, 그동안 창의성에 대한 연구가 무시되어 온 것을 지적하고, 창의성에 대한 심리학적 연구를 촉구하였다. 그는 초기 지능연구에서 인간지능이 단일한 것이 아니고, 120개의 복잡한 독립적 기능으로 이루어져 있다는 지능구조모형(Structure Of Intellect model: SOI 이론)을 제시하고 그중 확산적 사고(divergent thinking)가 창의성의 가장 분명한 지침이 된다고 주장하였다.

확산적 사고란 하나의 정답을 내는 것이 아니라 다양하고 새롭고 독특한 반응을 많이 내는 것을 의미하는 것으로, 창의적인 잠재력을 가지고 있는 사람을 측정할 때 Guilford의 확산적 사고능력의 개념이 사용되었다. 또한 확산적 사고의 하위 영역으로는 '문제에 대한 민감성', '사고의 유창성', '사고의 융통성', '독창성', '재구성', '정교성' 등 6가지 요인을 제시하였는데, 이것이 창의성의 구성요소이다.

(1) Guilford의 창의성 구성요소

Guilford가 제시한 창의성의 구성요소를 자세히 살펴보면 다음과 같다.

첫째, 사고의 유창성(fluency) 개념이다.

이는 '사고의 속도' 개념으로, 제한된 시간 내에 많은 아이디어를 생산하는 능력을 말한다. 즉 아이디어의 풍부함과 관련된 양적 능력으로 창의적 사고의 초기 단계에 해당된다. 사고의 유창성 개념은 발상 속도가 빠른 경우를 의미하는 연상 유창성(associative fluency)과 다른 사람보다 아이디어를 산출하는 확률이 높은 경우를 의미하는 발상적 유창성(ideational fluency)으로 나누어진다.

둘째, 사고의 융통성(flexibility) 개념이다.

이는 '사고의 넓이' 개념으로 고정적인 사고의 틀을 깨고 발상 자체를 전환시켜 유연하고 융통성 있게 생각하는 능력을 말한다. 즉 한 가지 문제에 대해 다양한 관점으로 접근하는 능력을 의미한다.

셋째, 사고의 독창성(originality) 개념이다.

이는 독특하고 비상한 아이디어를 생각하는 능력으로 기존의 것에서 탈피하여 참신하고 독특한 아이디어를 산출하는 능력을 말하며, 창의성의 가장 핵심적인 요소라 볼 수 있다.

넷째, 사고의 정교성(elaboration) 개념이다.

이는 다듬어지지 않은 기존의 아이디어를 보다 세밀하게 분석하고 추가하여 확장시키거나 구체화시켜 보다 가치 있게 만드는 능력으로, 창의적 사고의 마지막 단계이다.

다섯째, 문제에 대한 민감성(sensitivity) 개념이다.

이는 주변 환경에 대해 민감한 반응을 보이고 이를 통해 새로운 탐색영역을 넓히려는 성향으로, 일상적인 상황이나 사물을 그냥 지나치지 않고 관찰하거나 문제 제기하는 능력을 의미한다. Guilford는 주위의 사물이나 현상에 대해 주의 깊게 관찰하고 적극적으로 탐색하는 태도로서의 민감성을 창의성의 구성요소에 포함시켰다.

종합적으로 Guilford가 제시한 창의성의 구성요소를 종합해 보면, 다음과 같이 정리할 수 있다.

창의성에서 '새롭다'라는 것은 독창성을 말하는데 이는 창의성 요소 중에서도 핵심이요, 꽃이다. 사람들이 말하는 창의성은 바로 이 독특한 특성인 독창성(originality)을 일컫는다.

그런데 이 독창성은 저절로 나오는 것이 아니다. '양은 질을 낳는다'라고 말하듯이 독창성의 모태는 많은 양의 아이디어를 산출케 하는 능력, 즉 유창성(fluency)이다. 유창성은 정해진 시간에 빠르게, 많은 아이디어를 산출할 수 있는 다산의 능력을 일컫는다. 융통성(flexibility)은 하나의 아이디어나 형태, 방법 등을 여러 가지로 변형시키는 지적 능력으로, 한가지 문제에 대해 다양하게 접근하는 능력을 말한다. 이처럼 사고의 유창성(fluency)과 융통성(flexibility)으로 인해 많은 아이디어를 산출하고 나면 그 속에서 비로소 질 좋고 독특한 아이디어가 나오게 되는 것이다.

그런데 이렇게 산출된 아이디어는 사실 조잡해서 그대로 작품, 문제해결책, 산물이 될 수가 없다. 오랜 시간을 두고 더 다듬고 발전시켜야 비로소 쓸 만한 작품이나 해결책이 될 수 있는 것이다. 따라서 처음의 엉성한 발상을 구체화, 상세화하고 세련되게 해서 미흡하고 부족한 부분을 개선해 나가는 정교성(elaboration)이 필요한 것이다.

(2) 창의성의 태도적 구성요소 : 통합적 접근

창의성에 대한 인지적 접근과는 다르게 창의성의 원천으로 인성이나 동기, 그리고 사회·문화적 환경 변인 등에 초점을 두는 관점이 제기되었다.

Guilford 역시 창의성에는 사고과정으로서의 확산적 사고(divergent thinking)와 민감성(sensitivity) 이외에도 성향이나 태도로서 개방성, 독립성, 그리고 탐구성이 필요하다고 보았다.

개방성(openness)이란 무엇을 느끼거나 생각할 때 어떤 관습, 원리, 고정관념, 편견에 사로잡히지 않고 자유롭고 초월된 입장에서 느끼고 생각하는 열린 태도를 말한다. 이러한 열린 태도인 개방성은 해결해야 할 어떤 문제나 과제에 대해 민감성으로 나타나게 되며 결국 융통성이 높아져 창의적 사고의 가능성을 높여 준다.

독립성(independency)이란 해결해야 할 문제를 스스로 주체적, 자율적으로 해결하려는 태도를 말하며, 탐구성(inquiry attitude)은 문제를 끈질기게 물고 늘어지는 끈기와 함께 끝까지 집중하여 목표한 바를 추구하려는 성향이다.

Taylor(1962)는 창의성과 관련된 3가지 요소로서 지적 요소, 동기적 요소, 성격 요소를 꼽으며, 창의성을 촉진하는 요인으로 자율성, 자발성, 독립성, 자기수용성, 독창성, 모험성, 책임감 및 자신감을 들고 있다.

지적 요소에는 기억(memory), 인지(cognition), 평가(evaluation), 수렴적 생산(convergent product), 확산적 사고(divergent thinking)가 포함되며, 동기적 요소에

는 충동, 일에 대한 헌신, 일반 원칙을 위한 노력, 무질서에 질서를 가져오려는 소망과 발견의 소망이 포함된다. 성격요소에는 독립심, 자신감, 모호성의 인정, 흥미의 여성적 경향, 직업적 자신감 등을 포함시켰다.

Amabile(1983)는 통합적 관점에서 접근하여, 창의성 구성요소를 영역 관련 기술(domain-relevant skills), 창의성 관련 기술(creativity-related skills), 과제에 대한 동기(task motivation)의 3가지로 구분하였고 그중에서도 내적 동기를 가장 중요시하였다. 이는 내적 동기가 뛰어난 아동이 영역 관련 지식이나 능력과 같은 인지적 요인을 갖춘 아동보다 더 창의적이었기 때문이다(그림 2-7-1 참조).

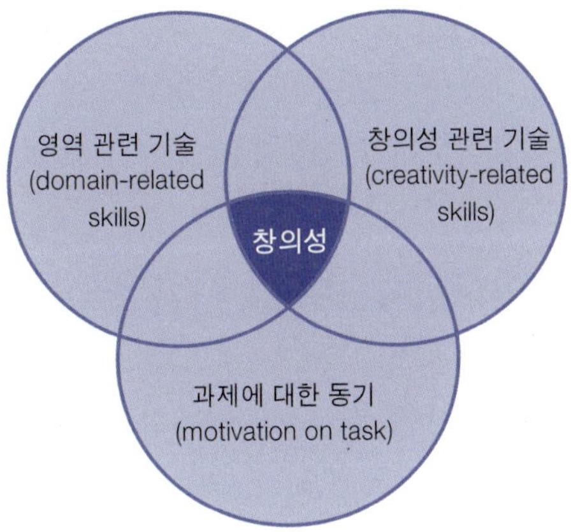

[그림 2-7-1] Amabile의 창의성 모델

출처: Amabile(1989).

Sternberg와 Lubart(1993)도 창의성의 구성요소로 지능, 지식, 사고 스타일, 인성, 동기, 그리고 환경의 측면을 고려하는 소위 투자이론(investment theory)을 제안한다.

그들에 따르면, 창의성을 이루는 기본적 자원(Resource: R)은 6가지이며 이 자원은 다시 인지적 자원, 정의적·의욕적 자원, 환경적 자원으로 묶인다. 이 6자원은 상호작용 방식으로 통합되며 여러 가지 영역-관련 기술(C)을 낳고, 이들은 다시 여러 형태의 창의적 프로젝트(P)를 낳으며 마침내 평가될 창의적 산물(E)을 낳는다. 즉 이렇게 산출된 산물에 대한 평가를 통해 창의성이 측정될 수 있다고 보았다.

Urban(1995)은 창의성이 인지적 측면과 정의적 측면의 역동적이고 기능적인 체계를 통해 발현된다고 보았다. 인지적 측면으로는 확산적 사고와 행동, 일반 영역의 지식과 기능 기반, 특정 영역의 지식과 기능 기반의 3요인으로 나누어지며, 정의적 측면은 초점 맞추기와 과제 집착력, 애매모호함에 대한 참을성, 동기와 동기화로 분류된다고 하였다.

Gardner(1993)는 창의성 관련 연구에서 우리 시대 7명의 창의적 인물(간디, 프로이드, 아인슈타인, 그라함, 피카소, 스트라빈스키, 엘리엇)을 여러 측면에서 분석함으로써 그들의 특별한 지적 능력의 특성, 성격 특성, 사회적 환경, 창의적 아이디어, 고난, 성취 등을 재조명하고 발달적 관점과 상호작용적 관점에서 어린 시절 보였던 특성, 개인과 작업과의 관계, 개인과 자기 분야의 다른 사람과의 관계 등을 분석하였다.

이를 통해 창의성을 다음의 4가지 측면에서 분석하였다(Gardner, 1993).

- 개인 내적 특질, 즉 유전적 특질이나 신경생리학적 요소
- 개인이 가지는 심리학적 특성, 즉 인지과정, 성격, 동기, 사회적, 정의적 측면
- 구체적인 분야와 영역
- 해당 분야의 권위자, 비평가, 매체 등의 역할

지금까지 정의된 창의성의 개념을 종합해 보면, 창의성이란 과거의 경험과 지식을 토대로 새로운 것을 첨가하는 지적 과정으로 새로운 패턴, 새로운 아이디어, 새로운 창작물을 만들어 내는 능력과 사고과정이지만, 태도나 인성적 특성에 의해 더욱 촉진되고 영향을 받는 것임을 알 수 있다.

3 창의성의 특성

창의성의 특성을 크게 인지적, 인성적, 환경적 특성으로 나누어 자세히 살펴보자.

1) 창의적 사고(Creative thinking)

당면한 문제에 대해 대안적 해결을 생각하고, 친숙한 물체를 새로운 방식으로 사용할 것을 생각하며 새로운 아이디어를 고안해 내는 능력과 경향으로 정의되는 창의성은 창의적 사고능력을 의미하는 인지적 특성으로 이해할 수 있다.

창의성의 인지적 특성, 즉 창의적 사고(creative thinking)와 관련되는 요인들에 대해 살펴보자.

(1) 지식

창의성은 새로운 아이디어를 산출하는 능력으로 새로운 아이디어를 산출하기 위해서는 두뇌 속에 저장된 정보를 다양하게 인출하고 결합시키는 능력이 필요하다. 따라서 창의성은 정보의 인출과 결합과 같은 지식의 힘이 없이는 불가능하다. 즉 위대한 창의성은 지식을 바탕으로 나온다는 것이다.

Weisberg(1993), Sternberg(1994), Urban(1995) 등도 지식은 창의성에 있어서 필요한 요인으로 보았다(박영태, 2002).

Sternberg(1994)는 창의성에 있어 지식이 중요한 이유를 다음과 같이 제시한다.

첫째, 지식 없이는 문제를 인식하고 그 본질을 이해하는 데 어려움이 있다.

둘째, 지식은 한 개인이 오래된 지식을 단순히 재발견하는 것을 예방해 준다.

셋째, 지식은 한 개인으로 하여금 반대자(constraint)가 되게 하여 현재의 생각이 어디에 있는지를 알게 하고, 그 생각을 변화시키고 새로운 것을 도입하도록 해 준다.

넷째, 지식은 한 개인이 질 높은 작업을 창출할 수 있도록 도와주는 데 있어 하나의 사상을 효과적으로 표출하는 데 중요하다.

다섯째, 지식은 한 개인으로 하여금 사건의 기회를 사상의 근원으로서 인식하고 사용할 수 있도록 하는데, 그 이유는 한 문제의 기본적인 것이 이미 알려져 있기 때문이다.

이처럼 지식은 창의성 발현에 영향을 주지만, 지식이 오히려 창의성 발현에 방해가 되는 경우도 많다. 이는 창의적 상상력이 최고조로 달하는 유아기를 지나 학교 교육이 시작되는 6세경부터 12세경이 되면 창의성이 급격히 감소하는 사실(Torrance, 1963)로도 창의성에 있어 지식의 부정적 측면을 설명할 수 있다.

이에 대해 Anderson은 창의성이 유아기를 지나 학교 교육을 경험하는 나이에 점차 감소하는 이유는 경직된 학교제도, 교육과정 및 사회문화의 영향 때문으로 보았다. 즉 창의력 감퇴가 지식에 의한 것이 아니라 정답만을 강요함으로써 전형적인 사고만을 강조하는 학교제도 속에서의 교육방법 문제로 이해될 수 있음을 시사한다.

(2) 사고과정

사고 과정(thinking process)이란 여러 가지 지식을 불러일으켜 지식 간의 관계를 밝혀 하나의 지식으로 선택하는 과정으로, 창의성이 이루어지는 핵심 과정이다.

사고란 지식 – 이해 – 예측(가설)의 과정을 통해 이루어진다(박영태, 2002). 이때 예측은 기존 지식을 그대로 선택함으로써 이루어지는 것이 아니라, 지식 간의 관계에 대한 이해를 통해 새로운 지식을 만들어 냄으로써 가능하다. 이 과정에서 창의성이 요구되며, 이것이 바로 창의적 사고이다. 따라서 모든 사고가 다 창의적인 것은 아니며, 기존 지식을 연결하여 새로운 아이디어를 만들어 내는 사고과정이 창의적 사고과정이다.

2) 창의적 인성(Creative personality)

창의적 사고능력을 의미하는 인지적 특성으로서의 창의성은 건강한 인성이나 태도가 뒷받침되어야 발휘된다. 자신감 있고 새로운 것에 도전하는 것을 좋아하는 아동은 고착적인 틀에서 벗어나 자유롭게 생각하고 활동하게 된다는 것이다. 따라서 인성적 특성이나 태도는 창의적 사고를 가능하게 만드는 내적인 힘이 된다.

Rogers는 창의성과 관련된 특성으로 경험에 대한 개방성, 자신감과 유연한 사고능력 등을 언급했다. 혹은 도전성과 비판적 태도, 인내심 강한 성취 욕구 등을 들기도 했다. 특히 인간은 자기 자신을 발전시키고 풍요롭게 하고 개발시키고 실현시킬 수 있는 능력을 가지며 이러한 능력을 발달시키고자 노력하는 것을 건강한 인성(personality)으로 보았다. Rogers에 있어 건강한 인성의 특성은 경험에 대한 개방성, 실존적 삶, 자신의 유기체에 대한 신뢰, 자유의식, 창의성 등이다.

Maslow는 건강한 인성적 특성으로 효율적인 현실 지각, 수용, 자발성, 사회적 관심, 창의성 등을 언급했다.

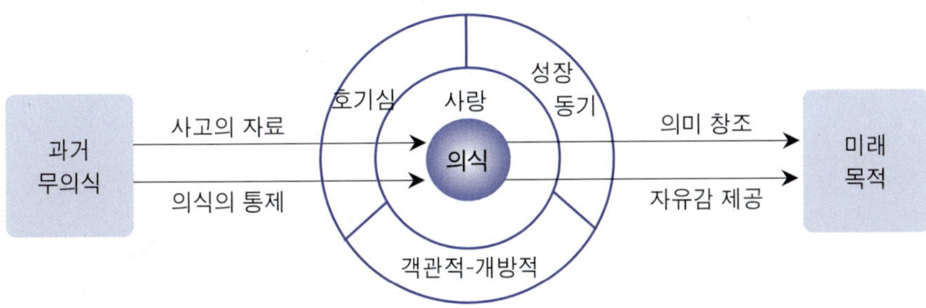

[그림 2-7-2] 건강한 인성

출처: 문정화 외(2006). 또 하나의 교육 창의성.

건강한 인성(personality)은 이처럼 학자에 따라 다르게 정의되지만, 종합적으로 건강한 인성의 특성은 다음과 같다(박영태, 2002).

첫째, 건강한 인성은 과거의 지배를 받는 것이 아니라 미래 지향적이다.

둘째, 건강한 인성은 무의식보다 의식을 활용한다.

셋째, 건강한 인성은 목적 지향적이다.

넷째, 건강한 인성은 모험적이고 호기심에 충만하다.

다섯째, 건강한 인성은 지속적인 의미 창조이다.

여섯째, 건강한 인성은 자아실현적이다.

일곱째, 건강한 인성은 자유감(sense of freedom)을 더 느낀다.

여덟째, 건강한 인성은 객관적이고 개방적이다.

아홉째, 건강한 인성은 적의 없는 유머를 가지고 있다.

열째, 건강한 인성은 사랑에 의존한다.

여기서 보면, 건강한 인성은 과거의 경험, 무의식에 저장된 기억 등을 사고 자료와 판단 자료로 활용한다. 이른바 의식이 과거의 경험과 무의식 기억을 통제하고 지배한다. 이에 따라 과거로부터 자유로운 의식은 미래를 계획하고 선택하는 자유를 누리게 된다. 새로운 의미를 창조하고 생산 지향적이다. 이를 위해 그들은 사랑의 마음을 바탕으로, 모든 사물에 호기심을 가지며, 경험에 개방적(openness to experience)이다. 또한 자아실현을 시도하는 성장 동기가 충만하다. 다시 말하면, 건강한 인성은 미래 지향적이고 새로운 환경에 창조적으로 적응하는 자유로운 사람이 가진 인성이라 볼 수 있다(박영태, 2002).

종합적으로 살펴보면, 창의성 발현에 있어 인성적 특성과 태도적 측면은 중요한 요소로 작용한다. 그러나 창의성을 촉진하는 이러한 인성적 특성은 직접적 훈련보다는 환경의 제공과 행동 양식의 변화를 통해서 그러한 특성을 내면화하도록 유도하는 것이 필요하다. 따라서 교육은 이러한 인성적 태도를 몸에 익힐 수 있도록 지향성(orientation)을 함양하는 방식으로 이루어져야 할 것이다. 유아들이 자발적, 독립적으로 생각하고 행동하게 도와줌으로써 창의적 인성을 개발할 수 있도록 다양한 교육적 프로그램에 대한 논의가 이루어져야 할 것이다.

3) 창의적 환경(Creative environment)

창의성은 모든 사람에게 잠재된 능력으로서 어느 정도 유전적 요인을 인정할 수밖에 없지만, 개인의 타고난 능력만큼 환경적 요인도 중요하다. 환경은 창의적 사고 활동을 불러일으키는 외적 힘으로, 환경적 자극 없는 창의성의 발휘는 불가능하다.

Bandura에 따르면, 창의적 사회환경은 관찰학습(observational learning)의 대상으로서 창의성 발휘에 중요한 영향을 미친다.

Vygotsky가 "인간은 사회 그 이상도 이하도 아니다."라고 한 바와 같이 어떤 환경을 접하느냐가 창의성 발휘에 중요한 역할을 한다.

Maslow는 창의성이 자아실현의 과정에서 발현된다고 하였다. 자아실현의 욕구는 생리적 욕구와 안전의 욕구, 소속과 사랑의 욕구, 존중의 욕구가 충족될 때 나타나는 욕구이다. 따라서 창의성을 발달시키기 위해서는 이러한 욕구를 충족시켜 줄 수 있는 환경을 조성해야 한다.

Vandemark(1991)는 창의성에 영향을 주는 18개의 환경적 요인을 개인적 환경요인과 집단적 환경요인으로 나누고, 이 요인이 한 개인에게 다양하고 복합적이며 역동적으로 상호작용하여 한 사람의 창의성에 긍정적, 부정적인 영향을 미침을 보여 준다.

지금까지 언급한 창의성에 영향을 주는 환경적 변인을 중심으로 창의적 환경(creative environment)을 크게 3가지로 나누어 생각해 보자.

첫째, 지식, 교육, 삶에 대한 사회의 인식으로서 문화적인 환경이다.

창의성이 발휘되려면 새로운 생각이 존중되고 권장되는 사회 인식이 필요하며 창의적인 사람이 제대로 평가받는 사회적인 틀이 형성되어야 한다. 이는 나와 다른 생각이나 사상을 가진 사람을 나와 다르다는 이유로 배척하는 문화에서는 창의성이 싹틀 수 없음을 의미한다. 흔히 나와 다른 생각이나 사상을 받아들이고 수용하는 정신이나 마음 상태를 '똘레랑스(Tolerance)'라고 한다. 창의적 환경으로서 중요한 것은 이러한 똘레랑스 정신을 바탕으로 한 새로운 생각에 대한 열린 시각과 사회 전반의 수용적 문화일 것이다.

둘째, 공간 및 시설, 다양한 기자재, 자료, 정보 등과 같은 물리적인 환경이다.

창의성을 발현시키기 위해서는 창의적 호기심을 불러일으킬 수 있는 다양한 물리적 환경이 중요하다.

셋째, 창의성에 대한 부모나 교사의 열린 시각과 창의적 인재를 길러 줄 수 있는 전문가적인 인적 환경이다.

창의적 탐구 태도는 유아기나 아동기에 주로 결정되기 때문에 가정에서의 초기 경험은 독립심, 탐구적 태도, 낯선 것에 대한 호기심, 내면적 동기화와 인내심, 개방성 등 창의적 인성 함양에 중요한 영향을 미친다. 따라서 부모나 교사의 창의성에 대한 인식전환과 함께 창의성 교육 전문가의 육성이 필요하다.

종합적으로 살펴보면, 창의적 환경이란 심리적으로 위협받지 않는 자유로운 분위기 속에서 자기 확신과 신뢰와 평온함을 가질 수 있으며(박영태, 2002), 유아를 있는 그대로 존중해 줄 수 있어야 하며, 유아의 흥미가 어디에 있는지 관심을 가지고 지켜보면서 그들의 흥미와 요구에 반응해 줄 수 있는 개방적이며 수용적인 환경을 말한다. 이것은 본질적으로 인간에 대한 수용과 사랑을 전제로 하는 환경으로 결국 창의성은 인간에 대한 사랑의 환경에서 형성되고 꽃피워진다고 볼 수 있다.

4 창의성 발달과 교육

21세기 지식정보화 사회에서 창의성은 개인의 발전은 물론 사회의 발전과 관련된 개인의 중요한 능력으로서 평가되고 있다. 특히 4차 산업혁명 시대에 도래한 우리 사회에 필요한 인재가 창의융합형 인간이라는 점에서 창의성 교육의 중요성이 더욱 강조되고 있는 실정이다.

Laszlo와 Castro(1995)에 따르면 지난 수백 년 동안 교육은 아는 사람(knower)을 양성하는 것이 목적이었으나, 이제는 매일 새롭게 일어나는 것에 대처할 수 있는 학습자(learner)를 양성하는 것이 목적이 된다고 하였다. 이러한 자율적이고 창의적 학습자를 길러내기 위해서는 새로운 생각을 바탕으로 한 창의적 잠재력을 길러 주지 않으면 안 될 것이다. 따라서 교육을 통해 아이들의 창의적 잠재력을 실현하도록 돕는 새로운 방법을 모색하여야 할 것이다.

따라서 미래의 학교는 사고를 증진시키는 장일 뿐 아니라 창의성을 기를 수 있는 장이 되도록 고안되어야 한다. 이것은 창의성에 대한 교육의 역할이며 시대적 사명이다.

특히 유아기는 창의성이 최고조로 발달하는 시기로 창의성 교육이 이루어져야 할 적기임에 분명하다. 그동안 유아교육 분야에서도 통합교육과정, 아동중심교육과정 운영을 통해 창의적, 자율적 인재양성에 노력하고 있었지만, 지식 위주, 인지능력 위주의 교육에서 벗어나 유아들의 창의성을 향상시킬 수 있는 교육적 환경이 무엇인가에 대한 논의와 이를 위한 교육적 노력이 더욱더 필요하다.

1) 유아기 창의성 발달

창의성이라는 개념이 교육현장에서 주목받기 시작한 것은 창의성은 뛰어난 재능을 보이는 천재뿐 아니라 모든 사람에게 존재하는 능력이며 잠재된 능력으로 교육과 환경에 의해 길러지고 발전될 수 있는 능력(Torrance, 1963)이라는 인식전환이 이루어진 시점부터이다.

Torrance(1967)는 모든 사람에게 존재하는 창의적 잠재력을 인지하고, 창의적 사고와 활동을 할 수 있도록 허용해 주는 교육 환경의 중요성을 강조하였다. 이와 함께 진보주의 교육원리로 제시된 내용을 인용하면서 창의성 교육에 필요한 점을 다음과 같이 설명하였다.

첫째, 아동의 개인차를 인정하고 그들이 동기와 능력에 적합한 방법으로 학습할 기회가 주어졌을 때 가장 잘 학습한다는 점이다.

둘째, 실제로 해 보고 진정한 흥미를 느낄 때 가장 잘 배운다고 해서 저절로 학습이 이루어지는 것이 아니다. 학습은 민감하고 주의 깊은 안내와 방향 설정을 필요로 한다.

셋째, 아동은 비판적으로 사고할 수 있도록 교육되어야 한다. 그러나 단순히 다른 사람의 생각을 비판하는 것만으로 충분한 것이 아니라 자신의 생각을 표현하고 스스로 평가할 수 있어야 한다는 것이다.

Andrew(1930)는 취학 전 유아기 동안의 상상력 발달을 추적하면서 3세에서 4세 사이에 상상력의 지수가 최고조로 달하고 그 이후에 감소함을 발견했다.

일반적으로 창의성은, 요컨대 상상력이 가장 활발한 유치원에서 초등학교 3학년 정도까지 급속하게 성장하며, 그 후 점차 감소하는 것으로 알려져 있다. 이와 함께 의 중요성에 대한 인식과 함께 유아 창의성 교육에 대한 긍정적인 견해가 제기되었다. 이러한 관점의 바탕에는 유아를 본질적으로 창의적인 존재로 보는 실존주의 철학이 깔려 있다. 특히 유아기는 사고방식이 유연하고 개방적이며 상상력을 가지고 보는 시기로 고정관념이나 질서, 법칙을 중시하는 성인과는 달리 창의적 사고방식을 가장 많이 지니는 시기이기 때문에 유아기의 창의성을 길러 주는 것이 필요하다고 보는 것이다.

많은 창의성 프로그램의 효과에 대한 연구결과에서도 유아기 창의성 교육을 긍정적으로 보고하는데, 6세 유아를 대상으로 한 연구에서는 확산적 사고를 유도하는 창의성 프로그램을 시행한 후 Torrance 창의성 검사에서 사고의 유창성, 유연성, 독창성 등에서 의미 있는 변화가 나타났다.

특히 인간의 학습 및 문제해결 태도나 양식은 대개 유아기나 아동기에 결정되기 때문에 이 시기에 창의적인 사고방식을 배운다면 성인기에도 창의적 태도나 양식이 유지·발전된다는 점에서 유아기 창의성 교육은 미래 사회를 대비하기 위한 중요한 교육적 책무 중 하나가 될 것이다.

2) 창의적 교사

창의성 교육에 있어서 교사 변인은 가장 영향력을 끼치는 요인이라 할 수 있다.

Torrance는 교사가 아동으로 하여금 스스로 탐색, 발견하도록 지원함으로써 창의성을 신장시킬 수 있음을 피력한다. 이와 함께 교사는 아동이 창의성을 발휘할 수 있도록 다루는 기술이 있어야 한다고 말한다(William, 1968).

그러나 창의성 교육에 있어 교사의 기술(skill)보다 더 중요한 것은 창의성에 대한 교사의 올바른 인식과 함께 사물에 대해 호기심을 갖고 스스로 탐구하도록 이끌고자 하는 태도와 창의적 존재로서의 아동들에 대한 믿음이라 할 수 있을 것이다. 또한 교사 자신이 창의적인 인성과 태도를 가진 하나의 모형이 되는 일도 중요하다.

Fryer(1996)의 말대로 창의성 교육에서 눈에 보이지 않는 가장 큰 장애는 교사가 가르치는 일이 창의적인 작업임을 이해하지 못하고 아동과 교사 자신 모두 창의적 존재임을 확신하지 못하는 일이다.

Torrance(1973)는 '유아들을 어떻게 창의적으로 사고할 수 있도록 가르칠 수 있는가?'에 대해 알아보기 위한 연구에서, 유아의 창의적 사고는 문제해결을 위한 창의적 드라마나 언어적 창작활동 등을 통하여 가장 효과적으로 증진될 수 있음을 밝혔다. 또한 유아기 창의적 사고발달의 성공 여부는 창의적 교수–학습방법에 대한 교사의 이해 정도에 달려 있음을 밝히고 있어, 문제해결 변인과 교사 변인이 유아의 창의성 발달에 가장 중요한 변인임을 보여 준다. 이처럼 교사가 지닌 아동관과 창의적 사고의 중요성에 대한 인식, 창의적 교수 방법에 대한 이해와 같은 교사 변인이 유아의 창의적 사고력 증진에 결정적인 요인임을 알 수 있다.

특히 교사와 유아 간의 관계는 서로 경험을 공유하는 관계이므로, 교사가 특별히 의도하지 않았더라도 자연스럽게 영향을 미칠 수 있기 때문에, 교사 자신의 창의적 태도나 사고, 인성적 측면은 유아들의 창의성 발달에 있어 큰 영향을 미친다고 할 수 있다. 따라서 유아의 창의적 사고발달에 있어서 무엇보다 '창의적이고 진취적 기상을 지닌 교사'가 요구된다고 할 것이다.

그렇다면 창의적이고 진취적 기상을 가진 유아교사란 어떤 교사일까?

Georginna와 Jacqueline(1991)는 창의적 유아교사를 다음과 같이 정의한다.

첫째, 창의적 교사란 유아가 충분히 그들의 자료나 아이디어를 표현할 수 있도록 교실 뒤쪽에 서 있어야 하며, 유아가 다양한 선택을 통해 계획하고 조작하도록 하며, 반복하여 활동을 할 수 있도록 충분한 시간과 공간을 주어야 한다.

둘째, 창의적 교사란 유아가 스스로 학습하도록 하여야 한다.

셋째, 창의적 교사란 유아의 창의적 결과물에 대해 반응해 주는 교사이다.

넷째, 창의적 교사는 개방적인 프로그램을 제공하고 유아 스스로 생각하고 합리적인 제한 내에서 결정하는 기회를 가능한 한 많이 주어야 한다.

이성진(1984)은 창의적 교사를 다음과 같이 정의한다.

첫째, 유아의 창의적 사고의 가치를 인정할 줄 알고, 유아 스스로 자신의 창의적 아이디어나 사고를 가치 있게 생각할 수 있도록 격려해 줄 수 있는 교사이다.

둘째, 유아로 하여금 자신의 아이디어를 다양한 각도에서 생각해 보고 조작해 볼 수 있도록 권장하는 교사이다.

Georginna와 Jacqueline(1991)은 창의성 개발을 위한 유아교사의 역할을 다음과 같이 설명하고 있다(신화식 외, 2006).

첫째, 창의적인 교사는 유아가 자료를 충분히 이용하고 아이디어를 자유롭게 표현할 수 있도록 유아의 활동에 직접적으로 개입하지 않고 스스로 학습할 수 있도록 이끈다.

둘째, 교사는 유아의 질문과 해결방법을 존중, 수용하며, 특이한 방법으로 해결하려는 시도를 격려해 준다.

셋째, 창의성 활동과정 중에 유아 간의 상호작용이 원활히 이루어지도록 격려한다.

넷째, 교사는 유아의 활동을 잘 관찰하여 적절한 시기에 유아의 사고를 자극하고 격려하는 질문을 함으로써 유아의 사고를 확장시킬 수 있도록 도와준다.

다섯째, 유아의 독창적인 결과물에 대해 비판하기보다는 흥미로운 점을 찾아 반응하고 비난으로부터 보호해 주어야 한다.

여섯째, 교사는 유아가 지닌 기존의 지식과 사고를 새로운 학습의 기초로 활용하여 실제 문제 상황에서 활용할 수 있도록 주변에서 자연적으로 일어나는 일상생활과 창의성을 접목시키려는 의식적인 노력을 해야 한다.

종합해 보면, 창의적 유아교사란 다음과 같이 정의된다.

첫째, 창의성에 대한 인식수준이 높고 창의적 사고능력이 높은 교사이다.

창의성이 무엇인지, 창의적 유아의 특성이 무엇인지, 왜 교육을 통해 창의성을 길러 주어야 하는지 등 창의성에 대한 전반적 이해와 함께 목표의식을 가진 교사이다.

많은 연구에서 교사의 창의적 교수 방법이 서툴고 덜 체계화되었더라도 교사 자신이 창의성에 대한 높은 신념과 의지를 지니고 스스로 창의적 인간 특성을 지니고 있다면 유아의 창의성 발달에 긍정적 영향을 끼칠 수 있음이 보고되고 있다.

둘째, 창의적 교수-학습방법을 통해 유아의 창의적 사고를 고취할 수 있는 교사이다.

창의성의 출발은 주변 사물이나 상황에 대해 의문과 관심을 가지면서부터 시작된다. 따라서 무엇보다 유아가 자유롭게 표현할 수 있는 분위기를 조성해 주며, 어떤 문제에 대해 다양한 관점으로 접근할 수 있도록 격려하며, 사물에 대해 호기심을 가지고 탐구하도록 격려하여야 한다. 그리고 유아 스스로 해결방법을 찾아갈 수 있도록 자율성을 길러 주며, 가능한 한 다양한 자극을 통해 새로운 생각을 할 수 있도록 환경을 조성해 주어야 할 것이다.

또한 탐구 학습, 발견 학습의 원리를 바탕으로, 다양한 각도에서 사물을 바라볼 수 있는 창의적 사고 발문과 창의적 사고를 기를 수 있는 교수방법에 대해 진지하게 고민하여야 할 것이다.

셋째, 자신과 유아의 능력에 대한 믿음을 바탕으로, 유아들의 창의적인 생각을 가치 있게 여기는 수용적, 허용적, 공감적 성품을 지닌 교사이다.

창의적 사고는 자칫 관례나 권위에 대한 반항으로 비추어질 수 있다. 따라서 교사는 유아가 다양한 경험을 할 수 있도록 기회를 제공하고, 스스로 자신의 문제를 접하고 해결을 모색해 보도록 유도하며, 동기유발과 긍정적 보상을 통해 자신감을 불어넣어 주며, 자신에 대한 긍정적 가치관을 가질 수 있도록 끊임없이 격려해야 한다. 유아가 자신의 생각을 용기 내어 표현할 수 있도록 격려해 주고, 유아의 생각과 인간적 가치를 존중해 줄 때 창의성은 발전하고 증진되므로, 허용적 분위기와 함께 교사의 세심한 배려가 필요하다.

수용적 태도와 존중을 바탕으로 유아의 생각에 관심을 기울이고 그들의 행동에 반응해 줌으로써 자신들만의 독창적 사고를 개발시켜 줄 수 있는 교사가 필요하다. 이를 위해서는 유아와 창의성에 대한 깊이 있는 이해와 함께 유아에 대한 존중과 사랑이 전제되어야 할 것이다.

넷째, 창의적인 사고와 진취적인 기상을 지닌 교사이다.

유아의 학습은 '교사가 무엇을 가르치는가?' 하는 교육내용의 문제보다는 '교사 자신이 어떤 사람인가?' 하는 교사의 존재론적 가치에 더 큰 영향을 받는다.

유아의 창의적 사고의 발달을 위해서 교사는 창의적 교육내용 및 교수–학습방법을 넘어, 스스로 끊임없이 평가하고 교사 자신이 창의적 사고를 지닌 교사가 되도록 노력하여야 할 것이다. 교사는 개념적 지식(conceptual knowledge)의 전달자가 아니라 유아와의 상호적 관계 속에서 흡수되는 상호적 지식, 관계적 지식(relational knowledge)을 통해 세상에 대한 이해의 지평을 넓힐 수 있는 교사의 역할을 수행하여야 한다.

3) 유치원 교육과정 속에서의 창의성

우리나라 유치원 교육과정 변천 과정에서 나타난 창의성 관련 내용을 살펴보면 다음과 같다.

유치원 교육과정에서 창의성을 강조한 교육 영역을 살펴보면, 제1차 유치원 교육과정에서는 '예능생활 영역', 제2차 유치원 교육과정에서는 '사회정서발달 영역'에서 다루어졌고, 제3차 유치원 교육과정에서는 '예능 및 정서 영역'에서 심미감 및 표현능력과 함께 창의성이 강조되었다. 이는 유치원에서의 창의성 교육이 주로 예술 활동이나 표현활동 내에서 강조되었음을 보여 준다.

제4차, 제5차 유치원 교육과정에 들어오면서, 창의성은 하나의 지적 능력으로 인식되어, 창의성을 다루는 영역도 '인지발달 영역'과 '탐구생활 영역'으로 바뀌었으며, 상상력과 더불어 창의적 태도가 새롭게 강조된다.

제5차 유치원 교육과정에서는 '표현생활'과 '탐구생활'에서 창의성에 대해 강조하고 있는데, 이 영역의 내용을 살펴보면 다음과 같다.

'표현생활'은 유아의 생각과 느낌을 다양한 활동을 통하여 자발적, 창의적으로 표현하도록 함으로써 정서적 안정감과 심미감을 기르기 위한 영역으로, 개방적인 분위기에서 유아 개개인의 감정이나 생각이 존중되는 가운데 자기의 감정과 생각을 창의적으로 표현하게 함으로써 창의적인 표현능력을 기르는 데 중점을 둔다.

'탐구생활'은 유아들이 주위의 여러 가지 사물과 현상에 대하여 호기심과 관심을 가지고 탐구하도록 하여, 합리적인 문제해결능력과 태도를 기르기 위한 영역으로, 과학적 사고, 논리·수학적 사고, 창의적 사고로 구성된다. 이 중 창의적 사고는 일상생활에서 경험하는 여러 가지 문제를 다양하고 독특하고 융통성 있게 해결할 수 있는 능력과 태도를 기르기 위한 내용으로 다루고 있다. 이 영역의 교육 활동은 어떤 현상에 대한 정보, 지식 개념을 학습시키기보다는, 그 결과에 도달하기까지 사고과정 및 탐구 활동을 경험해 보게 하는 것에 중점을 둔다. 또한 유아의 창의성을 확장시키기 위해 특이한 상황 관심 갖기(민감성), 다양하게 생각하기(유창성, 융통성), 독특하게 사고하기(독창성)의 3가지 내용으로 구성되며, 운영에 있어서도 유아가 자극을 받아 도전할 수 있도록 활동에 다양성을 부여하고자 한다. 또한 주변 환경, 사물, 자연의 변화 등을 주의 깊게 관찰하도록 안내하고, 과학적, 논리·수학적 사고를 기초로 창의적 문제해결능력과 태도를 기르고자 한다.

제6차 유치원 교육과정에서는 유치원 교육과정이 추구하는 인간상으로 '기초 능력을 토대로 창의적인 능력을 발휘하는 사람'을 상정하고 있으며, 이는 2007년 개정 유치원 교육과정에서도 잘 나타나고 있다.

2007년 개정 유치원 교육과정에서는 21세기 세계화, 정보화, 다양화 시대에 잘 적응하기 위해서는 유아에게 스스로 비판할 수 있는 능력과 창의적으로 사고할 수 있는 능력의 중요성을 강조하고 있으며, 추구하는 인간상도 '생존을 위해 필요한 기초 능력뿐 아니라, 기존의 방식을 뛰어넘어 새로운 발상을 가능하게 해 주는 창의적인 능력을 발휘할 수 있는 사람'으로 상정하고 있어, 유아기부터 창의력 신장을 위해 노력하여야 함을 보여 준다. 유아의 자율성과 창의성을 신장하기 위한 '유아 중심 교육과정'을 강조하고 있다.

지금까지 살펴본 바와 같이, 유치원 교육과정에서 창의성 개념은 주로 예술 표현활동 영역에 한정되어 있음을 볼 수 있는데, 창의성에 대한 폭넓은 이해가 요구된다. 따라서 유아기 창의성 교육은 '예술적 표현활동에 있어서 자유롭고 창의적으로 표현하기'에 한정된 의미로서의 창의성이 아니라, 모든 교육 활동 속에서 경험할 수 있는 창의적인 태도와 능력 신장을 의미한다는 점에서 어떤 교육 영역에 국한되는 것이 아니라, 모든 유치원 교육 활동과 교육내용에 반영되어야 할 것이다.

이를 위해서는 무엇보다 창의성에 대한 교사들의 올바른 이해와 함께, 실제 교육현장에서 유아의 창의적 태도를 기를 수 있는 교수–학습방법에 대한 고민과 노력이 선행되어야 할 것이다.

4) 미술 활동과 창의성

유치원 교육과정의 5개 생활주제 영역 중 '표현 생활영역'은 자연과 생활 속에서 느낀 감정의 예술적 표현 및 감상에 중점을 두는 영역으로 유아의 창의성 발달뿐 아니라 다양한 시각으로 세상을 바라보고 새로운 상황에 대처하는 능력을 개발할 수 있는 핵심적 교육과정 영역이다.

다양한 미술활동을 통한 창의적 표현활동은, 그들의 감정과 사고를 표현하는 것뿐 아니라 어떤 것을 창조해 내는 데에 대한 만족감을 경험하게 되며, 내적 긴장을 잠재의식으로 덜어내는 활동(Lorton & Walley, 1979)으로 유아의 창의성 발달에 있어 중요한 의미를 지닌다. 무엇보다 이 과정에서 교사의 역할은 매우 중요하다.

미술 활동을 통해 유아의 창의적 능력을 최대로 이끌 수 있는 교사의 역할과 지도방법에 대해 생각해 보자.

Kellogg(1970)는 미술 활동을 통한 유아의 창의성 증진을 위해 필요한 교사의 지도방법에 대해 다음과 같이 설명하고 있다.

첫째, 교사는 유아의 작품을 인정해 주고 가치를 평가하지 않는다.

둘째, 어떤 질문도 유아에게 할 필요가 없다. 단지 "매우 재미있구나", "멋진 색인데", "좋은 그림이구나"라고 조용하고 진지하게 말해 준다.

셋째, 유아에게 만족스런 미소를 보여 준다.

이뿐만 아니라 창의적인 미술 활동이 되기 위한 교사의 지도방법으로 다음과 같이 제안되기도 한다(이정환, 1984).

첫째, 유아가 미술 활동을 하는 동안은 유아의 성장에 대단히 중요한 경험을 하고 있다는 것을 이해한다.

둘째, 유아에게 그 주변에서 일어나는 일에 대해 민감하도록 도와 준다.

셋째, 유아가 자신의 경험 표현에 성공한 것을 찾아서 칭찬해 준다.

넷째 유아의 불균형한 활동 속에는 유아가 경험한 많은 것을 표현하고자 하는 욕구가 있음을 이해한다.

다섯째, 예술에 대한 유아의 감정은 성인과는 현저히 다르다는 것을 이해한다.

여섯째, 편안하게 일에 열중하고 몰두할 수 있는 공간이 필요함을 이해하고 제공해 준다.

일곱째, 유아가 다른 유아의 표현을 인정하고 자신과 다름에 대해 이해하는 마음을 갖도록 돕는다.

여덟째, 유아가 도움을 청하였을 때만 교사가 개입하여 도움을 준다.

이를 종합해 보면, 미술 활동을 통한 유아의 창의성 증진을 위해서는 교사의 역할이 중요하며, 다음과 같은 점들을 주의하여야 할 것이다.

첫째, 유아기 미술 표현활동이 가진 의미와 창의성에 대한 교사의 전반적 이해가 필요하다.

유아기의 표현 활동의 목표는 마지막 형태, 완성된 그림, 아름다운 그림이 아니라 유아가 자신만의 생각과 느낌을 표현할 수 있도록 돕는 것이며, 유아의 미술 활동은 그들이 보고 생각하고 느끼는 것에 대한 무언의 전달수단임을 이해하여야 할 것이다. 즉 유아기 창의적 활동의 가치는 작품의 우수성에 있는 것이 아니라 그 동기나 과정임을 교사가 이해하는 것이 중요하다. .

둘째, 유아가 스스로 탐구하고 시도하여 새롭게 창조할 수 있도록, 창의적 표현을 자극하는 다양한 활동 경험을 제공해 주어야 한다.

유아가 그 어떤 재료라도 창의적 활동자료로 활용될 수 있음을 경험하게 되면, 주변의 사물이나 다양한 재료에 대해 민감성과 독창적 관점을 지닐 수 있게 될 것이다. 다양한 소재나 재료를 유아에게 제공할 때는 유아의 수준을 고려하되 주위에서 얻기 쉬운 재료를 충분하게 제공하여 유아 스스로 경험하도록 하는 것이 필요하다.

셋째, 자유롭고 다양한 활동에 필요한 공간과 다양한 교재·교구를 접할 수 있는 환경을 구성해 주는 것이 필요하다.

넷째, 자기만의 독창적 생각을 표현하는 데 있어 끊임없는 동기유발이 필요하다.

창의적 사고와 표현은 자신감과 용기로부터 시작되어 유아의 인간적 가치에 대한 신뢰를 바탕으로 한 수평적 관계 속에서 가능한 것임을 이해하여야 할 것이다. 이를 위해서는 유아가 자기만의 독창적 생각을 표현하는 데 주저함이 없도록 격려하고, 새로운 생각이나 표현의 가치를 인정해 주어야 한다. 또한 자신과 다른 생각을 인정하고 받아들이는 태도를 길러 주어 '다름(difference)'의 가치를 가르쳐야 할 것이다.

종합적으로 살펴보면, 유아의 창의성을 증진시킬 수 있는 창의적인 교사는 유아의 내적 충동과 생각을 자유롭게 표현하도록 격려하며, 독창적인 생각에 대해 그 가치를 인정해 주고, 항상 새로운 상상력을 자극해 줄 수 있는 교육 프로그램을 위해 끊임없이 노력하는 교사일 것이다.

5) 창의성에 있어서의 성 차이(gender difference in creativity)

창의성에 있어 성 차이(gender difference)는 여러 분야에서 나타나지만 이러한 차이의 원인에 대해서는 잘 알려지지 않고 있다.

창의성에 있어 성 차이에 관한 최근 연구들을 살펴보면, 대부분은 창의성에 있어 성 차이가 존재하지 않음을 보여 주고 있으며, 설사 있다 하더라도 그 차이는 매우 미세한 것으로 나타났다.

만약 창의성에 있어서의 성 차이가 존재한다면, 이는 남성이 여성보다 창의적 산물을 만들기 위해 필요한 자원을 손쉽게 이용할 기회가 더 많다는 점 때문으로 볼 수 있다. 이러한 점은 단지 남성과 여성의 차이뿐 아니라 남성 간 혹은 여성 간 창의성의 차이를 설명하는 데에도 적용된다는 점에서, 창의성에서의 성 차이는 그 이론적 근거가 부족함을 알 수 있다.

그럼에도 불구하고, 전반적으로 창의성이 많이 요구되는 영역인 과학이나 예술 분야에서 뛰어난 능력을 보이는 여성이 많지 않은 이유는 여성에 대한 사회적인 구속 및 창의성을 발휘하기 위한 기회 부족에서 기인한 것으로 볼 수 있다. 예를 들면, 교육 기회에 있어서 성 차이, 성장 과정에서 나타나는 남성과 여성에 대한 다른 기대와 서로 다른 사회화의 경험, 그리고 남성의 판단 기준으로 평가가 이루어진 점 등은 창의성에서의 성 차이를 설명하는 데 충분한 근거를 제시해 주고 있다. 이처럼 창의성에 있어서의 성 차이는 지금까지 창의성의 다른 분야에 비해 많은 주목을 받지 못하고 있다.

'남성과 여성이 창의적인 사고에 있어 차이는 어떤 것이며 왜 이러한 차이가 생기는 것일까?'라는 질문은 실험적으로 설명될 수 없을 뿐 아니라 정치적인 문제로서 부담을 안고 있기도 하다. 이러한 어려움으로 인해 창의성에 있어서 성 차이 문제는 많은 연구자로부터 외면당해 왔다.

그러나 창의성에 있어서의 성 차이를 검증할 수 있는 자료는 다양한 곳에서 충분히 찾아볼 수 있다.

창의성에 있어 성 차이는 확산적 사고 검사(divergent thinking test)와 창의적 산물들(시, 소설, 미술 등)에 있어서의 성 차이에 관한 연구들을 통해 잘 나타나는데, 창의성에 있어 성 차이에 관한 확신은 주로 창의적 산물(product)에 있어서의 성 차이를 설명한 이론을 그 근거로 한다.

(1) 확산적 사고(divergent thinking)에서의 성 차이

확산적 사고에 있어 성 차이는 존재하는 것일까?

연구에 따르면 여성이 남성보다 확산적 사고에 있어 더 높은 점수가 나오기도 하고 그 반대의 경우도 있다. 이러한 결과는, 확산적 사고 검사에 있어 남녀 성 차이에 대한 확실한 증거가 없음을 의미한다.

특히 유치원이나 초등학교에서는 여자아이가 남자아이보다 더 높은 점수로 나타나는 경우가 많은데, 이것은 창의성에 있어 성 차이를 설명하기에는 충분하지 않다. 어른의 경우에도 여성이 남성보다 확산적 사고에 있어 약간 우세한 것으로 나타난 연구도 많지만, 확실한 증거를 제시하지는 못하고 있다.

확산적 사고에 있어서의 성 차이를 설명하는 이론에서는 확산적 사고가 우세한 영역이 성별로 다르다고 본다. 예를 들면, 여자아이는 언어 영역이나 미술 영역에서 확산적 사고가 우세하나, 남자아이는 기계나 과학 분야에서 확산적 사고가 우세하다는 것이다. 이러한 근거는 확실치 않으며 결국 창의성에 있어 남성, 여성 간의 차이는 확실한 근거가 없다고 볼 수 있다.

(2) 창의적 산물(Creative product)에서의 성 차이

창의성에서의 성 차이에 대한 대부분의 연구에서는 창의적 사고에 요구되는 기술에 있어서의 성 차이 대신 창의적 산물(product)에 있어서의 성 차이를 설명하고 있다.

창의적 산물에서의 성 차이는 각 분야(시, 소설, 예술 등)의 예술작품에 대한 창의성 평가로 이루어진다. 혹은 특정 영역의 여성 작가와 남성 작가의 비율로 설명되기도 한다. 이 연구에서는 여성 대 남성 작가의 비율이 1:3으로 나타났는데, 최근에는 여성 작가가 증가하여 그 비율이 감소하고 있음을 보여 주고 있다. 이것은 남성 작가의 감소에 기인한 것이라기보다는 여성 작가의 증가로 인한 것임을 의미한다.

5 창의성의 측정 및 평가

창의성에 관한 연구는 Guilford의 지능의 구조모형 연구에서 지능의 한 요소인 확산적 사고(divergent thinking)로부터 시작되었지만, 지능과는 다른 특성이 있음이 밝혀지고 있다. 이와 함께 창의성을 측정하는 검사 도구 역시 지능검사와는 다른 측정 도구가 개발되기 시작한다.

초기 창의성 측정 도구에 관한 연구를 시작한 Guilford는 체계적인 연구를 바탕으로 지능의 구성요인 중 창의성으로 평가되는 확산적 사고(divergent thinking)와 산출(product)의 요인을 세분화하여, 창의적 사고와 관련된 능력을 분석하였다. 그 결과 문제에 대한 감수성, 사고의 유창성, 사고의 융통성, 사고의 독창성, 정교성, 재구성력, 집요성, 통찰력 등 창의적 사고와 관련된 구성요인을 도출하게 된다.

Guilford는 연구에서 46개의 검사를 요인분석하여 독창성(originality)을 포함한 16개의 요인을 추출해 내는데, 독창성은 여러 창의성 연구와 검사에서 가장 중요한 요인으로 간주된다. 특히 생산적 사고능력이 문제해결에 미치는 영향에 대한 요인분석을 통해 확산적 사고의 4가지 요인으로, 아이디어 창출의 유창성, 자연적 융통성, 사회적 유창성, 독창성을 제시하였다(Merrifield, Guilford, Christensen and Frick, 1962).

그리고 이들 각 요인을 재는 문항으로서 검사 도구를 구성하게 되는데, 이 검사는 지능검사의 정답 제시와는 달리 다양한 반응을 표현할 수 있는 개방적 문항으로 구성되었다.

1) Torrance 창의성 검사 : 구성요소

Torrance(1967)는 창의성을 '문제, 지식의 부족, 부족한 요소, 부조화 등에 대한 민감성, 문제와 장애를 규명하는 것, 문제해결책을 찾는 것, 문제나 해결되어야 할 결점에 대한 추측, 가설을 형성하고 이러한 가설을 검증하고 수정, 재검증하여 결과를 얻는 것'으로 광범위하게 정의하였다.

이후 Torrance(1988)는 유창성(fluency), 융통성(flexibility), 독창성(originality), 정교성(elaboration)을 비롯하여, 추상적 반응, 개방성, 정서, 명료성, 활동, 표현의 전환, 종합, 독특한 심상화, 내적 심상화, 경계 확장, 유머, 풍부한 심상, 감각기관을 활용한 심상, 환상 등 총 18가지 요소를 창의성의 구성요소로 도출하였다. 이를 근거로 Torrance는 창의성의 구성요소로 유창성, 융통성, 독창성, 정교성으로 규정한 후, 이 4가지 구성요소의 속성과 수준에 따라 창의성 지수를 결정하는 창의성 검사도구(TTCT: Torrance Tests of Creative Thinking)를 제작하였다. 이는 오늘날 Guilford의 확산적 사고력 검사와 더불어 표준화 창의성 검사의 전형을 이루고 있다.

Torrance 창의성 검사의 4가지 구성요소를 자세히 살펴보도록 하자.

유창성(fluency)은 특정한 주제에 대하여 많은 생각과 반응을 할 수 있는 능력을 평가하는 항목으로, 도형 유창성(figural fluency)과 언어적 유창성 (verbal fluency)과제로 나누어진다. 예를 들어 원을 사용한 그림을 그릴 경우, 정해진 시간에 원이 들어가는 그림을 가능한 한 많이 생각해 내는 능력을 평가하는 것은 도형 유창성(figural fluency) 과제이며, 블록을 사용하는 방법이나 종이컵의 용도를 가능한 한 많이 찾아내는 능력을 평가하는 것은 언어적 유창성(verbal fluency) 과제에 해당된다.

융통성(flexibility)은 주어진 자료를 다양한 영역의 반응으로 만들 수 있는 능력을 평가하는 항목이다. 예를 들면, 장난감 강아지로 여러 가지 색다른 놀이를 고안할 수 있는 능력이나, 원을 사용하여 다양한 형태의 그림을 만들 수 있는 능력을 평가하는 과제이다.

독창성(originality)은 독특하고 유일하거나 특별한 반응이나 생각, 결과를 만들 수 있는 능력을 평가하는 항목으로, 같은 문제에 대해 다른 사람이 생각하지 못한 방법을 생각해 내는 능력을 말한다. 예를 들어 원을 이용한 그림을 그릴 경우나 블록을 사용하는 용도에 대해서 다른 사람이 생각하지 못한 방법을 찾아내는 능력을 평가하는 과제이다.

정교성(elaboration)은 생각이나 산물을 개선하고 완성하여 아름답게 꾸미는 능력을 평가하는 항목으로, 하나의 문제를 세밀하게 완성하여 해결하는 능력을 말한다. 예를 들어 원을 이용한 그림을 그릴 경우, 하나의 그림을 택하여 더욱 자세히 그리도록 하거나, 자신이 그린 그림에 제목을 붙이도록 하여 기존의 생각이나 사물을 완성하는 능력을 평가하는 과제이다.

Torrance 창의성 검사는 도형 검사(figural test)와 언어 검사(verbal test)로 나누어지는데, 도형 검사의 경우 그림 구성 검사, 그림 완성 검사, 도형 이용 검사 등 3개의 과제가 포함되어 있으며, 각각 창의성의 다른 측면을 측정하도록 의도한 것이다.

그림 구성 검사는 특별한 형태와 목적을 갖지 않는 사물에 목적을 부여하고 목적이 이루어지도록 그것을 정교화하는 활동과정을 평가한다. 이것은 정교화에 우수한 사람과 생산적이고도 독창적인 사고를 가진 사람을 변별해 낸다.

그림 완성 검사는 10개의 불완전한 도형이 제시되고 그것을 완성시키고 난 후 이야기를 만들고 그림에 제목을 붙이도록 구성되며, 구성과 통합력을 보고 긴장을 조절하는 능력, 정교화 능력이 평가된다.

도형 이용 검사는 새로운 것을 창조하기 위해 구조를 탈피하는 능력을 요하는 과제로, 같은 사물을 다른 측면에서 볼 수 있는 능력이 요구된다.

2) Torrance 창의성 검사 도구

Torrance가 제작한 창의성 검사도구인 TTCT(Torrance Tests of Creative Thinking)는 언어검사 A형, B형과 도형검사 A형, B형으로 구성되는데(Torrance, 1962), 본 장에서는 도형검사 A 형을 소개하고자 한다.

• 도형 검사(figural test) A형 검사문항

[문항 1] 그림 구성

아래에 둥근 그림이 있습니다. 이 그림을 사용해서 어떤 물건이나 그림을 그린다고 생각해 보세요. 이 그림은 아무도 생각해 낼 수 없는 것일수록 좋습니다. 재미있고 즐거운 이야기를 만들 수 있도록 그림을 계속 덧붙여 나가세요.
그림이 완성되면 그림의 이름이나 제목을 생각해서 그림 밑에 쓰세요. 제목은 여러분의 마음대로 특징적이고 재미있게 붙여서 그림에 대한 이야기를 할 수 있게 하세요.

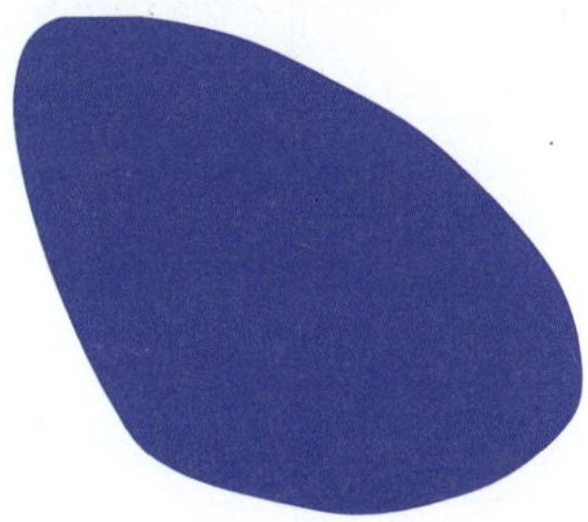

제목 ______________________________

[문항 2] 그림 완성

다음 그림에 있는 간단한 도형에 선을 덧붙여서 재미있는 물건이나 그림을 그려보세요. 이 물건이나 그림은 아무도 생각해 낼 수 없는 것일수록 좋습니다. 여러분의 생각을 계속 연결시켜서 완전하고 재미있는 이야기가 될 수 있도록 만드는 것입니다. 여러분이 그린 그림에 대해 각각 흥미 있는 제목을 생각하여 각 그림 밑의 밑줄 친 부분에 쓰세요.

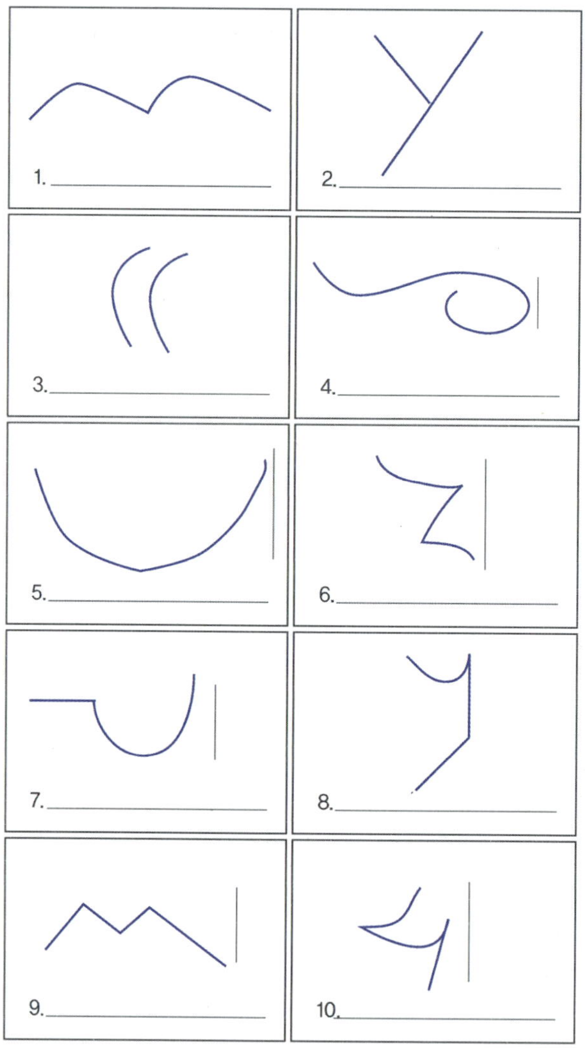

[문항 3] 그림 완성

다음의 2개씩 짝지어 놓은 직선들을 가지고 될 수 있는 대로 여러 가지 물건이나 그림을 그려 보세요. 즉 2개의 직선에 다른 선들을 더 그려 넣어 그림을 완성시키는 것입니다. 선과 선 사이, 선 위, 선 바깥 등 여러분이 원하는 곳이면 어디에나 그림을 그릴 수 있습니다. 아무도 생각해 낼 수 없는 그림이나 물건을 생각하여 될 수 있는 한 여러 가지 흥미 있는 이야기가 되도록 그려 보세요. 각 그림 밑의 밑줄 친 부분에 그림의 이름이나 제목을 쓰세요.

1.________ 2.________ 3.________ 4.________ 5.________

6.________ 7.________ 8.________ 9.________ 10.________

11.________ 12.________ 13.________ 14.________ 15.________

16.________ 17.________ 18.________ 19.________ 20.________

21.________ 22.________ 23.________ 24.________ 25.________

26.________ 27.________ 28.________ 29.________ 30.________

6 창의성과 영재

최근 창의성과 함께 영재에 대한 관심이 증가하고 있다.

영재(gifted)에 대한 많은 정의 중에는 뛰어난 인지적 능력과 함께 창의적 사고 능력을 포함하고 있어, 창의성과 영재성은 관련이 높음을 알 수 있다. 왜냐하면 창의성은 영재성의 근본이며 영재적 행동 특성을 정당화하는 필요한 조건이라 할 수 있기 때문이다.

Renzuli(1978, 1992)는 영재성을 정의함에 있어 창의성을 중요한 근거로 하여, 여기에 평균 이상의 지적 능력, 과제 집착력을 포함하여 영재의 특성으로 제시하고 있다(그림 2-7-3 참조).

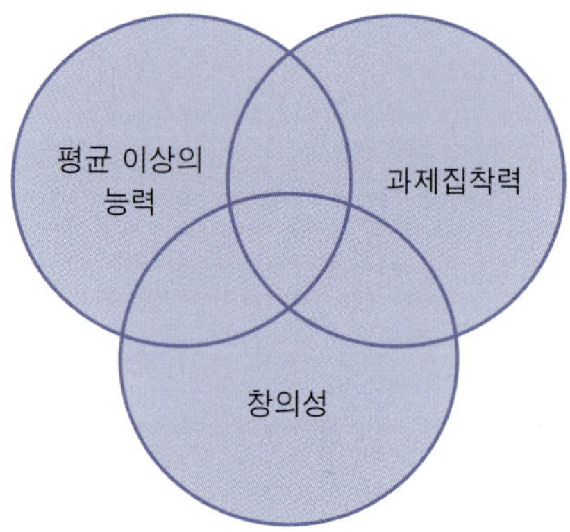

[그림 2-7-3] Renzuli 영재성의 모형

그에 따르면, 실제로 사회에 뛰어난 공헌을 한 사람들은 예외 없이 높은 창의성, 높은 과제집착력, 평균 이상의 지적 능력을 갖고 있다고 하였다. 그러나 영재는 이 3가지 특성에서 모두 뛰어날 필요는 없지만, 각 특성은 적어도 상위 15%에 해당되어야 하며, 그중 한 요인에서는 적어도 2% 이내에 속하는 사람을 영재라고 보았다.

Sternberg와 Lubart(1993)도 창의성은 IQ를 보완해 주는 지능의 한 영역이며, 영재성의 특성으로 간주된다고 말한다. 그들은 창의적 영재(creative gifted)와 학업적 영재(academic gifted)를 비교하며, 창의성이란 학업적 영재의 특성과는 구별되는 인지적, 인성적, 동기적, 환경적 요인을 포함한다고 말한다.

우리나라에서도 영재 교육에 대한 관심이 1980년대에 들어서면서 증가했으며, 2002년 「영재교육진흥법」을 통해 영재는 '재능이 뛰어난 사람으로서 타고난 잠재력을 계발하기 위해 특별한 교육을 받아야 할 필요가 있는 자'로 정의하고 있다. 즉 영재는 타인보다 뛰어난 능력을 가지고 있거나 특정 영역에서 창의적인 방법으로 문제를 해결할 가능성을 가진 사람으로 특수한 교육 프로그램이 요구되는 자라고 할 수 있다.

영재교육의 대상자로는 일반 지능(general intelligence), 특수학문 적성(special academic aptitude) , 창의적 사고력(creative thinking), 예술적 재능(artistic talent), 신체적 재능(physical talent), 기타 특별한 재능 등과 관련한 사항에서 뛰어나고 잠재력이 우수한 사람으로, 영재판별기준을 포괄적으로 제시하고 있다.

이처럼 영재성(giftedness)을 판별하고 정의하는 방법은 다양하지만, 영재성을 논함에 있어 창의적 사고능력을 배제할 수는 없음을 볼 수 있다.

1) 영재(Gifted)의 정의

영재에 관한 정의는 시대에 따라 변화했으며 영재성에 대한 관점 변화는 영재교육의 방향에 영향을 주고 있다. 영재(gifted) 혹은 영재성(giftedness)을 어떻게 정의하느냐에 따라 영재아의 선별 기준이 달라지며, 영재교육의 투자 효과가 달라지기 때문이다.

미국의 경우 대부분의 영재교육담당자들은 1972년 미국 교육부의 Marland Report(1972)에서 제시한 영재의 정의를 바탕으로 프로그램을 계획한다.

영재에 관한 미국 교육부의 정의는 다음과 같다.

Gifted and talented children are those identified by professionally qualified persons who by virtue of outstanding abilities are capable of high performance. These are children who require differentiated educational programs and services beyond those normally provided by a regular school program in order to realize their contribution to self and society. Children capable of high performance include those with demonstrated achievement and or potential ability in any of following areas:

i) general intellectual ability
ii) specific academic aptitude
iii) creative or productive thinking
iv) leadership
v) visual and performing arts
vi) psychomotor ability

즉 영재란 능력이 뛰어나고 탁월한 성취를 보일 가능성이 있는 자로서 그들이 자아를 실현하고 사회에 공헌하기 위해서는 정규 학교 교육과정 이상의 특수교육 프로그램과 지원을 필요로 한다고 전문가에 의해 판단되는 자로, 다음의 분야에서 이미 성취를 나타내거나 잠재력을 가진 아동이다.

i) 일반지능
ii) 특수학문적성
iii) 창의적 또는 생산적 사고
iv) 지도력
v) 시각적 공연예술
vi) 정신운동능력

위에서 제시한 미국 교육부의 영재에 대한 정의가 가지는 의미를 자세히 살펴보면, 다음과 같다.

첫째, 일반 지능뿐 아니라 특수학문 영역과 예술 영역의 재능도 포함하였다는 점이다.

둘째, 창의적 지도자와 정신운동능력(psychomotor ability)과 재능(talent)에도 관심을 보일 것을 강조하였다는 점이다.

셋째, 영재에게는 특별한 교육 프로그램이 필요하다는 점이다.

넷째, 영재를 위한 교육 프로그램의 개발을 합리화하였다는 점이다.

다섯째, 영재교육의 목적은 개인의 잠재력 개발뿐 아니라 사회에 기여할 수 있는 창의적 지도자와 문제해결자를 제공하고자 하는 것임을 밝힌 점이다.

여섯째, 이미 높은 성취를 보이는 아동뿐만 아니라 잠재력을 지닌 아동도 영재교육에 포함시킨 점이다.

Gardner(1983)는 문화적으로 가치가 있으면서도 비교적 독립적인 문제해결능력 7가지를 찾아내어 지금까지 믿었던 일반지능(g-factor)을 부정하고, 인간의 신경 체계에 그 바탕을 두고 있는 7가지 지능을 제시하면서 영재의 개념을 확장시켰다.

Gardner가 제시한 독립된 지능은 언어, 음악, 논리·수학, 공간, 신체운동, 개인 내적, 개인 간 지능으로 나누어지며 각 지능 분야에서 뛰어난 사람을 그 분야의 영재라 할 수 있는 것이다. 각 분야의 지능은 다른 분야의 지능과 별개의 것으로 그 발달도 독립적으로 이루어진다고 본다. 따라서 Gardner 이론에 따르면 영재성을 개발하기 위해서는 일반지능을 높이는 훈련보다는 각 지능분야별 재능을 기르기 위한 프로그램이 필요하다.

Sternberg(1986)는 정보처리이론을 바탕으로 영재성을 정의하였는데, 그가 제시한 삼원이론(Triarchic theory)에 따르면, 지능이란 인지적 요소를 의미하는 성분적 요인(componential subtheory), 경험적 요인(experimental subtheory), 상황적 요인(contextual subtheory) 등 3개의 하위이론으로 구성된다.

성분적 하위이론에서는 지적인 행동을 계획, 수행, 평가하는 정신적 기제를 구체적으로 제시하였다. 경험적 하위이론은 새로운 환경에의 적응과 이전 경험의 유무에 따른 정보처리의 자동화로 정의된다. 상황적 하위이론은 지능의 문화적, 환경적 측면을 일컫는 것으로 자신의 삶과 관련하여 실제 환경을 조성하거나 선택하거나 주어진 환경에 목적적으로 적응하는 것을 지적인 행동으로 정의하였다. 따라서 Sternberg는 영재성의 형태를 인지적 요인뿐 아니라 경험적 요소와 맥락적 요인을 포괄하는 광범위한 개념으로 설명하였다.

지금까지의 영재의 정의를 살펴보면, 이론에 따라 영재성의 정의 속에 '능력(ability)'이라는 개념을 중요시하고 있음을 볼 수 있으나, 어떤 정의에서는 지적 능력과는 관계없는 요소를 영재성의 정의에 포함시키는 경우도 있다. 예를 들면, 성격, 자아 개념, 과제집착력 등과 같은 정의적 요인을 영재성에 포함시키기도 하고, 일부는 잠재능력을 포함시키기도 한다.

어떤 정의에서는 영재가 1%라는 매우 소수의 사람을 의미하기도 하지만, 또 다른 정의에서는 15~20%의 높은 비율을 영재의 범위로 포함시키기도 한다.

Renzulli는 그가 제시한 영재성의 3가지 요소인 창의성, 높은 과제집착력, 평균 이상의 지적 능력 중에서 각각의 요소에서 상위 15%를 포함시키며, 그중에 한 요소에서는 적어도 2% 이내에 포함되는 경우를 영재의 범위로 제한하고 있다.

미국 연방정부는 모든 영역의 영재가 전체 아동의 상위 3~5%에 해당된다고 보았다.

2) 영재아(Gifted children)의 특성

과거에는 영재아를 인지적 능력 측면에서만 바라본 경향이 있었지만, 최근의 연구들에 따르면, 영재아들은 지적으로는 물론이고 정서적으로나 신체적으로도 우월하다는 연구결과를 보이고 있다.

Terman과 Oden(1947)이 IQ가 높은 1,528명의 영재를 대상으로 조사한 바에 따르면, 영재아는 신체발달 면에서 보통 아이들보다 앞서며, 공부하기를 좋아하며, 독해, 문법, 과학, 수학, 예술 분야에서 높은 성적을 받고, 책을 읽는 속도가 빠르고, 더 많이 더 높은 수준의 책을 읽으며, 취미가 다양하고, 수집도 많이 하며, 모든 면에서 동년배보다 1년 정도는 앞서간다고 본다.

영재아의 특성을 조사한 연구를 살펴보면, 끝없는 호기심, 많은 정보량과 폭넓은 어휘, 뛰어난 기억력과 명석한 판단력, 빠른 이해력, 독창적 생각, 강한 지적 욕구, 그리고 수에 대한 깊은 관심을 보이는 특성이 있다고 한다.

영재아의 특성을 분야별로 자세히 살펴보도록 하자.

- 어휘력: 나이에 비해서 더 발달된 어휘와 용어에 대하여 흥미를 갖고 정확하게 사용한다.
- 언어적 재능: 자기 또래보다 긴 문장을 사용하며, 언어적 표현이 유창하고 다양하다.
- 독서: 또래보다 높은 수준의 책을 골라 읽고, 많은 독서량과 광범위한 분야의 독서를 즐긴다.
- 기억력: 비상한 기억력을 가지며, 장소, 방향, 경험, 사람 등 세부적인 것을 잘 기억한다.
- 학습력: 최소한의 노력으로 빨리, 효과적으로 배운다.
- 사고력: 명확하고 논리적으로 사고한다. 이성적으로 추론하고 함축성 있는 관련성을 인식한다.
- 추상적인 사고력: 어려운 추상적 개념을 구체적 예시 없이 이해할 수 있다.
- 상징적 사고: 언어나 수와 같은 상징체계를 통한 사고가 가능하며 이를 통한 활동이나 놀이를 즐긴다.
- 계획성: 문제를 해결하기 전에 계획을 통해 행동하며 일을 추진함에 있어 조직적으로 행한다. 문제해결을 위한 효과적인 절차를 선택하고 결정하는 능력이 있다.
- 창의성과 상상력: 정해진 답이 있는 활동보다는 창의성을 요하는 활동을 좋아한다. 공상과학 소설, 동화를 즐기며 상상하고 그것을 언어나 그림, 음악을 통해 표현할 수 있다.
- 우수한 학업성취력: 어떤 분야나 과목에서 높은 점수를 받는다.
- 주의력과 집중력: 일에 깊이 빠져들고 집중력이 높다. 반복적이거나 일상적인 과제에 대하여 참을성이 없으며 쉽게 지루해한다.
- 지속력(끈기, 과제집착력): 어려움에도 불구하고 목표를 성취하는 데 집요하고 단호하다. 가능성이 없는 목표에도 집중하는 경향이 있다.

- 민감성: 감정에 민감하고 다른 사람들에 대한 동정심과 감정이입 능력이 뛰어나다.
- 인기: 사교적이며 친구들과도 잘 어울리며, 다른 아이들이 매우 좋아한다.
- 열의와 정력: 새로운 경험에 대해 정력적이고 활동적으로 시도하려 한다.
- 유머감각: 날카로운 유머감각을 지니고 있으며 해학적이다.

이상의 특징은 영재아가 갖는 특성으로 영재성을 판단하는 준거가 될 수 있다.

3) 21세기 영재교육의 방향

기존의 획일화된 전통이나 근대성, 편협한 시각을 탈피하여 각 개인의 개성과 자율성이 존중되고 다양성을 추구하는 포스트모더니즘 사회의 특성은 소수 집단에 대한 관심 증가와 함께 영재교육에 대한 관심으로 나타나고 있다.

영재성 판별 기준에서도 기존의 IQ 중심의 영재성 정의와 판별에서 벗어나, 다양한 관점에서 영재성을 판별하고, 획일화된 교육 속에서 방황하던 영재들에게 개별화된 영재교육 서비스를 제공하고자 하는 흐름과 함께 영재 교육에 있어서도 새로운 변화가 나타나고 있다.

1916년 'IQ 140 이상인 자를 영재'로 정의한 Terman의 정의는 20세기 중반의 Guilford나 Torrence와 같은 학자에 의해 제기된 다양한 요소로서 구성된 지능에 대한 정의와 함께 영재의 정의도 변화하게 된다. 또한 교육 가능한(educable) 능력으로서 지능, 창의적 능력을 갖춘 영재의 정의를 바탕으로 영재의 개념은 점차 확장되게 된다.

1972년 미국 교육부에서 제시한 영재의 정의에 따르면, 일반적 지능과 학업 적성뿐 아니라 창의성(creativity), 리더십(leadership), 시각 공연예술에서의 재능(visual and performing arts), 심리운동능력(psychomotor ability) 등을 포함시켰으며, Renzuli는 평균 이상의 능력과 창의성, 과제집착력을 영재성의 3요소로 제시하면서 영재 판별에 있어 일반지능과 함께 창의성과 동기를 고려하여야 함을 강조하였다. 이와 함께 단순히 지능(IQ)이 높은 아이를 영재로 인식하던 과거와 달리 영재아의 판별기준이 다양해지고 있으며, 현대 영재교육은 창의성과 불가분의 관계를 갖게 된다.

1990년대 초·중반에는 영재교육의 대상을 상위 3~5%에 해당하는 극소수의 아동만을 대상으로 한정하였으나 점차 영재교육의 대상이 15~20%의 아동으로까지 확대되어, 엘리트식 영재교육을 탈피한 대중화된 영재교육을 추구하게 되었다.

또한 영재 판별의 기준도 단일 기준으로부터 복합적인 기준으로 옮아가게 되었으며, 영재 판별의 주요 준거를 특정 분야에 대한 축적된 지식보다는 문제해결에 대한 융통성과 과제집착력, 창의성, 학문의 특성 이해, 태도 등 다양한 측면에 평가의 초점을 두어 능력을 종합적으로 평가하게 되었다. 이와 함께 개별화된 검사도구를 활용한 선발방법 등 영재 판별방법도 다양해졌다.

특히 일반아, 장애아, 소외된 계층의 영재, 소수민족 모두 영재교육의 대상이 되어 길러져야 한다는 관점이 확산되면서 지난 10여 년간 미국에서는 여성 영재, 장애 영재, 미성취 영재 등 특수집단에서의 영재교육 실현에 많은 관심과 흥미를 높이고 있다(이순주, 2004).

03

PART

언어 및 수 능력발달

언어는 여러 가지 현상을 이해하고 개념화하는 인지적 수단일 뿐 아니라, 다른 사람의 생각과 의도를 바르게 이해하고 자기 생각을 표현할 수 있게 하는 대인관계의 기본적인 수단으로, 인간이 언어를 습득해 가는 과정은 매우 흥미롭다.

언어발달을 설명하는 이론적 관점에는 언어능력이 생득적 능력이라고 보는 관점과 환경에 의해 후천적으로 학습되는 능력이라는 보는 관점으로 나누어진다. 언어발달에 있어서의 유전과 환경(nature & nurture) 간의 논쟁인 셈이다. 최근에는 발달에 있어서 상호작용론적 관점에 영향을 받아, 언어발달에 있어서도 생득적인 언어습득 기제와 환경적 요인 모두에 관심을 갖는다.

수에 대한 이해와 수를 적절하게 처리하는 능력은 세상을 개념화하는 데 사용되는 기본적인 차원일 뿐 아니라 일상생활에 적응하는 데에도 필수적이라 할 수 있다.

수 능력의 발달을 설명하는 이론적 관점은 종래에는 후천적 경험에 의해 생기는 결과로 보았지만, 최근의 연구들에서는 수를 이해하고 학습할 수 있는 능력도 다른 인지능력과 마찬가지로 생득적 요인과 환경 간의 상호작용을 통해 발달하고 진화한다는 관점이 지배적이다.

본 장에서는 유아기 언어발달과 수 능력발달에 관한 이론적 관점들을 살펴보고, 교육적 시사점에 대해 알아보도록 하자.

CHAPTER

08

언어발달

인간에게 있어 언어는 인간이 다른 동물과 구별되는 주요한 특성 중 하나로, 인간이 살아가는 데 있어 필수 불가결한 것으로, 여러 가지 현상을 이해하고 개념화하는 인지적 수단일 뿐만 아니라 의사소통을 위해 사용되는 상징체계이다.

언어는 다른 사람의 생각과 의도를 바르게 이해하고 자기 생각을 표현할 수 있는 대인관계의 기본적인 수단이며, 영·유아기는 언어가 발달하는 결정적 시기로 중요한 의미를 지닌다.

언어란 무엇인지, 언어의 어떤 특성이 인간을 동물과 구별시켜 주는 것인지 등 언어의 본질에 관한 질문은 언어학, 심리학, 철학 등 여러 학문 영역에서 이루어져 왔다.

언어에 관한 현대적 연구는 1960년대에 시작되었으며, 심리학의 주요 쟁점인 유전 대 양육(nature & nurture)의 논쟁은 영·유아기 언어발달에서도 주요한 논쟁으로 다루어지는 주제이다.

언어능력을 선천적으로 타고난 인간 능력의 하나로 설명한 Chomsky 이론이 대표적인 생득론적 관점이라면, 언어 역시 후천적 환경의 영향으로 학습(learning)됨을 설명한 Skinner의 행동주의 관점과 Bandura의 사회학습이론 관점은 대표적 경험론적 관점이라 할 수 있다.

최근에는 언어발달에 있어서 유전적 특성을 인정하면서도 환경과의 상호작용을 강조한 상호작용론적(interactionalism) 관점이 유전 & 환경 간 논쟁에 대한 대안적 관점으로 제시되었다. 대표적으로 Piaget 이론과 Vygotsky 이론을 들 수 있다.

본 장에서는 언어 발달에 관한 이론들과 언어발달 단계에 관해 살펴본다.

1 언어발달 이론

인간의 언어발달을 설명하는 이론으로는 첫째, 언어발달에 있어 환경의 중요성을 강조한 이론으로, Skinner의 행동주의 관점과 Bandura의 사회학습이론으로 대표되는 학습이론적 관점을 들 수 있다. 둘째, 인간의 선천적 언어능력을 강조한 Chomsky 이론으로 대표되는 생득주의 관점과 셋째, 언어발달에 있어 유전적 요인을 인정하면서도 환경과의 상호작용의 결과로 보는 Piaget 이론과 Vygotsky 이론으로 대표되는 상호작용론적 관점을 들 수 있다.

언어발달에 관한 다양한 이론적 관점에 대해 자세히 살펴보도록 하자.

1) 학습이론

학습이론(learning theory)이란 인간의 발달에 있어 유전적 요인을 배제한 채, 환경으로부터 제공되는 후천적 경험을 통한 학습을 강조한 이론이다.

언어발달에 있어서도 학습이론의 관점은 타고난 언어능력의 선천적 요인을 배제한 채 언어발달에 있어 외적 환경의 영향과 경험을 강조한다. 이는 인간이 어떤 종류의 언어 환경에 노출되느냐에 따라 사용하게 될 언어 내용이 결정된다는 점에서, 인간이 태어날 때 백지와 같은 존재로 후천적으로 어떤 경험을 하느냐에 따라 행동이 결정된다고 보는 Locke의 경험론적 관점을 바탕으로 한다. 특히 언어발달을 설명함에 있어, 관찰할 수 있는 언어행동(verbal behavior)에 중점을 두고 언어발달을 설명하고자 하였다.

언어발달에 있어 경험과 환경의 중요성을 강조하는 학습이론으로는 행동주의(behaviorism)와 사회학습이론(social-learning theory)을 들 수 있다.

(1) 강화와 모방에 의한 언어발달

행동주의(behaviorism)에서는 인간의 언어발달을 설명하기 위해 문법에 대한 지식이나 의도와 같은 정신적 과정보다는 관찰할 수 있는 언어행동(verbal behavior)에 중점을 두고 설명하고자 하였다.

대표적 행동주의 학자인 Skinner는 1957년에 출간한 「언어행동(Verbal Behavior)」에서 언어는 하나의 행동(behavior)이며, 언어 역시 다른 행동과 마찬가지로 강화(reinforcement)를 통해 습득됨을 설명한다. 또한 언어도 다른 형태의 인간행동과 마찬가지로 성인의 언어에 가까워질 때까지 행동조성(behavior shaping)의 과정을 거쳐 발달해 간다는 급진적 행동주의적 입장을 취한다.

즉 언어발달은 두뇌의 사고과정이 아니라, 영아가 자연발생적으로 우연히 사용하게 된 언어를 주위 사람으로부터 강화 받음으로써 이루어지는 기계적인 습관형성으로 본다. 이때 부모는 언어행동에 대한 강화자로서 중요한 역할을 담당하게 된다. 예를 들면, 영아가 우연히 "마마마마……" 하는 옹알이를 할 경우, 비록 그것이 정확한 표현이 아니더라도 엄마는 아기를 껴안거나 미소를 보내고 기쁜 소리로 응답하여 보상한다. 이때 영아는 앞으로 엄마를 부를 때 "마마마마……"라고 부를 가능성이 높아진다. 반면 영아의 옹알이에 엄마가 반응을 보이지 않으면 영아의 언어행동은 강화되지 않고 결국 소거(extinction)된다. 이처럼 언어발달은 자연발생적으로 시작된 영아의 부정확한 말에 대한 성인으로부터의 칭찬과 격려 등의 강화(reinforcement)를 통해 언어를 습득하게 된다는 것이다.

사회학습이론(social learning theory)의 관점에서 언어발달은 자연발생적으로 또는 무작위로 발생한 부정확한 말에 대한 성인의 단순한 강화(reinforcement)에 의해서 이루어지는 것이 아니라, 부모나 숙달된 언어를 사용하는 모델링(modeling)이 되는 사람의 언어행동을 관찰(observation)한 후 모방(imitation)함으로써 음운과 문장, 그리고 그들 문화의 대화 규칙 등 언어를 습득하게 된다고 본다. 이때 영아가 모방한 소리가 정확할 때 더 많은 강화를 받게 된다고 보았다.

이처럼 언어발달에 관한 사회학습이론적 관점은 영아가 성인의 문장을 단순히 모방(imitation)하거나, 혹은 영아가 정확하고 이해될 수 있는 말을 했을 때 주어지는 강화(reinforcement)에 의해 성인의 문장과 유사한 문장을 산출하게 된다고 설명하고 있다. 즉 영아는 주변의 어른이 사용하고 있는 낱말, 구, 문장을 '모방'하여 사용하기 시작하며, 부모는 '강화'에 의해 아동의 언어가 바람직하게 형성되도록 '조형(shaping)'시켜 나가는 과정을 통해 언어발달이 이루어진다고 보는 것이다.

이러한 언어발달에 관한 학습이론적 관점은 언어습득과정에서 성인의 역할이 강조됨으로써 아동의 역할이 최소화되고, 수동적 개체로만 간주된다는 점에서 비판받지만, 최근에는 언어발달과정에서 환경의 중요성에 대한 연구가 활발히 이루어지고 있어 언어발달에서 환경의 역할에 대한 관심은 더욱 증가하고 있다.

(2) 학습이론적 관점의 한계

언어발달을 '강화'나 '모방'과 같은 학습기제를 통해 설명하고자 한 학습이론적 관점은 여러 가지 경험적 증거에 의해 그 한계점이 드러나면서 여러 연구들에 의해 비판을 받게 된다.

한 연구(Flavell 외, 1993)에 의하면, 상당량의 구문 학습이 문장 모방의 영향을 받지 않고 이루어진다는 사실과, 정확한 문법적 표현과 부정확한 표현에 대한 선택적 강화가 구문발달의 주요 원인이 되지 못한다는 점을 들어, 학습이론의 관점이 언어발달의 모든 측면을 설명하기 충분하지 않다고 보며 학습이론의 한계를 비판하였다.

언어발달에 관한 학습이론적 관점에 대한 비판의 요인을 자세히 살펴보면 다음과 같다.

첫째, 행동주의 이론에서 강조한 언어학습기제인 강화(reinforcement)가 언어학습에 있어 결정적 역할을 하지 못한다는 점이다.

행동주의 관점에서 언어발달은 아동이 정확한 표현을 하였을 때는 강화를 받고 문법에 어긋나는 문장을 산출했을 때는 정정됨으로써 아동의 언어발달이 진행된다고 본다.

그러나 다음의 사례에서 보듯이, 성인은 아동의 표현이 문법적으로 맞는지의 여부보다는 의미적으로 적절한지에 기초하여 강화를 준다는 사실을 알 수 있다 (Brown & Hanlon, 1970).

아동: 나는 안 시금치 좋아해.(I no like spinach.) (가)
부모: 그래. 알고 있어.(Yes, I know.) (나)
아동: 나는 지금 자고 있어.(I'm sleeping) (다)
부모: 아니야. 그렇지 않아.(No, you're not) (라)

(가)는 문법적으로 틀렸지만 그 내용이 바르기 때문에 (나)와 같이 긍정적인 대답을 얻어냈으나, (다)의 경우는 문법적으로 완벽한 문장이지만 내용상으로 맞지 않기 때문에 (라)와 같이 부모에게 수용되지 못한다. 이러한 예는 부모가 문법적 형태보다는 내용을 중심으로 자녀의 표현을 강화한다는 사실을 지지해 준다(Penner, 1987).

혹은 부모가 자녀의 잘못된 언어를 고쳐 주려 하지만 영아는 틀린 문장을 고집스럽게 사용하는 경우도 있다(Braine, 1971).

이처럼 부모가 체계적으로 자녀에게 문법적으로 일관된 말을 하도록 지도한다거나, 어떤 일관성을 가지고 문법적으로 맞는 문장과 맞지 않는 문장을 다르게 강화한다는 증거가 없고, 부모가 아동의 언어에 대한 관심을 표명하는 부분은 위의 사례에서처럼 이야기 내용의 진실 여부에 달려 있다는 것이다. 따라서 언어발달에 있어 성인의 강화의 역할을 강조한 행동주의 관점은 그 한계점이 지적되면서 비판된다.

둘째, 사회학습이론의 언어학습기제인 모방이 지니는 한계이다.

사회학습이론 관점에서 언어발달은 주로 모방(immitation)과 강화(reinforcement)로 설명되는데, 실제로 아동은 언어습득과정에서 성인의 말을 그대로 따라하지 않는다는 점에서 모방이 지니는 한계점이 다음과 같이 비판된다.

사회학습이론에서는 아동이 주위 사람으로부터 들었던 문장을 단순히 모방하여 성인이 발화하는 문장과 유사한 문장을 산출하게 됨으로써 이루어진다고 본다. 그러나 실제로 아동은 성인의 말을 그대로 따라 하지 않고, 자기 나름대로 단순화시켜서 발화한다는 점에서 언어학습기제로서의 모방의 한계를 드러낸다. 이는 아동은 어른이 하는 말을 앵무새처럼 단순히 반복하는 것이 아니라 자신의 언어능력이 허락하는 범위 내에서 언어적 표현을 구사하고 있음을 보여 주는 것으로, 언어발달에 있어 모방의 역할을 약화시키는 증거가 된다.

또한 인간이 언어로 구성할 수 있는 문장의 수는 무한(infinite)하고 실제로 아동은 자신이 한 번도 들어본 적이 없는 새로운 문장을 이해하고 산출해 내기도 한다는 점에서 언어발달을 '모방'이라는 기제로 설명하기에는 한계가 있음을 보여 준다.

정상아뿐 아니라 장애아동의 언어행동에서도 모방의 한계가 나타나는데, 신경학적 장애로 말을 할 수 없었던 아동이 회복하자마자 즉시 언어를 발화할 수 있었던 것은 언어발달의 기제로서 모방이 가지는 한계를 보여 준다.

언어발달을 강화와 모방을 통해 설명하고자 한 학습이론적 관점은 위에서 제시한 한계점 이외에도 언어발달 과정에서 아동을 극단적으로 수동적인 위치에 둔다는 점에서 비판받고 있다. 그럼에도 불구하고 부모를 포함한 성인과의 상호작용을 통해 직·간접적 언어기술을 습득한다는 연구결과와 언어발달에 있어 환경의 역할을 입증한 여러 연구들로 인해 언어발달에 미치는 환경의 영향은 아직도 무시될 수 없는 요인임이 입증되고 있다.

2) 생득주의

언어발달에 관한 생득주의(nativism) 관점은 언어를 인간이라는 종 특유의 현상으로 이해하면서, 인간의 언어발달이 후천적 학습이 아니라 선천적인 언어습득기제에 의해 이루어진다는 관점이다. 즉 '인간은 말하는 능력을 타고 난다'라고 보는 것이다.

생득주의 관점은 모든 언어에 보편적으로 존재하는 특성과 각 문화의 영아들

간의 언어능력에 있어서의 발달적 유사성에 주목하면서 생득적인 언어발달기제의 존재를 가정하게 되었다(Owens, 2001). 또한 최근 많은 언어연구자는 인간이 생물학적인 언어능력을 별다른 노력 없이 습득할 수 있다는 점에서, 언어발달에 있어 생득주의 관점을 받아들이고 있다. 즉 거미가 집 짓는 법을 알게 되는 것은 그에 적절한 교육을 받아서가 아니라 실을 짜서 집을 완성할 수 있는 두뇌를 갖기 때문인 것처럼, 인간이 언어를 습득하는 것도 그것을 관장하는 생물학적 능력에 의해 가능해진다는 관점이다(Pinker, 1994).

언어발달에 관한 생득주의 관점의 대표적 학자는 Chomsky(1968)이다. Chomsky는 인간의 언어가 단편적인 학습기제로 설명되기에는 복잡한 구조이며, 제한된(finite) 언어 환경에도 불구하고, 무한한(infinite) 새로운 문장을 만들어 내는 능력에 주목한다. 즉 아동은 주변에서 듣는 언어 자극이 그렇게 풍부하지 않음에도 불구하고, 어떻게 그토록 풍부한 언어지식을 갖게 되는가?'에 주목하였다.

이는 "인간은 어떻게 경험을 하지 않고도 많은 지식을 갖게 되는가?" 하는 '자극의 빈곤(poverty of stimulus)'에 대한 Platon의 질문을 언어습득에 그대로 적용한 것으로, '한정된 언어경험(poverty of experience)'에도 불구하고 복잡한 문장구조를 재빨리 터득하고 새로운 문장을 만들어 내는 아동의 창의적 언어능력에 주목한 것이다. 아이들이 언어를 배우는 과정에서 자신의 모국어가 허용할 수 있는 모든 문장을 듣고 자란다는 것은 불가능하다는 점에서 '한정된 언어경험'이라는 의미이다. 따라서 언어발달을 단순히 후천적 경험을 통한 언어학습으로 설명하기에는 충분하지 않다는 것이다.

Chomsky(1986)는 이러한 언어발달에 있어 '한정된 언어경험'에도 불구하고 나타나는 아동의 창의적 언어능력을 생득적인 언어능력으로 가정함으로써 학습이론의 한계를 해결하고자 하였다. 즉 인간은 생득적으로 언어를 습득할 수 있는 능력을 지니므로, 자극의 빈곤으로 인한 언어 경험의 부족에도 불구하고 언어의 구조를 충분히 생성해 낼 수 있음을 보여 주고자 하였다.

(1) Chomsky의 생득주의 이론

Pennsylvania 대학에서 구조언어학을 공부한 Chomsky는 언어능력이 생득적 능력임을 다음과 같은 근거를 들어 설명하고 있다(양동휘, 1994).

첫째, 언어습득에는 '결정적 시기(critical period)'가 있다는 점이다.

예를 들어 1920년 인도에서 발견된 늑대와 같이 자란 야생소년의 경우 추후 집중적인 언어교육에도 불구하고 언어를 정상적으로 회복할 수 없었다. 이러한 증거는 언어습득에 있어 결정적 시기가 있음을 시사해 주는 것으로, 이는 언어능력이 생득적 능력임을 보여 준다는 것이다. 또한 어떤 다른 영역보다 언어발달은 어린 연령에서 이루어질수록 완벽해짐을 설명하면서 언어발달이 자연적 성숙과 관련됨을 설명하였다.

둘째, 언어발달은 정상적 언어 환경이 주어진다면 어느 정도 동일한 과정을 거친다는 점이다.

Lenneberg(1967)는 신체발달이 환경적 요인과 상관없이 대체로 동일한 것처럼 언어발달도 아동이 성장한 환경과는 관계없이 예측이 가능한 시간적 순서에 따라 나타난다고 보았다. 이는 언어능력을 생물학적으로 결정된 생득적 능력으로 볼 수 있는 근거라는 것이다. 또한 언어능력의 발달 순서가 대부분의 아동에게서 비슷하다는 사실도 이러한 입장을 지지해 준다.

셋째, 언어발달이 신체발달처럼 의식적 노력 없이도 어느 정도 이루어진다는 점이다. 인간의 언어능력은 신체발달이 연령에 따라 자연스럽게 발달해 가듯이, 의식적 노력 없이도 갖게 된다는 점에서 Chomsky는 인간의 언어능력이 생득적 능력이라는 입장을 설명한다.

그러나 신체발달의 경우 환경적 요인과 상관없이 거의 대부분 동일하게 이루어지지만, 언어발달의 경우 아동이 접한 언어 환경에 따라 다른 언어를 습득하게 된다. 즉 한국에서 자란 아동은 한국어를 구사하고, 미국에서 자란 아동은 영어를 모국어로 구사한다.

이처럼 각각 다른 언어 환경 속에서 다른 언어로 구체화되는 언어발달과정에 비추어 볼 때, 과연 언어능력을 생득적 능력으로 볼 수 있을 것인가?

이에 대해 Chomsky는 다음과 같이 설명한다.

아동이 언어를 습득하는 과정은 그 언어에서 허용하는 구조에 대한 표상체계를 내재화하는 과정으로, 이 과정은 생물학적 청사진에 근거하여 진행되는데 어떤 표상체계가 내재화되는가는 어떤 언어를 접하는가에 달려 있다고 하였다.

예를 들어, 한국어를 구사하는 언어 환경에서 자란 아동은 한국어에 대한 표상을 내재화하게 되고, 영어를 언어 자극으로 받고 자란 아동은 영어에 대한 표상을 갖게 된다는 것이다. 이때 언어 환경은 언어를 담당하는 생물학적 능력이 아동의 모국어로 내재화하도록 촉매(triggering)해 주는 역할을 담당한다는 것이다.

결국 미국에서 자란 한국 아동이 영어를 더욱 잘 구사하게 되는 것은 누구나 가진 생득적인 언어능력이 촉매 역할을 하는 언어 환경과 상호작용하여 나타난 결과로 본다.

넷째, 아동은 성인이 사용하지 않는 다양한 문장을 만들어 내는 창의적 능력을 지녔다는 점이다.

Chomsky는 아동이 전에 들어 본 적 없는 다양한 문장을 만들어 낸다는 사실을 통해, 언어가 단지 환경으로부터의 조건 형성에 의해 습득되는 것이 아니라는 사실을 강조한다.

물론 Chomsky도 아동이 어른이나 다른 아동의 관찰을 통해 언어적, 비언어적 행동을 습득한다는 것을 인정하였으나, 아동의 초기 발성이 문법 규칙에 맞지 않다는 사실을 통해 학습이론에서 강조하는 모방으로 설명하기에는 부족하다는 것이다. 결국 이러한 사실을 통해 Chomsky는 인간이 언어를 이해하고 생성하는 능력을 생득적으로 타고났음을 설명한다.

이처럼 아동의 언어습득은 주변 환경으로부터 듣는 언어 자극에만 의존하는 것이 아니라 언어의 규칙을 추상화할 수 있는 생득적인 능력이 존재하며, 이러한 능력이 이끄는 방향으로 진행된다는 점에서 Chomsky의 관점은 생득주의 입장을 취한다. 이와 함께 아무도 가르쳐 주지 않았음에도 불구하고 아동이 어떻게 그토록 빨리 문법의 규칙성을 파악하여 문법적인 문장을 산출할 수 있는지 혹은 왜 모든 아동이 문법적 오류를 산출하는지에 대해 설명할 수 없었던 학습이론의 한계를 극복하는 데 있어 이론적 근거를 제시하게 된다.

(2) 언어습득기제(LAD)와 보편문법(General grammar)

Chomsky는 아동이 그 사회에서 통용되는 언어의 특정한 규칙을 이해하는 능력을 선천적으로 가지는 것으로 보았다. 이러한 생득주의 입장을 설명하기 위해, Chomsky(1965, 1981)는 인간의 생득적인 언어습득기제를 LAD(Language Acquisition Device)라는 추상적 개념으로 설명하였다.

언어습득기제(LAD)란 어떤 언어 환경에 놓이더라도 그 언어를 이해하고 습득할 수 있는 생득적 기제로, 모든 언어에 존재하는 보편문법을 이해하는 생득적 능력인 것이다. 이를 통해 형식적인 학습의 기회가 없이도 언어를 습득하게 된다는 것이다.

인간의 생득적 언어능력인 언어획득기제(LAD)는 모든 언어에는 보편적 원리, 즉 보편문법이 존재함을 전제한다. 보편문법(general grammar)이란 모든 언어에 적용되는 원리이자 구조를 의미하는 것으로, 모든 언어에는 표현방식은 다르지만 기본적인 언어의 구조, 즉 보편문법이 존재하며, 아동은 이러한 보편문법을 이해하는 생득적 능력을 가진다는 것이다.

보편문법이 하나의 언어로 발현되기 위해서는 언어 환경을 통해 언어 자극이 제공되어야 한다. 이때 언어 환경의 역할은 보편문법에 내포된 원리를 특정 언어로 발현시키는 매개변인이 되며, 이로써 특정 언어로 발현된다는 것이다. 예를 들어 미국에서 자라는 아동이 영어를 사용하고, 한국에서 자라는 아동이 한국어를 사용하는 것은, 영어와 한국어에 공통적인 보편문법이 존재하며, 모든 언어에 존재하는 보편문법을 이해하는 생득적 능력인 언어습득기제, 즉 LAD를 통해 특정 언어를 습득하게 되는 것이다.

결국 아동이 특정 언어를 구사하는 능력은 모든 언어의 기본 원리 혹은 구조인 보편문법(general grammar)을 이해하는 능력인 언어습득기제(LAD)와 언어 환경과의 상호작용의 결과인 것이다.

(3) 심층구조(Deep structure)와 표층구조(Surface structure)

Chomsky는 인간의 생득적 언어능력을 언어습득기제(LAD), 보편문법(general grammar)과 함께, 생성문법(generative grammar)이론으로 설명하고자 하였다.

생성문법이란 1950년대 중반에 미국의 언어학자 촘스키(Chomsky, N.)가 창시한 이론으로 언어는 무한한 수의 문장을 지배하는 한정된 수의 규칙으로 이루어지며, 이 유한한 수의 규칙이 곧 문법이라는 이론이다.

이에 따르면 모든 문장은 의미를 관장하는 심층구조(deep structure)와 문장의 구성성분 구조로서 표현된 언어 그 자체인 표층구조(surface structure)로 구분된다. 심층구조는 문장의 의미, 다시 말해서 우리가 말하고 싶은 내용에 해당하는 것으로, 우리가 실제 보고 듣는 문장인 다양한 형태의 표층구조로 변형될 수 있다는 것이다. Chomsky는 언어의 심층구조를 표층구조로 전환시키는 규칙을 변형규칙이라 부르고 그 전체 체계를 '변형생성문법(transformational generative grammar)'이라 하였다.

예를 들면, '나는 사과를 좋아해' 같은 기본적인 생각이나 의미를 떠올릴 경우, 만일 의문문으로 만든다면 '나는 사과를 좋아하는가?', '나는 사과를 얼마나 좋아하는가?' 등으로, 부정문으로 적용한다면 '나는 사과를 좋아하지 않아'라고 말하며, 기본적인 생각이나 의미를 변형규칙을 사용하면서 다른 문장으로 만들어 낼 수 있다는 것이다. 이때 '나는 사과를 좋아해'에 해당하는 기본적인 생각이나 의미가 '심층구조'이며, '나는 사과를 좋아하는가?'와 같이 다양한 문장형식으로 전환되어 나타나는 것이 '표층구조'이며, 심층구조를 표층구조로 전환시키는 규칙체계를 '변형생성문법'이라 한다.

이처럼 Chomsky는 심층구조를 만드는 규칙인 구절 구조 규칙과, 심층구조를 표층구조로 바꾸어 주는 변형규칙에 의하여 문장 생성의 구조를 설명하고 있다.

그렇다면, 아동은 단순한 소리의 인식에서 출발하여 어떻게 그 사회에서 통용되는 언어의 특정한 규칙을 따르는 복잡한 말을 계속해서 생성해 내는 능력을 가지게 될까?

Chomsky는 어린 아동이 복잡한 말을 생성해 내는 변형규칙을 알고 있다고는 보지 않았지만, 그것을 사용할 수 있는 기본능력은 생득적으로 가지고 있음을 설명했다. 즉 아동이 최초로 사용하는 일어문(one-word utterance phrase)과 이어문(two-words utterance phrase)은 Chomsky가 말하는 심층구조(deep structure)에 매우 가깝다고 할 수 있으며, 점차 변형규칙을 배움으로써 다양한 구조를 가진 문장을 만들어 낼 수 있다는 것이다.

지금까지 살펴본 바와 같이, Chomsky가 제시한 언어발달의 생득론적 관점은 관찰 가능한 언어행동(verbal behavior)만을 연구대상으로 삼는 행동주의, 학습이론의 한계에서 벗어나, 언어습득기제(LAD)와 인간의 마음을 인정함으로써 언어발달연구에 많은 공헌을 하였고, 1960년대 후반과 1970년대 전반에 언어발달 및 다른 발달이론에도 큰 영향을 미치게 된다.

그러나 Chomsky가 제시한 언어습득기제(LAD)가 물리적으로 관찰할 수 없는 데다가 너무 추상적이라는 점과 언어습득에 있어 환경이나 사회적 요소의 역할을 무시하고 있다는 점에서 비판점도 있다. 또한 언어를 습득하는 초기 단계에서는 창조적인 면보다는 모방이나 강화에 의한 언어습득이 주를 이룬다는 점에서 한계가 지적되기도 한다.

최근의 언어학자들은 언어발달에 있어 학습이론적 관점과 생득주의적 관점을 모두 반영하여 언어발달을 설명하고자 한다. 즉 아동은 언어를 습득하기 위해 타고난 선천적 능력을 가지고 있으며 이러한 능력은 경험을 통한 학습에 의해 증진된다고 믿는 것이다. 언어발달에 관한 상호작용론적 관점이다.

3) 상호작용이론

언어발달에 관한 상호작용론적 관점은 언어발달을 생득적 요인과 환경적 요인 간의 상호작용 결과로 보는 관점이다. 이 관점은 생득주의 관점과 마찬가지로 언어발달에 관여하는 정신의 생득적 특성을 인정하면서, 경험과의 상호작용이 언어를 발달하게 해 준다는 것도 인정한다. 대표적으로 언어발달을 인지발달과의 관련 속에서 설명하고자 한 Piaget 이론과 사회적 상호주의로 알려진 Vygotsky 이론을 들 수 있다. 언어발달을 인지발달과의 관련성 속에서 설명한 점에서 인지이론적 관점이라 불리기도 한다.

언어발달의 생득적 요인 즉 인지발달과 환경적 요인을 모두 인정한 상호작용론적 관점을 나타내는 Piaget와 Vygotsky 이론의 공통점은 언어발달에 있어서 구성주의(constructivism) 관점이다. 구성주의란 인식 주체의 능동성을 강조한 인식론적 관점으로, Piaget 이론과 Vygotsky 이론 모두 아동주체의 능동적 역할을 강조한 점에서 구성주의 관점으로 본다.

언어발달에 관한 두 이론의 관점을 살펴보면, Piaget의 구성주의 관점에 따르면, 유아는 생득적 정신능력을 사용하고 환경으로부터 제공되는 정보를 조작함으로써 언어를 구성한다는 것이다. Vygotsky의 구성주의 관점에 따르면, 유아는 생득적 언어능력을 지니지만 보다 높은 인지 수준의 성인과의 언어적 상호작용을 통해 적극적으로 언어를 구성한다는 것이다. 즉 두 이론의 관점에서 공통적으로 강조하는 것은 언어발달에 있어 유아의 능동적 역할이다.

Piaget 이론과 Vygotsky 이론을 중심으로 언어발달에 대한 상호작용론적 관점에 대해 자세히 살펴보자.

(1) 언어발달에 관한 Piaget 이론의 관점

Piaget 이론에서는 인간의 언어발달을 선천적 요인인 인지적 성숙의 결과로 나타나는 것으로 보면서, 환경과의 상호작용을 모두 인정한 점에서 상호작용론적 관점을 취한다. 즉 언어발달은 언어를 지각하고, 분석하고, 저장하는 인지발달이 선행되어야 한다고 보는 점에서, 언어발달을 전적으로 환경에 의해 학습되는 것으로 보았던 행동주의 입장에 동의하지 않았다. 특히 언어발달과정에서 수동적 존재로서의 인간을 가정한 행동주의와는 달리 인간의 능동적 참여를 강조한다는 점에서 구성주의 관점을 취한다.

Piaget 이론은 언어발달에 대해 인간이 지닌 생득적, 내적 능력에 의해 언어습득이 가능하다고 보는 생득적 관점과 입장을 같이 하지만, Chomsky가 가정한 듯이, 언어습득을 위한 특별한 장치가 따로 있다고는 생각하지 않았다(정동빈, 1991).

Piaget 이론에서는 언어를 생득적 능력이거나 환경으로부터 학습되는 것이 아니라 인지적 성숙의 결과로 획득되는 여러 능력 중 하나로 보았다. 즉 언어발달은 인지발달을 반영하는 것으로, 인지발달이 언어발달을 선행함을 강조하였다. 이러한 Piaget의 주장이 설득력을 가지는 이유는 다음과 같다.

첫째, 아동의 언어 속에는 자신이 새로 획득한 인지적 지식이 내포되어 있다는 점이다. 이는 '아동은 자신이 알고 있는 것을 말한다.'라는 것을 의미하는 것으로, Piaget는 언어를 아동이 알고 있는 개념을 표현하는 수단이며 사고능력의 한 가지 표현방식으로 설명한다.

예를 들어 Piaget의 인지발달단계에서 감각운동기는 언어능력이 발달하기 이전 단계로 초기에는 아직 완전히 대상의 영속성(permanence of object)개념을 이해하지 못한다. 그러나 이 시기의 말경에 영아는 어떤 물체가 보이지 않는다 하여도 존재할 수 있다는 대상의 영속성 개념을 획득하게 되며, 이는 언어발달에 기초가 된다고 주장한다.

대상의 영속성 개념을 이해하게 되면서 영아는 더 이상 존재하지 않는 대상을 인식하게 되고 그것을 표상할 필요성을 지니게 된다. 이로써 시야에 보이지 않는 물체를 표상하기 위해 상징을 사용하기 시작하고, 이것이 영아가 사용하는 첫 단어가 된다는 것이다. 따라서 영어에서 'gone'과 같이 무엇이 사라진 것을 지칭하는 단어나 한국어의 '있다 / 없다'와 같은 단어는 대상의 영속성 개념의 성취와 관련이 있다고 보고된다(Gopnik & Choi, 1990). 이러한 관점에서 본다면, 대상의 영속성 개념은 'gone'이나 '있다 / 없다'와 같은 언어습득에 필요한 선행조건인 셈이다.

또한 전조작기 유아의 경우 자신과 주변 세계를 연결시키지 못하는 자아중심적 사고의 특성을 지니는데, 이는 언어에도 그대로 반영되어 자아중심적 언어를 사용하게 된다는 것이다. 따라서 다른 사람과의 대화가 가능한 사회적 언어를 사용할 수 있는 능력은, 자아중심적 사고 특성에서 벗어나 다른 사람의 관점과 다양한 측면에서 생각할 수 있는 인지단계에 이르러서야 가능하다고 보는 것이다. 이는 언어발달이 인지발달을 반영한다는 것을 보여 주는 사례이다.

둘째, 언어를 아동 자신이 가진 정신적 표상(mental representation)을 표현하는 다양한 기호적 기능의 하나로 보는 점이다.

표상능력은 언어습득에 중요한 인지적 요소인 상징적 기능을 사용할 수 있는 능력과 관계가 있다. 상징적 기능이란 내재적으로 형성된 표상을 여러 형태의 사진이나 기호로 표현하는 것을 말하며 언어 사용, 상징놀이, 그림 그리기 등을 통해 나타난다. 즉 상징적 능력과 같은 인지능력이 생기면 언어를 사용하는 능력이 생긴다고 보는 것이다. 예를 들어 상징적 사고능력을 드러내는 상징놀이 행동이 나타나는 생후 18개월쯤 되어 어휘의 급속한 확대를 보이는 점도 언어발달에 선행하는 인지구조가 있음을 보여 주는 사례이다. 즉 감각운동기에 인지발달이 이루어지고, 이로 인해 언어능력을 가지게 되었음을 의미한다.

이처럼 상징적 사고능력으로 인해 아동이 언어를 습득하는 과정을 설명한 Piaget식 접근은 인지발달이 언어발달에 선행함을 보여주면서, 아동이 어떻게 단어를 시작하게 되는지, 왜 아동이 특수한 단어를 사용하는지에 대한 이해를 높여 준다.

지금까지 살펴본 바와 같이, Piaget 이론에서는 언어발달을 위해서는 인지적 발달이 선행되어야 함을 강조한다. 이와 함께 인지 및 사고발달 이전에 이루어지는 언어적 교육 프로그램의 한계를 지적한다. 예를 들어 유아에게 수 개념에 대한 이해 없이 '더 많은 혹은 더 적은(more or less)'이라는 언어만을 사용하도록 가르치는 교육 프로그램을 비판하면서, 언어학습 이전에 인지적 발달이 선행하여야 함을 강조하였다.

그러나 언어발달에 있어 인지발달을 강조한 Piaget의 관점은 언어발달이 인지발달에 미치는 효과를 간과하고 과소평가했다는 점에서 비판된다. 특히 Piaget의 관점으로 언어발달 현상을 설명하는 데 가장 큰 어려움은 전조작기 유아의 경우 문법규칙의 습득을 포함하여 언어능력이 급격한 진전을 보이는 이유를 설명하지 못한다는 점이다. 또한 많은 연구(Case, 1985; Flavell, Miller, & Miller, 1993)는 전조작기 유아가 Piaget의 가정보다 더 유능하고 긍정적인 존재임을 밝혀냄으로써 언어발달에 관한 Piaget의 관점을 비판하고 새로운 관점의 가능성을 보여 준다.

(2) 언어발달에 관한 Vygotsky 이론의 관점

Vygotsky 이론에서는 언어발달을 인지발달과의 관련성에서 살펴본다는 점에서 Piaget 이론과 같은 입장을 취하지만, 인지발달이 언어발달에 선행한다는 Piaget의 관점과는 달리, 언어발달이 인지발달을 이끄는 원동력으로 보았다. 즉 언어발달의 근원은 인지발달이 아니라, 오히려 언어가 사고와 인지발달을 촉진하는 매개적 기능(mediated function)을 갖는다고 보는 것이다.

Vygotsky 이론에 따르면, 언어란 인지발달이 이루어지는 과정에서 중요한 역할을 수행하는 정신적 도구(tool)이다. 이는 인지발달과정에서 잘 드러난다.

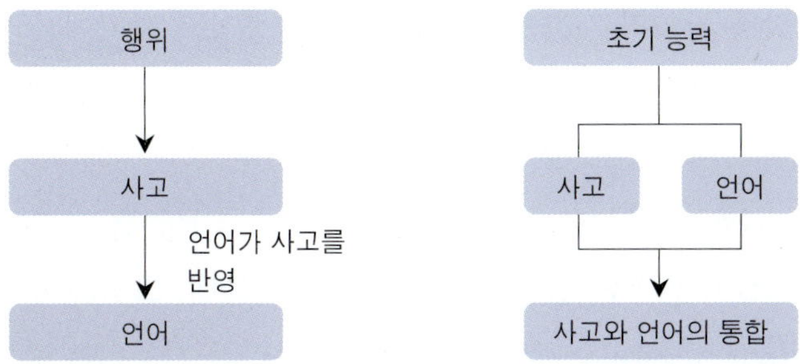

[그림 3-8-1] Piaget와 Vygotsky의 언어발달과 인지발달 간의 관계

Vygotsky 이론에서 인지발달은 한 사회나 문화에 축적된 고등정신기능(high mental function)을 성인이나 자신보다 유능한 또래와의 사회적 상호작용을 통해 내면화시킴으로써 자신의 것으로 발전시켜 나가는 과정으로 본다. 이러한 인지발달 메커니즘 속에서 언어는 상호작용을 위한 도구로서 대화적 기능을 수행할 뿐 아니라 상호작용과정에서 공유된 지식을 자신의 것으로 내면화하는 과정에서 추상적 사고를 위한 도구로서 중요한 기능을 수행하게 된다.

따라서 Vygotsky 이론에서 인지발달은 언어발달을 위해서는 인지발달이 선행되어야 한다고 본 Piaget 이론의 관점과는 달리, 인지발달이 언어발달을 통해 이루어지는 것으로 보았다. 즉 언어발달이 인지발달을 이끈다고 보는 관점이다. 반면 Piaget 이론에서는 언어란 현실을 표상하기 위해 사용하는 여러 가지 상징적 기능의 하나일 뿐이며 인지발달에는 중요한 의미를 지니지 않는다고 본 점에서 Vygotsky 이론과는 차이를 보인다.

지금까지 살펴본 언어발달과 인지(사고)발달과의 관계에 관한 Piaget와 Vygotsky 이론의 차이는 유아기 언어 특성에서도 잘 드러난다.

Piaget 이론에서는 유아가 혼자 있을 때 혹은 또래와 함께 있을 때 상대방이 아닌 자신에게 소리 내어 하는 말을 자아 중심어(egocentric language)라 부른다. 이러한 유아기 언어 특성인 자아 중심어에 대해 Piaget는 전조작기 사고의 특성인 자아중심성이 언어에 반영된 것으로, 인지발달에 있어 특별한 의미를 부여하지 않았다. 또한 점차 논리적 사고가 발달하고, 자아중심적 사고에서 벗어나 탈자아중심화(dis-egocentrism)가 되면서, 자아중심어는 사라지고 사회적 언어(social language)를 사용하게 된다고 보았다.

반면 Vygotsky는 이러한 유아기 언어적 특성을 혼잣말 혹은 사적 언어(private speech)로 불렀으며, 중요한 발달적 의미를 부여하는데, 그것은 바로 인지과정에서의 자기조절(self-regulation)의 기능이다. 즉 유아가 사용하는 혼잣말은 문제해결과정에서 스스로 조절하기 위해 사용되며, 특히 어려운 과제에서 유아가 혼잣말을 더 많이 사용한다는 것이다. 또한 유아의 혼잣말을 사회적 상호작용과정에서 의사소통을 위해 사용되는 사회적 언어(social language), 즉 외적 언어(external speech)가 추상적 사고를 위한 내적 언어(inner speech)로 바뀌어 가는 과정에서 나타나는 과도기적 언어 형태를 보았다.

지금까지 살펴본 바와 같이 언어와 사고, 언어와 인지발달 간의 관계에 관한 두 이론의 관점 차이는 언어교육에 시사하는 바도 각각 다르다.

언어발달을 위해서는 인지발달이 선행되어야 한다고 본 Piaget 이론의 관점에서는 언어교육은 유아기 인지발달을 자극하는 것이 효과적이며 이러한 지적 자극은 외부의 도움 없이 유아 혼자서도 가능하다고 보았다. 따라서 학습과정에서도 개념에 대한 이해를 통해 인지구조의 변화를 이끄는 것이 언어발달에 도움이 된다고 보았다.

반면 Vygotsky는 언어발달이 곧 사고발달이나 인지발달에 도움이 된다고 본다. 따라서 성인이나 또래와의 다양한 상호작용 경험이나 유아기 언어교육과 문해 교육(literacy education)을 통해 유아기 언어능력 향상을 이끄는 것이 중요하다고 보았다.

2 언어발달단계

인간의 언어발달은 단어를 사용하여 의사를 전달하기 오래 전부터 시작되는데, 울음이나 표정, 몸짓 등 비언어적 행동을 통해서 의사소통을 한다.

생후 1년 경이 되면 영아들은 한 단어를 시작으로 말을 하기 시작한다.

유아기는 상징을 사용하기 시작하는 시기로 언어를 통해 타인과 소통하고, 새로운 정보를 교환하며, 자신의 생각과 감정을 표현하게 된다.

본 장에서는 언어발달을 '전 언어시기(pre-verbal period)'와 '언어시기(verbal period)'로 구분하여 자세히 살펴보기로 한다.

1) 전 언어시기(Pre-verbal period)

일반적으로 출생에서 생후 1년까지 영아는 미소나 울음 등의 방법으로 자신의 의사를 전달할 수 있는데, 이 시기를 전 언어시기(pre-verbal period)라고 한다.

이 시기는 주로 음운발달이 이루어지는데, Kaplan(1971)은 이 시기에 이루어지는 음운발달을 울음(crying), 목 울리기(cooing), 옹알이(babbling), 형태화된 말(patterned speech)의 4단계로 설명한다.

우선 갓 태어난 신생아는 '울음(crying)'으로 자신의 감정을 표현하는데, 이것을 진정한 의미의 의사소통이나 언어로 보기는 힘들다. 주로 화가 나거나, 배가 고프거나, 피곤해서 잠이 올 때 소리 내어 울음으로써 자신의 상황을 주변에 알리는 것이다.

생후 3개월경이 되면 영아는 "오오……, 아아……" 등 목구멍을 통해 울리는 소리인 '목 울리기(cooing)'를 하며 자신의 정서 상태를 표출하고, 생후 6개월쯤 되면 '옹알이(babbling)'를 시작한다. 옹알이는 자음뿐 아니라 모음도 포함하는 것으로 같은 소리가 많이 반복된다.

목 울리기와 옹알이는 의사소통을 위한 것이 아니라 자연적으로 소리를 만들어 내는 것으로, 생득적인 기제이며, 이때가 언어생성능력 발달과정에서 중요한 시기이다. 따라서 성인이 영아의 옹알이에 즉각 반응해 주고 적절히 응답해 주면, 옹알이는 증가하게 되고, 영아의 언어발달이 촉진된다. 반면 적절한 반응이 없으면 옹알이도 감소하게 되어 언어발달이 지체될 수 있다. 결국 영아는 생득적인 언어 기제를 가지고 태어나지만 적절한 환경적 자극이 주어지지 않을 경우, 언어발달이 이루어지기 어렵다는 것이다.

이러한 언어 이전 시기를 거쳐 생후 1년이 되면 영아는 단어를 사용하여 형태화된 말(patterned speech)을 통해 의사소통을 하게 된다.

2) 언어시기(Verbal period)

언어시기(verbal period)는 형태화된 말(patterned speech)을 통해 의사소통을 하게 되는 시기로, 한 단어 문장을 주로 사용하는 일어문(holophrase)에서 시작하여 점차 전보식 형태를 보이는 두 단어 문장을 사용하는 이어문 형태로 발달해 간다. 그리고 2~3세경에 이르면 문법적 형태소를 사용하기 시작하면서 세 단어 이상을 사용한 성인의 문장 형태를 만들어 낼 수 있게 된다.

언제부터 말을 시작하는지는 문화마다 그 기준이 다르지만 보통 12개월이 되면 영아는 남들이 알아들을 수 있는 한 단어로 말하기 시작한다. 생후 1년을 전후로 시작되는 언어발달단계를 자세히 살펴보도록 하자.

(1) 한 단어 문장기(One-word utterance phrase period)

생후 1년경이 되면, 영아는 한 단어로 자신의 의사를 분명하게 표현하기 시작하는데, 단순히 하나의 대상을 지칭하는 것에 그치는 것이 아니라 하나의 단어로 문장의 의미를 전달하려는 의미를 내포하고 있다는 점에서 일어문(holophrase)이라고도 한다.

대체로 영아가 첫 단어를 사용하기 시작하는 생후 12개월에서, 2개의 단어를 연결해서 사용할 수 있는 18개월 전·후의 시기가 이에 해당된다.

일어문은 하나의 단어로 자신이 표현하고 싶은 문장의 의미를 표현하는 것이므로, 일어문의 의미는 상황과 맥락 안에서 파악해야 한다. 예를 들어 영아가 '밥'이라 말할 때 배가 고픈 상황이면 '밥이 먹고 싶다', '밥을 주세요' 등의 의미일 수 있지만, 밥그릇의 밥을 지적하며 '밥'이라 할 때는 '이것은 밥이다'라는 의미일 수 있기 때문이다.

또한 한 단어 문장기, 즉 일어문기 영아는 보통 자신이 획득한 단어를 부적절하게 사용하는 경우가 많다. 흔히 하나의 단어를 적절하지 않은 다른 대상에까지 일반화시켜 사용하기도 하며, 혹은 어떤 범주에 속하는 하나의 단어를 그 범주 전체가 아닌 특정 대상에 국한하여 사용하는 등 오류를 범하기도 한다. 전자를 '의미의 과잉확장', 후자를 '의미의 과잉축소'라고 칭한다.

의미의 과잉확장(over extension)이란 단어의 의미를 확대하여 포괄적으로 사용하는 것으로, 대체로 모양이 지각적으로 비슷하거나 그 기능에 공통성이 있거나, 같은 범주에 속하는 대상에 대해 나타난다(Clark, 1983). 예를 들어 '개'라는 단어를 고양이나 송아지 등 다른 동물을 지칭하는 데 사용하는 것을 들 수 있다.

의미의 과잉축소(under extension)란 단어의 의미를 성인의 경우보다 축소하여 생각하는 것이다. 예를 들어 집에서 기르는 진돗개를 '개'라고 부르는 영아가 다른 집의 개는 '개'라고 부르는 것을 거부하거나, '개'가 아니라고 고집하는 경우를 들 수 있다.

이러한 오류 현상은 일시적인 것으로 어휘가 점점 증가함에 따라 사라진다.

(2) 두 단어 문장기(Two-words utterance phrase period)

생후 18~24개월이 되면, 영아는 기억력과 어휘 수가 증가하면서 두 단어를 결합하여 자기 생각을 보다 의미 있게 전달할 수 있게 되는데, 두 단어로 이루어진 문장을 통해 의사를 표현하는 시기라는 의미에서 이어문기라고도 한다.

이때 사용하는 두 단어는 단순한 단어의 나열이 아니라 문법적 관계로 분석이 가능한 문장이다. 보통 이어문(duos)은 전보식 문장, 주축문법, 의미론적 관계 등으로 구분되어 설명한다.

❶ 전보식 문장

전보식 문장(telegraph speech)은 영아가 두 단어를 조합해서 사용할 때 군더더기 단어들은 생략하고 핵심적인 단어만 연결하여 문장을 구성한다고 하여 붙여진 이름이다.

전보식 문장에 포함되는 핵심 단어는 명사와 동사, 형용사, 부사의 내용어(content word)이며, 조사, 전치사, 접속사, 관사, 조동사 등의 기능어(function word)는 생략된다. 이러한 표현은 영아가 기능어보다는 내용어가 정보를 더 많이 담고 있어 중요하다는 것을 알고 있음을 시사한다(한유미 외, 2006).

❷ 주축문법

주축문법(pivot grammar)이란 영아가 사용하는 두 단어는 아무렇게나 연결된 것이 아니라 두 단어 사이에 일종의 규칙이 있다고 보는 관점이다(Mcneil, 1966).

주축문법은 주축어(pivot)와 개방어(x 구조)로 이루어져 있는데, 이때 사용된 두 단어는 주축어 또는 개방어 중 한 가지 범주에 속한다는 것이다.

예를 들어 '엄마(mommy), 양말(sock)'이라는 이어문을 주축문법의 관점에서 살펴보면, '엄마'라는 주축어와 '양말'이라는 개방어의 구조로 이루어진 것이다. 〈표 3-8-2〉에서 보는 바와 같이, 영아는 '엄마'라는 주축어를 중심으로 다양한 개방어를 연결하여 문장을 만든다는 것이다.

〈표 3-8-1〉 주축문법의 예

주축어	개방어
엄마	양말
엄마	우유
엄마	예뻐

Mcneil(1966)은 주축어와 개방어를 구별하는 것은 두 단어를 조합하는 문법적 규칙을 알고 있음을 뜻하는 것으로 문법의 출현으로 본다. Brain(1963) 역시 영아가 사용하는 두 단어를 분석해 보면 이 두 단어를 조합해 주는 규칙을 찾아낼 수 있음을 보여 주었다.

그러나 영아가 사용하는 이어문에 대한 주축문법(pivot grammar)의 관점은 문장의 형식측면에서 살펴본 것으로, 문장의 의미는 고려하지 못한 점에서 비판을 받는다. 예를 들어 '엄마, 양말'이라는 이어문은 '엄마의 양말' 혹은 '엄마가 양말을 신는다', '엄마, 나에게 양말을 신겨 주세요'라는 다양한 의미를 내포할 수 있다는 점에서, 단순히 엄마(주축어), 양말(개방어)의 구조로 보는 주축문법의 관점은 한계를 지닌다고 보는 것이다.

이처럼 주축문법은 영아가 주축이 되는 단어를 먼저 선택하고 여기에 새로운 단어를 포함시켜 문장을 표현한다고 설명함으로써 이어문의 표면적인 분석의 틀을 제공해 주고 있으나, 두 단어 간의 의미론적 관계는 설명하지 못한다는 한계를 지닌다.

❸ 의미론적 관계

이어문의 표면적 분석의 틀을 제공한 주축문법의 한계를 벗어나기 위해, 이어문에 조합된 두 단어의 의미론적(semantic) 관계를 분석하고자 하는 시도가 이루어졌다.

이어문 단계에서 유아의 문법은 소규모의 의미론적 관계를 보여준다. Brown(1973)는 이어문에서 발견되는 의미론적 관계를 다음과 같이 정리하였는데, 이는 한국 아동의 경우에도 검증되었다(조명한, 1986).

〈표 3-8-2〉 이어문에서의 의미론적 관계

의미론적 관계	영어	한국어
행위자-행위	boy kick	엄마 간다 / 언니 울어
행위-목적(목적-행위)	pull train	물 줘
행위자-목적	Daddy ball	엄마 밥
행위-장소(장소-행위)	sit chair	여기 앉아 / 오토바이 타
실체-장소(장소-실체)	cup shelf	여기 꽃 달 / 저기 새
소유자-소유물	Mommy scarf	아빠 신 / 동생 꺼
실체-수식(수식-실체)	ball red	예쁜 인형 / 무서운 아찌
지시하기-실체	there car	요거 차

출처: 조명한(1982). 한국아동의 언어획득연구: 책략모형.

앞에서 제시된 사례에서 볼 때 '엄마(mommy)' '양말(sock)'이라는 이어문의 표현은 서로 다른 상황의 의미를 나타낼 수 있다는 것이다. 하나는 영아가 엄마의 양말을 집으며 '이것은 엄마의 양말이다'이라는 의미로 사용될 수도 있고, 또 하나는 엄마가 영아에게 양말을 신겨 줄 때 '엄마가 나에게 양말을 신겨 주고 있어요'라는 의미로 사용될 수 있다.

이 두 가지 상황을 주축문법에 따라 분석하면, 둘 다 엄마(주축어)+양말(개방어) 구조로 분석되지만, 실제 의미를 중심으로 살펴보면, 첫 번째 상황은 소유자-소유물의 관계이며, 두 번째 상황은 소유자-소유물과 행위자-목적어 관계로 분석된다(Bloom, 1970).

(3) 문장 사용기

연령이 증가함에 따라 유아는 언어의 사용이나 이해가 점점 증가하고, 사용하는 단어의 수가 빠른 속도로 증가하면서 세 단어 이상을 사용한 문장을 만들 수 있게 된다. 즉 점차 세상에 대한 이해가 많아질수록 그것을 표현할 수단을 찾으려 노력하게 된다(Slobin, 1970).

한 단어를 사용하는 일어문기를 거쳐, 전문식 형태를 띠는 이어문을 사용하게 된 후, 2~3세가 되면 이어문을 바탕으로 한 단순한 표현에서 벗어나 2개 이상의 어휘를 사용하여 문장을 말할 수 있게 된다.

문장 사용기의 특징은 영유아의 문장은 길어지고 정교해지며, 이어문에서는 동사가 생략된 데 비해 동사가 필수적으로 포함된다. 특히 점차 문법적 형태소를 사용하게 되면서 문장의 의미도 분명해지며, 성인이 사용하는 문장과 점차 유사한 체계를 갖추게 된다.

유아가 문법적 형태소를 사용하여 말할 수 있다는 것은 복잡한 문법체계를 인식하고 있음을 의미한다. 그러나 문법형태소는 종류에 따라 출현시기에 차이가 있다. 우리나라 영아의 경우 개인차는 있지만 대체로 공존격 조사(−같이, −랑, −하고, −도), 처소격조사(−에, −에게, −한테), 주격 조사(−은, −는, −이, −가), 목적격조사(−을, −를), 도구격 조사(−로, −으로)의 순서로 획득하는 것으로 나타났다(조명한, 1982).

이처럼 문법적 형태소의 종류에 따라 출현시기가 다른 이유는 다음과 같다(한유미 외, 2006). 첫째, 사회적 소통에 필요한 것일수록 먼저 습득한다. 둘째, 인지적 발달과 관련된다. 즉 과거에 대한 표상이 먼저 이루어지므로 과거형이 미래형보다 먼저 발달된다. 셋째, 지각적으로 두드러진 것일수록 먼저 습득한다. 넷째, 문법이나 의미가 복잡할수록 늦게 습득된다.

Brown(1973)은 문법형태소를 통해 언어발달에 관한 정보를 얻을 수 있다고 보았는데, 문장 내 평균형태소의 수를 중심으로 한 MLU(Mean Length of Utterance)를 기초로 언어발달을 5단계로 나누었다.

MLU(Mean Length of Utterance)란 평균 발화길이를 의미하며, 각 문장 속에 포함된 낱말이나 형태소의 수를 말한다. 보통 3개월에서 6개월 정도의 연령 차이에서도 유아가 유사한 언어 패턴을 보이는 경우가 있으므로 MLU는 유아의 연령보다는 언어의 발달 정도를 나타내는 지표로 이해할 수 있다.

〈표 3-8-3〉 MLU에 따른 언어발달 단계

1단계 (MLU=1.01~1.99)	전보식 문장 형태
2단계 (MLU=2.00~2.49)	단어 조합에 문법형태소를 첨가
3단계 (MLU=2.50~2.99)	여러 가지 문장 양상(부정, 의문)
4단계 (MLU=3.0 이상)	복문 사용
5단계	새로운 형태의 복문

출처: Brown(1973).

1단계는 주로 명사나 동사로만 구성된 전보식 문장 단계이다.

2단계는 하나 이상의 형태소를 만들어 내는 시기로, 이 단계 후부터는 MLU가 0.5씩 증가하게 되면서 문장이 점차 복잡해진다.

3단계는 부정문이나 의문문과 같은 다양한 형태의 문장을 사용하는 단계이며, 4단계는 복문을 사용하는 단계이다.

5단계는 새로운 형태의 복문이 나타나는데, 보통 MLU 3.0 이상에서는 아동의 발화복잡성을 제대로 예측하기 어렵다고 본다.

문장 사용기에는 다양한 문법적 형태소를 사용하여 문장을 만들기 시작하면서 문장구조에 관한 문법이 발달하는데, 성인이 사용하는 문법과는 다른 문법을 나타내기도 한다. 이 시기는 Brown(1973)이 제시한 MLU가 2.0에서 2.5 사이에 이르는 단계로, 시제형 형태소나 주격조사 '가' 등이 출현하기 시작한다.

이 시기는 자신이 알고 있는 문법적 규칙을 모든 문장에 적극적으로 사용하고자 노력하면서 적용하지 말아야 하는 경우에까지 일괄적으로 적용하는 과잉일반화(over generalization)를 초래하기도 한다.

문법의 과잉일반화(over generalization)란 자신이 알고 있는 문법을 모든 상황에 적용시켜 사용하는 경향을 말한다. 예를 들면 우리말의 경우, 주격 조사인 '-가'를 행위자 뒤에 붙인다는 규칙을 알게 되면, 이 규칙을 모든 명사에 적용하여, '동생가 나빠', '수박가 맛있어'와 같이 사용하는 오류를 말한다. 혹은 목적격 조사를 사용해야 할 때도 '내가 포도가 먹어'처럼 주격 조사를 사용하는 실수도 흔히 나타난다. 영어의 경우는, 과거시제를 나타내는 조사 '-ed'를 모든 경우에 적용하여 'We goed to the zoo'처럼 사용하는 오류를 범하기도 한다.

유아기에 나타나는 이러한 '문법의 과잉일반화' 현상은 모든 언어권에서 보편적으로 관찰되는 것으로(Slobin, 1985), 이는 언어습득이 단순히 환경적 자극에 대한 수동적 모방을 통해 습득되는 것이 아니라 유아의 타고난 창의적이고 능동적인 언어능력을 보여 주는 사례이다.

❶ 부정문

생후 3세경이 되면, 영아는 점차 성인이 사용하는 형태의 부정문을 사용하기 시작하는데, 처음에는 단순히 '~ 안(no)', '~ 아니(not)'를 문장 앞에 첨가하여 부정문을 만든다.

영유아가 사용하는 부정문의 유형은 〈표 3-8-4〉와 같은데, 부정문 사용 초기에는 부재(non-existence), 거부(rejection), 부정(denial)을 구별하지 못한다고 한다.

〈표 3-8-4〉 영 · 유아가 사용하는 부정문의 유형과 예

범주	성인	영 · 유아
부재(non-existence)	아빠 담배 어디 있니? 아가, 어디 있니?	아빠, 담배 없다. 아가, 없다.
거부(rejection)	혜진아, 이리와. 은영이, 몇 살이야? 말 탈래?	실러.(싫어.) 몰라. 안 탈래.
부정(denial)	승화야, 빵 맛있니? 송아지야, 어디 해봐?	아니. 송아지 아냐.
금지(inhibition)	세수 안 해? 빵 안 먹어?	비누칠 하지 마. 다 먹지 마.
무능(inability)	자전거 탈 줄 아니?	못 잘 타.

출처: 이경화(1994). 유아언어교육.

〈표 3-8-4〉에서 보는 것처럼, 우리말의 경우 영아가 자주 사용하는 부정문의 형태는 부재(non-existence)(없다), 거부(rejection)(싫어), 부정(denial)(아니, 아니야), 무능(inability)(못), 금지(inhibition)(하지 마 / 먹지 마) 등이며 가장 많이 쓰는 부정문의 형태는 '안'이다.

그런데 어린 영아의 경우는 부정을 나타내는 요소인 '안'을 동사 앞이 아니라 잘못된 위치(동사구 앞)에 놓는 실수를 범하기도 한다. 예를 들면, '나 안 밥 먹을래(나 밥 안 먹을래)', '나 안 잠 잘래(나 잠 안 잘래)' 등이다. 이것은 자신이 알고 있는 문법적 규칙을 적용하지 말아야 하는 경우에까지 일괄적으로 적용하는 것으로, 문법의 과잉일반화(over generalization)에 해당된다.

❷ 의문문

유아기는 알고 싶은 욕구와 호기심이 최고조로 달하는 시기로, '이게 뭐야?'라는 질문을 끊임없이 하면서 세상 사물에 대해 의문을 제기한다. 이때 부모나 교사는 질문에 대해 귀찮게 여기지 않고 인내심을 가지고 유아들의 질문에 반응하는 것이 언어발달이나 인지발달에도 도움이 된다.

의문문의 형태는 처음에는 문장의 끝 단어를 올려서 의문문을 만들기 시작하다가 점차 의문형 어미와 의문사를 사용하여 의문문을 만든다.

우리말의 경우 의문형 어미로는 '-지, -까, -니, -냐'(이게 뭐지?, 이게 뭘까?, 이게 뭐니?, 이게 뭐냐?) 등이 있으며, '뭐, 어디, 누가, 언제, 왜, 어떻게'와 같은 의문사를 모두 사용하게 된다.

한국어 의문사의 발달순서는 무엇(what), 어디(where), 어떻게(how), 왜(why), 누구(who), 언제(when)의 순으로 나타난다고 한다(한유미 외, 2006). 여기서 시간개념에 관한 언제(when)가 가장 늦게 발달하는 것은 언어발달이 인지발달을 반영한다는 Piaget의 관점을 잘 보여 주는 예이다.

❸ 복문

유아가 점차 다양한 문법적 형태소를 획득하면, 자신의 생각이나 욕구를 자유롭게 표현해 가면서 어른의 말과 유사해지는데, 그 대표적 형태가 복문의 사용이다. 복문이란 두 가지 이상의 문장을 병행하여 사용하는 것으로, 일반적으로 복문에는 대등한 내용을 나란히 병행시키는 대등구성형식과 주절과 종속절을 병렬시키는 연합구성형식이 있다. 우리나라 유아의 경우 두 형식의 문장은 거의 비슷한 시기에 출현한다고 한다(조명한, 1982).

우리나라 아동의 경우 2세경에 관계절이 포함된 복문을 산출하는데, 비교적 정교한 형태의 복문은 Brown(1973)이 제시한 MLU가 대략 3.0인 언어발달의 3단계에 해당된다.

CHAPTER

09

수 능력의 발달

1. 수에 대한 이해

1) 수 세기(Counting) 능력
2) 수 세기 원리
3) 수 세기의 오류
4) 수 세기 전략

2. 수 개념 발달

1) 분류화(Classification)
2) 서열화(Seriation)
3) 보존 개념(Conservation concept)
4) 공간, 기하 및 시간 개념

수를 적절하게 처리하는 능력은 세상을 이해하고 개념화하는 데 필요한 기본적인 능력일 뿐 아니라 일상생활에 적응하는 데에도 필수적이라 할 수 있다.

수 능력의 발달은 과거에는 후천적 경험에 의해 생기는 결과라고 보았지만, 최근 연구들에 따르면 인간의 수 능력도 다른 인지능력과 마찬가지로 인간이 수를 학습하는 생득적 기제를 가지고 태어나며, 환경과의 상호작용과정을 통해 발달하고 진화한다는 관점이 지배적이다.

유아에게 있어 수 개념의 이해와 발달은 단순히 수 이름을 알고 수 세기를 하는 것을 넘어 논리적으로 사고하고, 자료를 수집하고 분석하여 이를 토대로 문제해결에 이르는 과정이라는 점에서 중요한 의미를 지닌다. 따라서 유아기 수 개념 발달을 위한 다양한 교육적 접근이 필요하다.

유아가 수에 대한 이해와 수학적 지식을 형성하는 과정에서 가장 중요한 것은 유아의 인지적 발달 수준과 경험과의 상호작용이다. 따라서 유아기 수 교육 프로그램은 유아의 일상생활에서의 경험과 관련되어야 하고, 유아에게 친숙한 놀이를 통해 제시되어야 할 것이다. 또한 교육활동은 단편적이고 즉각적인 답을 찾아내는 활동이 아니라 유아로 하여금 사고를 촉진시키고 탐구 욕구를 불러일으키는 활동으로 구성되어야 할 것이다.

이와 함께 최근 유아기 수학교육의 방향은 유아가 일상생활에서의 경험을 토대로 비형식적인 방법으로 수학을 학습할 기회를 많이 가질 것을 강조하고, 실제 교수활동 시에도 구체적인 조작물을 사용하도록 하며, 협동학습, 토론 등의 다양한 활동을 통합적으로 사용할 것을 제안하고 있다.

본 장에서는 수를 이해하는 능력은 언제부터인가 하는 문제들을 중심으로 유아기 수 능력의 발달에 대해 자세히 알아보도록 하자.

1 수에 대한 이해

수에 대한 이해는 크게 수의 기수성(cardinality)에 대한 이해와 서수성(ordinality)에 대한 이해로 구성된다.

기수성(cardinality)이란 수의 절대적 크기에 대한 이해를 의미하며, 서수성(ordinality)이란 수의 관계적 특성, 즉 수들의 순서에 대한 이해를 말한다. 즉 우리가 수를 이해한다는 것은 3개의 사과로 이루어진 집합을 보고 그 수가 3개임을 알고 그 집합은 2개로 구성된 집합보다 더 많은 사물로 구성되어 있음을 이해하는 것이라 할 수 있다.

수의 기수성(cardinality)에 대한 이해는 연구들에 따르면, 4개월 된 영아와 7.5개월 된 영아는 2개와 3개의 사물을 구별할 수 있고(Starkey & Cooper, 1980), 10개월과 12개월 사이의 영아도 2개와 2개의 사물을 구별할 뿐 아니라 3개와 4개의 사물을 구별할 수 있었는데, 4개와 5개의 사물은 구별하지 못하였다(Strauss & Curtis, 1981). 이러한 연구결과를 통해 볼 때, 영아는 작은 수, 즉 '하나'에서 '셋' 또는 '넷' 사이의 수를 구별하는 능력을 가지고 있음을 알 수 있다.

수의 서수성(ordinality)에 대한 이해는 기수성에 대한 이해보다 약간 더 늦게 약 1.5세경에 나타났는데, 연구들에 따르면, 10개월에서 12개월 사이의 영아는 '더 많은', '더 적은'의 관계를 이해하지 못하였다.

그러나 조작적 조건형성원리를 사용하여 영아들의 서수성에 대한 이해를 실험한 한 연구(Strauss & Curtis, 1984)에 따르면, 실험에 참가한 16개월 된 영아는 두 수 사이의 서수적 관계를 이해하였다.

이 실험에서 실험자는 영아들에게 2개와 3개의 점을 제시한 후 점이 더 많은 쪽을 만지면 강화를 주었다. 이렇게 영아로 하여금 더 많은 쪽을 만지도록 학습시킨 후 이번에는 3개와 4개의 다른 쌍의 점들을 제시하고 영아가 어느 쪽을 만지는지를 관찰하였다. 만약 영아가 학습단계에서 특정한 수(3개)의 점에 대해 반응하는 것을 학습했다면 검사단계에서 3개의 점이 있는 쪽을 만졌을 것이다. 그러나 영아가 학습단계에서 두 수 중 더 큰 쪽을 선택하는 것, 즉 서수적 관계에 의해 반응하는 것을 학습했다면 검사단계에서 영아는 3개의 점이 아니라 4개의 점을 만질 것이다. 결과적으로, 이 연구에 참여한 16개월 된 대부분의 영아는 4개의 점을 선택하여 영아가 두 수 사이의 서수적 관계를 이해하고 있음을 보여 준다.

1) 수 세기(Counting) 능력

학령전기에 유아가 배워야 할 수에 대한 이해 중 가장 중요한 기술은 사물의 수를 파악하는 능력, 즉 수 세기 능력이다.

유아기에 사물의 수를 파악하는 데 많이 사용되는 과정으로 흔히 '직관적 수 세기'와 '일반적 수 세기'를 들 수 있다.

'직관적 수 세기(subitizing)'란 일일이 사물들의 수를 세지 않고 수를 파악하는 과정으로 주로 작은 수에만 제한적이고 별로 인지적 노력이 들지 않으며 비교적 정확한 편이다. 반면 '일반적 수 세기(counting)'는 사물의 수를 직접 세는 과정으로 주로 사물의 수가 클 때 사용하는 방법이다. 따라서 인지적 노력이 들며, 오류가 발생할 소지도 있다.

Chi와 Klahr(1975)는 유아도 성인과 마찬가지로 '직관적 수 세기'를 사용함을 보여 주고 있다. 그러나 수의 크기에 따라 반응시간이나 오답률에서 차이를 보이고 있다. 특히 3 이하의 수를 직관적 수 세기를 통해 파악할 때는 반응시간이나 오답률에서 큰 차이를 보이지 않았으나, 4 이상의 수에서는 수의 크기에 따라 반응시간이나 오답률이 크게 증가하였다. 이는 유아들의 경우, 3이하의 수에서는 직관적 수 세기가 가능함을 보여 준다.

Fischer(1984)의 연구에서도, 3의 경우 '직관적 수 세기'의 성공률이 92%인 반면, 4의 경우 성공률이 22%에 머물러 3과 4 사이의 현저한 차이를 보여 주고 있다(표 3-9-1 참조).

〈표 3-9-1〉 연령별 직관적 수 세기(subitizing) 오답률

나이/수	1	2	3	4
4.3	.02	.07	.36	.83
4.9	.00	.02	.11	.62
5.3	.00	.08	.08	.31
5.9	.00	.02	.01	.16

이처럼 작은 수를 직관적으로 파악하는 직관적 수 세기(subitizing) 능력은 생득적인 능력으로, 이후의 수 능력발달에 기초가 된다.

'일반적 수 세기(general number counting)'는 사물들의 수를 세지 않고 직관적으로 수를 파악하는 '직관적 수 세기'와 달리, 사물의 수를 직접 세는 과정을 말한다. 일반적 수 세기는 수를 지칭하는 이름을 순서대로 정확하게 기억하는 '말로 수 세기(oral counting)'와 실제 사물을 대상으로 '수를 지칭하는 이름'과 '사물'을 차례대로 일대일 대응시키는 능력인 '사물 수 세기(object counting)'로 나누어진다.

첫째, '말로 수 세기(oral counting)'는 수를 지칭하는 이름에 대한 지식을 의미하는데, 나라별로 다른 수 이름체계를 가지고 있어 말로 수 세기 능력에 영향을 미친다. '말로 수 세기(oral counting)' 능력은 약 3세부터 4세까지는 비교적 완만하게 발달하나 4~5세에는 급격히 발달함을 볼 수 있다.

우리나라의 수 이름체계를 살펴보면, 2가지 체계를 사용하는데, 하나는 주로 문어체에서 사용하는 '일, 이, 삼, 사' 등 한자어에서 유래한 체계이고, 다른 하나는 주로 구어체에서 사용하는 '하나, 둘, 셋, 넷' 등의 한글에서 유래한 체계이다.

여러 연구(박영신, 1997; 홍혜경, 1990; Song & Ginsburg, 1988)에 따르면, 우리나라 유아의 경우, '일, 이, 삼, 사' 등의 한자어 체계는 만 3세경에 약 8까지, 만 4세경에 약 23까지, 만 5세경에 약 60까지 세었다. 반면 '하나, 둘, 셋, 넷' 등의 한글 체계는 만 3세경에 약 8까지, 만 4세경에 약 19까지, 만 5세경에 약 36까지 세었다.

'하나, 둘, 셋, 넷' 등의 한글 체계는 상당히 불규칙하여, 규칙적인 한자어 체계의 수 이름에 비해 배우는 데 더 힘이 든다. 예를 들어 10 이상의 십 단위 이름도 한자어 체계에서는 '이십, 삼십, 사십' 등으로 1부터 9까지 일 단위 수 이름을 십 단위 이름에 붙이면 되지만, 한글 체계는 '스물, 서른, 마흔' 등으로 일 단위 수 이름과는 전혀 다른 이름을 사용하기 때문이다.

'하나, 둘, 셋, 넷' 등의 한글 체계와 '일, 이, 삼, 사' 등의 한자어 체계는 서로 다른 상황에서 사용되므로 서로 다른 수 단어들이 동일한 개념임을 배우는 것이 필요하다. 또한 두 체계로 수를 세는 것을 배우면서, 유아는 '하나'와 '1', '둘'과 '2', '셋'과 '3' 등 두 수 체계 간의 대응성을 이해하게 된다. 한 연구(박영신, 1997)에 따르면 두 수 체계 간의 대응성에 대한 유아의 이해가 3세에서 5세 사이에 많이 발달하나 5세에도 여전히 제한적임을 보여 준다.

이처럼 우리나라 수 이름체계는 수를 지칭하는 단어체계가 하나밖에 없는 미국이나 중국과 달리, 수를 지칭하는 독립된 2개의 체계가 있어 두 체계를 동시에 학습해야 하는 우리나라 유아에게는 인지적 부담이 더 크다. 이것이 우리나라 3~4세 유아들이 다른 나라 유아보다 수 세기에 있어 뒤쳐지는 이유이기도 하다. 그러나 일단 두 체계를 어느 정도 학습하고 나면 다른 나라의 유아의 수준과 거의 동일한 수준에 이른다.

둘째, '사물 수 세기(object counting)는 실제의 대상을 두고 수를 세는 것으로, '수를 지칭하는 이름'과 '사물'을 차례대로 일대일 대응시키는 능력이 요구된다. 따라서 대상 없이 숫자의 이름을 순서대로 말하는 '말로 수세기(oral counting)'와는 다른 인지적 능력이 요구된다. 즉 수 세기의 원리에 대한 이해가 필요하다.

2) 수 세기 원리

사물 수 세기(object counting)는 실제의 대상을 두고 수를 세는 것으로, '수를 지칭하는 이름'과 '사물'을 차례대로 일대일 대응시키는 능력이 요구된다. Gelman & Gallistel(1978)은 사물들의 수를 정확하게 세려면 다음과 같은 수 세기 원리를 이해해야 한다고 보았다.

사물 수 세기를 위한 5가지 원리는 다음과 같다.

첫째는 일대일 대응의 원리(one-to-one correspondence principle)이다.

이는 하나의 '사물'에 단지 하나의 '수 단어'가 할당된다는 원리로, 사물의 수를 셀 때, 어떤 사물도 건너뛰어서도 안 되고, 두 번 세어도 안 되고, 또 모든 사물을 빠짐없이 세어야 한다는 원리이다.

둘째는 일정한 순서의 원리(stable order principle)이다.

이는 수 이름들의 순서에 관한 원리로, 사물을 셀 때 수 단어들을 '하나, 둘, 셋, 넷'처럼 항상 일정한 순서로 사물에 할당해야 한다는 의미이다.

셋째는 기수성의 원리(cardinality principle)이다.

이는 그 집합에 속한 사물들 가운데 마지막 사물에 할당된 수 단어가 그 집합의 사물 전체의 개수를 나타낸다는 원리이다. 즉 사물을 셀 때, '하나, 둘, 셋, 넷' 하고 세었으면 그 집합에 있는 전체 사물의 수는 마지막 수를 의미하는 4개임을 이해하는 것이다. 이는 수 단어가 가지는 특성을 이해하는 것으로, 1,2,3,4와 같은 수 단어는 각각의 대상을 지칭하는 책상, 연필 등과 같은 단어와 달리, 각각의 수가 앞의 수를 모두 포함하는 기수성의 원리를 지닌다는 것을 이해하는 것이다.

넷째는 추상성의 원리(abstraction principle)이다.

이는 수를 세는 방법에 관한 것이 아니라 대상과 관련된 원리로, 수를 셀 때 그 대상이 사건, 사물, 추상적 대상 등 어떤 대상이든지 그 종류에 상관없이 같은 원리로 수를 셀 수 있음을 의미한다. 사과를 셀 때도 1,2,3,4가 적용되고, 시간을 셀 때도 1시간, 2시간, 3시간 등 같은 원리로 수를 셀 수 있음을 이해하는 것이다. 즉 사물을 세든, 동물을 세든, 그 대상이 무엇인지와는 관계없이 같은 원리로 수 세기가 이루어진다는 것을 이해하는 것이다.

Gelman과 Gallistel(1978)에 따르면, 4세경이면 서로 이질적 물건을 마치 동질적 물건인 것처럼 저항 없이 숫자의 이름을 이들에게 적용할 수 있게 되면서 추상성의 원리를 이해하게 된다고 보았다.

다섯째는 순서무관의 원리(order-irrelevance principle)이다.

이는 사물을 셀 때, 그 집합에 있는 사물을 빠짐없이 한 번만 센다면, 세는 순서에 관계없이 주어진 집합의 수는 일정하다는 원리이다. 즉 물건을 셀 때 왼쪽이나 오른쪽 혹은 어떤 쪽에서 먼저 세든, 수에는 상관없음을 이해하는 것이다.

여러 연구(Genman, 1982; Gelman & Gallistel, 1978)에 따르면, 5세 정도의 유아는 순서무관의 원리를 아주 분명하게 이해하고, 3세 정도의 유아도 이 원리를 대강 짐작한다고 한다.

지금까지 살펴본 바와 같이, Gelman과 Gallistel(1978)에 따르면 사물 수 세기(object counting)에는 5가지 원리에 대한 이해가 필요하다.

보통 나이가 많은 아동이나 성인은 위에서 제시한 5가지 수 세기 원리를 모두 이해하고 수를 셀 때 실제 이 원리를 적용한다.

그렇다면 어린 유아의 경우도 수 세기를 위한 5가지 원리를 이해하고 수 세기를 하는 것인가? 만약 그렇다면 그러한 수 세기 원리를 어떻게 이해할 수 있게 되는 것일까? 이 질문에 대해서는 선원리 이론(principle-before theory)과 이와는 반대 입장인 후원리 이론(principle-after theory)의 2가지 대립적인 관점이 존재한다.

Gelman으로 대표되는 선원리이론(principle-before theory)이란 유아는 이미 태어나면서부터 수 원리에 대한 이해를 가지고 있어 사물에 대한 수 세기가 가능하다고 보는 관점이다. 즉 수 세기 원리에 대한 이해를 생득적인 것으로 보는 관점이다.

반면 후원리 이론(principle-after theory)은 선원리 이론을 반대하는 입장으로(Briars & Siegler, 1984; Fuson, 1988; Fuson & Hall, 1983), 사람이 수에 민감하게

반응하는 경향을 가지고 태어난다는 점에는 동의하지만, 태어날 때부터 수 세기 원리를 가지고 있는 것이 아니라, 수를 세는 경험 속에서 수 세기의 원리를 점차 유추해 가게 된다는 관점이다.

이들에 따르면 유아는 처음에는 수 세기 원리를 모르는 상태에서 단순히 주변의 다른 사람들이 수를 세는 것을 보고 그들의 행동을 모방하면서 수를 세게 되지만, 점차 수를 세는 경험 속에서 자신의 행동과 그 결과 사이의 관계를 관찰하게 되고 그 과정에서 수 세기의 원리를 점차 이해하게 된다는 것이다.

예를 들면, 처음에는 사물을 왼쪽 끝에서 세어 보기도 하고 한 번은 오른쪽에서 세어 보면서 점차 어느 쪽에서 세든 마지막 숫자가 같다는 것을 스스로 경험하면서, 수를 세는 데 있어 순서는 별로 중요하지 않다는 순서무관의 원리(order-irrelevance principle)를 점차 인식하게 된다는 것이다.

결국 수를 세는 능력도 다른 인지능력처럼 Gelman이 주장한 생득적 요인과, Briars와 Siegler가 주장한 경험적 요인 간의 상호작용에 의해 결정된다는 것이다.

지금까지 살펴본 바와 같이, 수 세기를 위한 원리에 대한 이해가 생득적 능력인지, 아니면 경험을 통해 얻게 되는 능력인지, 혹은 생득적 능력과 후천적 경험 중 어떤 요소가 수 세기 원리를 이해하는 데 더 중요하게 작용하는지, 어떤 시점에서 어떻게 상호작용하는지는 추후 연구를 통해 계속 밝혀져야 할 부분으로 남아 있다.

3) 수 세기의 오류

유아의 경우 '말로 수 세기'와 '사물 수 세기'에서 모두 오류를 범하는 경향이 보인다.

'말로 수 세기(oral counting)'에서의 오류는 우리나라 유아의 경우 수 단어를 하나 혹은 두세 단어를 생략하거나(예: 셋, 다섯, 여섯, 아홉, …), 수 단어를 반복하거나(예: 십오, 십육, 십칠, 십오, 십육, …), 두 수 체계를 혼용하는 경우(예: 십 하나, 이십 셋, 스물 열, …) 등이다(홍혜경, 1990).

'사물 수 세기(object counting)'에서 유아가 가장 많이 하는 오류는 '이름 붙이기(tagging)'와 '나누기(partitioning)'에서 발생한다고 한다. 이름 붙이기는 세어야 할 물건에 수의 이름을 붙이는 과정이고, 나누기는 이미 센 사물과 세지 않은 사물을 나누는 과정이다.

예를 들면, '이름 붙이기(tagging)' 오류는 하나의 사물에 하나의 수 이름을 붙여야 하는데 2개를 붙인다거나(예: 하나, 둘셋, 넷), 하나의 이름을 음절에 따라 나누어서 2개의 사물에 붙인다거나(예: 다섯을 '다'와 '섯'으로 나누어 한 사물에는 '다', 다른 사물에는 '섯'이라고 붙이는 것), 실제 사물이 없는데도 수 이름을 할당하는 것 등이다(Fuson, 1988). '나누기(partitioning)' 오류는 5개의 사과를 셀 때 모두 센 후에도 계속해서 센다거나, 이미 센 사물을 다시 세는 것 등이다(Fuson, 1988).

Gelman과 Gallistel(1978)에 따르면, 유아가 가장 많이 하는 오류는 '이름 붙이기(tagging)'와 '나누기(partitioning)' 두 과정에서 실수를 동시에 한다는 것이다. 이러한 수 세기 오류는 유아가 수 이름 체계와 수 세기 원리를 더 잘 이해하게 되고, 수를 세는 과정에서 범하는 오류에 대해 사람들의 피드백을 받으면서 점차 감소하게 된다.

4) 수 세기 전략

수 세기 능력이 점차 발달하면서 유아들은 다양한 수 세기 전략(counting strategies)을 활용하기 시작하는데, 이는 일상적 경험을 통해 획득되는 비형식적 지식이라 볼 수 있다.

덧셈 상황에서 유아들이 사용하는 수 세기 전략을 살펴보면, 다음과 같은 발달적 경향을 볼 수 있다(Carpenter, 1982; Siegler & Robinson, 1982).

첫째, 전부 세기(counting-all) 전략이다.

어린 유아의 경우 두 사물의 집합을 더하기 할 때 보통은 주어진 사물을 모두 세어서 사물의 합을 구한다. 이를 '전부 세기(counting-all)'라고 하고, 초기에 나타나는 가장 일반적 전략이다.

둘째, 손가락 세기(counting fingers) 전략이다.

구체적 사물 없이 더하기를 할 때, 유아들은 구체적 사물을 대신하여 주로 손가락을 이용하기도 하는데, 이를 '손가락 세기(counting fingers)'라고 한다.

이 전략은 완전한 형태의 정신적 수 세기 전략으로 전환하는 과도기에 나타나며 일상생활에서 유아들의 덧셈 문제해결에 주요한 수단으로 사용된다.

셋째, 계속 세기(counting on from first number) 전략이다.

두 사물의 집합을 더하기 할 때 더해지는 수를 처음 수의 다음부터 세어서 해결하는 수 세기 전략이다. 예를 들어 5+3인 경우 더해지는 수인 3을 처음 수 5 다음부터 세어 답을 내는 것으로, 주로 큰 수에서 시작하여 작은 수를 세는 경우(counting on from large number)가 많다.

'계속 세기(counting on from first number)' 전략을 사용할 경우에는 더해지는 수의 양을 기억해야 하는 인지적 노력이 필요하다. 즉 5+3의 경우 다섯부터 계속 세기를 할 때 언제 멈추어야 하는지를 알기 위해서 더해지는 수 3을 기억하고 있어야 한다는 것이다. 이때 손가락을 활용하는 손가락 세기(counting fingers) 전략을 사용하는 경우가 많다.

이처럼 유아는 일상생활에서 간단한 수 연산 상황에서 다양한 수 세기 전략을 사용하며 발달시켜 나간다.

2 수 개념 발달

수리적 사고와 논리적 사고의 중요성을 강조한 Piaget에 따르면, 수의 이해는 논리의 발달과 병행하며, 수를 이해하기 위해서는 보존개념, 유목–포함관계, 분류/서열화에 대한 이해가 바탕이 되어야 한다고 보았다.

사물의 공통적 특성을 중심으로 분류하는 능력과 순서대로 배열하는 서열화 능력은 논리·수학적 사고의 기초가 된다. 이는 집합과 관계성에 대한 이해를 포함하는 것으로, 분류에는 물체 간의 공통성과 유사성의 속성을 인식하는 과정이 요구되며, 반면 서열화에는 물체 간의 차이점을 인식하고 차이의 정도를 변별하여 순서 짓는 과정이 요구된다.

수·논리적 사고의 기초가 되는 분류 개념, 서열 개념 및 공간 개념, 보존 개념을 중심으로 수 이해에 필요한 기본 개념에 관해 자세히 살펴보자.

1) 분류화(Classification)

분류화/분류하기란 물체가 가질 수 있는 여러 가지 속성에 대한 이해와 함께 물체 간의 공통성을 기초로 한 물체 간의 관계성을 찾는 것을 말한다.

엄밀한 의미에서의 분류 개념의 형성은 구체적 조작기에 이르러서 가능한 것으로 보지만, 사물의 속성에 따른 차이를 인식하게 되는 것은 아주 이른 나이에 시작된다고 본다.

Piaget에 따르면(Piaget & Inhelder, 1959), 감각운동기 영아들은 자신의 감각기관을 통해 주변 세계를 탐색하고 이러한 탐색활동을 통해 사물의 속성과 그 속성의 차이를 인식하게 된다. 예를 들어 영아들이 딸랑이를 보고 흔들려고 하고, 젖병을 보고 빨려고 하는 행동들은 그 물체의 속성을 이해하고 관련행동을 유추하여 연관짓는 활동으로 분류능력발달의 시작으로 본다. 보통 3–4세경이 되면 사물의 같고 다름을 살펴보고 비슷한 것을 가려내며, 특정준거에 따라 물체를 분류하는 능력이 발달하기 시작한다고 보았다.

분류능력의 발달과정을 살펴보면(Copeland, 1988), 처음에는 색깔이나 크기 혹은 모양과 같이 눈으로 금방 지각되는 공통된 속성을 준거로 분류하는 단순분류(simple sorting)로부터 시작된다. 예를 들어 사각형 모양, 노란색, 삼각형, 원 등 지각되는 속성을 통한 단순분류를 말하며 주로 2세경이 되면 이 수준에 도달한다. 그러나 점차 언어를 사용하게 됨으로써 사물에 대한 인식능력이 발달하게 되는 5~6세경이 되면, 지속적으로 분류의 준거를 적용하게 되면서 관계성에 기초한 분류활동을 할 수 있게 된다. 또한 점차 한 물체가 여러 속성을 지님을 알게 되면서, 2가지 이상의 기준을 동시에 고려하여 대상을 분류하는 복합분류(multiple classification)가 가능해진다. 예를 들어 빨간 삼각형, 노란 원, 크고 빨간 원 등의 분류가 복합분류에 해당된다.

Piaget에 따르면 복합분류능력은 유목-포함(class-inclusion) 조작과 함께 구체적 조작기가 시작되는 7~8세경이 되어서야 가능하다고 본다. 유목-포함관계(class-inclusion relation)란 사물의 부분과 전체 간의 위계적 관계로, 예를 들어 강아지와 고양이는 모두 동물이므로 강아지와 고양이는 동물이라는 큰 유목 속에 포함됨을 이해하는 것이다. 이는 한 유목에 속하는 모든 개체 간의 공통적 속성을 의미하는 내포(intension)와 같은 속성에 해당하는 대상을 함께 모으는 외연(extension)을 통합하는 유목 개념이 획득되었음을 보여 주는 것이다.

Piaget는 아동이 어떠한 속성에 근거하여 사물을 분류하는가에 관심을 가졌으며, 임상적 방법을 통해 유목-포함관계 및 분류화에 관한 다수의 연구를 수행하였다.

우선 분류화와 관련된 Piaget(Inhelder & Piaget, 1964)의 연구를 살펴보면, 2~5세 유아를 대상으로 여러 가지 형태와 색깔의 동그라미, 세모, 네모 등 기하학적 도형들을 제시하고, 이들을 같은 모양끼리 모아 보라고 지시하였다. 관찰결과 2~4세 전조작기 유아들의 경우, 크기나 색깔과 같이 눈으로 지각되는 외관상의 특성에 따라 분류하는 경향을 보임으로써 엄밀한 의미에서 유목 개념이 형성되지 않은 것으로 나타났다. 반면 5~7세 유아는 유목이라 할 수 있는 범주를 만들며 네모꼴과 세모꼴을 구분하거나, 동물 인형과 사람 인형을 같은 유목의 사물로 분류할 수 있음을 보여 준다. 그러나 이 단계의 유아는 위계구조에서 다른 수준의 유목이 서로 어떤 관계인지를 이해하지는 못하였다.

유목-포함 관계에 관련된 Piaget의 연구를 살펴보면, 유아에게 다양한 꽃과 사물의 그림을 제시한 후, 유아가 원하는 방식으로 그림들을 나누게 지시하였다. 관찰결과 5~7세 유아는 꽃과 사물이라는 2개의 큰 유목을 형성한 후, 꽃 유목을 장미와 다른 종류의 꽃으로 세분화하였다. 이는 유아가 위계적 구조인 유목-포함관계를 이해하는 것처럼 보인다. 하지만 "장미꽃이 많을까? 꽃이 많을까?"라는 질문에 유아는 "장미가 많아요."라고 대답함으로써, 유아가 부분-전체의 관계나 포함관계를 정확히 이해하지 못하고 있음을 보여 주고 있다. 즉 유아는 부분에 집중하여 전체를 무시함으로써 포함관계에 대한 잘못된 답을 내게 된 것이다.

한편 구체적 조작기인 7~11세가 되면 아동은 위계적 유목화를 구성할 수 있으며 포함관계를 이해할 수 있게 된다. 예를 들면, "장미꽃이 많을까? 꽃이 많을까?" 하는 질문에 "꽃 안에 장미가 포함되는 거예요."라고 대답함으로써 아동의 사고는 부분 또는 전체 하나에만 집중하던 것에서 벗어나 위계적 포함관계를 이해할 수 있고 위계구조에서 다른 유목들 간의 관계를 이해할 수 있게 되는 것이다.

이처럼 구체적 조작기에 아동은 여러 사물의 현상을 그 속성에 따라 다양하게 분류하고 통합하여 유목의 위계적 망을 구성해 가는 구체적 조작사고를 숙달시켜 나가게 된다.

2) 서열화(Seriation)

서열화란 2가지 혹은 그 이상의 사물들을 비교하여, 하나 혹은 그 이상의 준거에 의해 순서적으로 배열하는 것을 말한다. 이러한 순서 짓기 능력은 수 개념의 기초로서 매우 중요한 개념이라 할 수 있다.

순서 짓기 능력은 사물의 특징적 속성의 차이에 대한 변별에서부터 시작되는데, 초기에는 2개의 사물 간의 비교에서부터 점차 여러 개의 사물을 비교하는 활동으로 발달해 간다.

일반적으로 사물의 속성 간의 차이에 대한 변별은 아주 이른 시기부터 시작된다고 한다. Piaget에 의하면, 감각운동기 영아는 사물에 대한 탐색활동을 통해 사물의 속성의 차이를 인식하기 시작하며, 이러한 속성 차이 인식에서부터 시작하여 차이의 정도에 따라 배열하는 능력은 전조작기를 통해 획득된다고 본다.

서열화 능력의 발달과정을 살펴보면, 보통 3~4세의 경우 유아는 물체의 차이를 비교할 수 있으며 3~4개 정도의 물체를 순서 지을 수 있지만, 그 이상이 포함될 경우 순서 짓기 과업을 수행하지 못한다. 이는 사물이 여러 개 있는 경우, A<B<C<D를 이해하기 위해서는, B가 A보다는 크면서 C보다는 작을 수 있음의 관계를 동시에 고려하기 힘들기 때문으로 본다. A<B<C<D 의 관계를 논리적으로 이해하게 되는 것은 구체적 조작기가 되는 7~8세경에 이르러 가능해진다고 본다.

3) 보존 개념(Conservation)

보존 개념은 물체에 외형적인 변화를 가하여도 원래의 속성은 변하지 않는다는 것을 이해하는 능력을 말한다.

Piaget에 따르면, 전조작기에는 보존개념이 형성되지 않고, 구체적 조작기에 이르러 길이, 무게, 부피 등 여러 형태의 보존 개념을 형성하게 된다고 보았다.

일반적으로 수의 보존은 5~6세, 질량, 면적, 액체 부피는 7~8세, 무게는 9~10세, 고체 부피의 보존 개념은 11~12세경에 획득된다(Piaget, 1971). 그러나 Gelman(1978)은 수 보존 실험 과제를 3~4개로 줄여서 3~4세 아동을 대상으로 실험한 결과, 이들 역시 수 보존 개념을 형성하고 있음을 보여 주면서, Piaget가 생각한 것보다 이른 나이에 수 보존 개념이 획득됨을 시사한다.

Piaget에 따르면, 보존 개념을 이해하기 위해서는 다음과 같은 3가지 기본적인 논리적 추론에 대한 이해가 전제된다고 본다.

첫째는 동일성(identity)의 원리에 대한 이해로, 아무것도 더하거나 빼지 않은 그 물질은 동일한 상태로 남아 있음에 대한 이해를 의미한다.

둘째는 보상성(compensation)의 원리에 대한 이해로, 길이가 길어진 것은 넓이가 좁아진 것으로 보상될 수 있음을 이해하는 것이다.

셋째는 가역성(reversibility)의 원리에 대한 이해로, 변화된 것을 다시 원위치로 돌리면 원래의 상태로 돌아간다는 것을 이해하는 것을 말한다.

Piaget는 보존 개념에 대한 이해가 전조작기 유아의 사고 특성인 자아중심적, 직관적 사고에서 벗어나 가역적 사고를 기반으로 한 논리적 사고가 발달하고, 타인의 조망이나 입장을 이해하게 되는 구체적 조작기에 이르러서야 가능하다고 보았다.

4) 공간, 기하 및 시간 개념

공간개념(spartial concept)과 기하(geometry) 개념은 공간이나 시간관계로 구체적 물체의 특성이나 현상에 관련된 지식을 의미하는 것으로 직관적, 비언어적 총체적 접근이 필요한 논리적 지식이다. 시간개념이란 어떠한 사물이나 사건들이 일어나는 시간적 관계, 혹은 사건이나 사물의 위치나 순서를 말한다.

첫째, 공간능력은 주위환경과 물체에 대한 직관적 느낌을 의미하는 것으로, 공간에서의 위치나 조망관계를 포함하는 공간관계의 이해와 공간의 형태나 배경, 깊이 등의 변별을 포함하는 공간적 지각능력, 그리고 공간에서 물체에 대한 상의 움직임을 포함하는 공간적 조작능력 등으로 정의되고 있다(홍혜경, 2004).

Gardner(1983)는 공간에 대한 정신적 상(mental image)을 구성하고, 표상하고, 변형 및 조작하고, 이에 관한 공간적 추론을 수행할 수 있는 인지능력을 공간지능

(spatial intelligence)이라고 정의하고, 인간지능의 한 부분으로 강조하였다.

둘째, 기하능력은 공간의 위상학적 개념을 의미하는 위상학적 기하(topology)와 도형의 형태 모양을 의미하는 유클리드 기하(euclidean geometry)로 나뉜다.

위상학적 기하란 사물의 형태가 바뀌거나 변형되어도 근접, 개폐, 분리 등의 위상학적 속성은 그대로 보존되는 특성을 말한다. 예를 들어, 풍선을 불거나 바람을 뺐을 때, 모양이나 크기는 달라져도 그 속성은 변하지 않음을 이해하는 것이다. 유클리드 기하란 회전, 뒤집기, 이동으로 위치는 변하지만 크기, 모양, 각도 등의 특성은 그대로 보존되는 특성을 말한다.

Piaget에 의하면, 유아의 경우 공간의 위상학적 개념을 먼저 이해하고 도형의 형태와 모양을 이해하는 순서로 발달한다고 보았다. 연구에 따르면, 영아들은 구체적 접촉에 의해 모양을 탐색하고, 어린 유아들은 닫히고 열린 형태를 먼저 구분할 수 있으며, 좀 더 큰 유아들은 곡선을 가진 모양과 직선을 가진 모양을 구분할 수 있으며, 초등학교 아동은 사다리꼴과 마름모꼴의 모양을 구분할 수 있게 된다고 보았다(Piaget, 1963, 홍혜경, 2001, 재인용). 즉 위상학적 기하에서 유클리드 기하학적 개념으로 발달해 감을 알 수 있다.

우리나라 유아의 경우, 공간 개념 발달과정을 살펴보면 감각운동기 말인 2세경이 되면 정신적으로 공간을 표상할 능력이 발달하며, 3~4세경이 되면 위상학적 특성의 관점에서 공간관계를 이해하게 된다. 5~7세경이 되면 모양의 특징을 인식하게 되며, 초등학교 저학년이 되어야 관점의 추리능력과 공간의 양적화에 대한 이해가 가능하다고 보았다(홍혜경, 1999; Hohmann, 1991).

셋째, 시간 개념에 대한 이해는 눈에 보이는 구체물에 기초한 속성의 관계가 아닌 추상적 관계를 다루어야 하므로 유아에게는 힘든 과제라 할 수 있다.

Piaget에 의하면, 유아기는 보존개념이 형성되지 않은 시기로, 시간의 개념을 정확히 이해하기는 어렵다고 본다. 그러나 유아는 '간식시간 다음에는 바깥놀이를 한다.', '내가 제일 먼저 유치원에 왔어.' 등과 같이 자신이 경험한 것과 연결 지어 시간개념을 습득하게 된다.

Siegler(1998)는 시간 개념을 경험적 시간(experiential time)과 논리적 시간(logical time)으로 구분하여 설명한다. 경험적 시간이란 사건의 기간과 순서의 주관적 경험을 포함하는 관계를 의미하며, 논리적 시간은 추론을 통해 유도될 수 있는 객관적 시간관계를 의미한다. 따라서 유아에게 있어 시간 개념은 경험적 시간에서부터 논리적 시간으로 점차 이해하게 됨을 알 수 있다.

04

PART

메타인지 발달

유아기의 발달적 의미와 시기적 중요성은 많은 심리학 연구들에 의해 밝혀지고 있지만, 최근에는 영유아기의 인지능력에 대한 새로운 관점이 제기됨에 따라 영유아기에 이루어지는 교육적 개입의 중요성은 더욱 강조되고 있다.

심리학 연구에 따르면, 영유아기는 Piaget 이론에서 가정한 것보다 더 높은 인지능력을 가지고 있음이 밝혀지고 있어, 영유아기 교육에 적용을 위한 관심이 증가하고 있는데, 그중 대표적인 것이 메타인지능력이다.

메타인지(metacognition)란 자신의 '인지능력에 대한 인지(cognition about cognition)'를 의미하는 것으로, 자신의 인지능력에 대해 알고(know), 이를 근거로 자신의 인지활동을 조절(regulation)함으로써 효율적 학습이 가능하게 만드는 능력이다.

특히 학습장애(learning disability)의 원인에 관한 여러 연구들(Borkowski & Throphe, 1994; Wong, 1991)에서, 유아의 메타인지적 사고능력을 기르는 것이 성공적인 학습결과를 가져올 수 있음이 밝혀짐에 따라, 메타인지 개념에 대한 교육적 관심이 증가하고 있다.

연구에 따르면, 학습장애란 다양한 학습전략을 사용할 줄 알고, 그것을 다른 상황에 응용할 줄 알며, 자신의 인지과정을 조절하는 자기조절능력의 부족에서 기인된 것으로 본다.

무엇보다 메타인지능력의 발달은 사회적 중재(social mediation)를 통해 가능함이 밝혀지고 있어 유아교육 분야에서 메타인지능력에 대한 관심이 증가하고 있다. 이와 더불어 자기조절 학습능력으로서의 메타인지능력을 개발하기 위한 교육 프로그램에 대한 연구가 활발하게 이루어지고 있다.

CHAPTER

10

메타인지

1 메타인지의 이해

메타인지(metacognition)란 문제해결 상황에서 인지 주체가 자신의 인지능력에 대해 '알고(know)', 자신의 인지과정을 '조절(regulation)'할 수 있는 능력을 일컫는다.

메타인지 개념은 Socrates의 "너 자신을 알라(Know yourself)"라는 격언에서 그 의미를 내포하고 있듯이, 자신의 '인지에 대한 인지(cognition about cognition)'라는 의미에서 '초인지' 혹은 '상위인지'로 불리기도 한다.

메타인지 개념은 메타인지 지식(metacognitive knowledge)과 메타인지 조절(metacognitive regulation)의 2가지 영역으로 나누어진다.

메타인지 지식이란 자신의 인지능력에 대한 이해를 일컫는 것으로, '자신이 알고 있는 것이 무엇인지, 모르는 것이 무엇인지를 아는(I know what I know. I know what I don't know)' 능력을 말한다. 메타인지 조절이란 문제해결과정에서 자신의 인지과정을 스스로 조절하는 능력을 일컫는 것으로, 문제해결을 위해 '자신이 해야 할 일이 무엇인지를 아는(I know how I have to do.)' 능력을 말한다. 최근 인지심리학에서 대두되는 마음이론(mind theory)이 메타인지 지식에 해당한다면, 문제해결과정(problem-solving process)에 중점을 둔 정보처리접근이 메타인지 조절에 해당된다 할 것이다.

여기에 덧붙여, 최근에는 메타인지를 개념화하는 데 있어서 문제해결과정에 대한 신념, 태도, 인내 등과 같은 정의적 요인을 포함시키기도 한다. 즉 문제해결과정에서 자신의 능력에 대한 긍정적 신념을 의미하는 자아효능감(feeling of self-efficacity)이나 내적 동기(internal motivation)가 문제해결과정이나 학습에 있어 중요한 역할을 수행하기 때문이다.

본 장에서는 메타인지 개념의 정의와 이론적 접근에서부터 최근 메타인지능력의 개발을 위해 시도되는 다양한 인지교육 프로그램과 교육적 시사점에 이르기까지 자세히 알아보도록 하자.

1) 메타인지의 정의

메타인지란 자신의 인지적 지식을 알고(awareness), 그 지식을 통제·조절할 줄 아는 능력을 일컫는다(Baker & Brown, 1984).

'메타(meta)'의 개념은 원래 고대 그리스 철학자인 Aristoteles의 'metaphysic'의 개념에 그 어원을 두고 있는 말로 '어떤 활동이나 행위의 뒤에 오는 활동이나 행위'를 일컫는 것으로, 메타인지(metacognition)란 '인지에 대한 인지(cognition about cognition)', 즉 자신의 인지능력 및 활동 전반에 대한 인식을 말한다.

한 연구(Artzt & Armour-Thomas, 1992)에 따르면, 인지와 메타인지의 차이는 '지식(knowledge)'과 지식에 대한 앎과 그것의 적절한 사용으로 설명되는 '지식에 대한 이해(understanding of knowledge)' 간의 차이로 설명된다(Brown, 1980).

메타인지(metacognition)의 개념은 Socrates의 "너 자신을 알라(Know yourself)"라는 격언에서 그 의미를 내포하고 있듯이, 완전히 새로운 개념이 아니며, Piaget 이론에서의 '반성적 추상(reflective abstraction)' 개념에서도 그 이론적 뿌리를 찾을 수 있다.

Piaget는 그의 저서 「*Success and Understand*」(1974b)에서 문제해결을 위한 두 가지 단계로 성공(success)과 이해(understanding) 단계를 제시한다.

성공(success) 단계는 문제 상황에 대한 이해 없이 이루어지는 단순한 행동의 실현단계이며, 이해(understanding) 단계는 문제해결 상황에 대한 개념화(conceptualization) 단계로 왜(why), 어떻게(how)에 대한 인식을 통해 이르는 이해단계이다. 시행착오를 거쳐 단순히 문제해결에 이르는 '성공'단계와 완전히 자신의 지식으로 개념화되는 '이해'단계의 차이를 Piaget는 의식적 과정, 즉 반성적 추상(reflective thinking)으로 설명하고 있다.

반성적 추상이란 자신의 문제해결과정을 의식적으로 돌아보고 분석하는 과정으로, '자신의 인지과정에 대한 인지(cognition about cognition)' 과정에 해당된다. 즉 반성적 추상을 거쳐 비로소 우리는 완전한 이해에 이를 수 있음을 의미한다. 이는 자신의 문제해결과정을 의식적으로 돌아보고 분석함으로써 성공과 실패의 원인(why)을 알아낼 수 있고, 이러한 성찰로 인해 새로운 문제 상황에서도 이전의 문제해결방법을 응용(transfer)할 수 있기 때문이다(Piaget, 1974a). 반성적 추상을 통한 완전한 이해단계, 이것이 바로 메타인지적 문제해결과정(metacognitive problem-solving process)인 것이다.

메타인지 개념은 메타인지 지식(metacognitive knowledge)과, 메타인지 조절(metacognitive regulation)로 크게 두 영역으로 나뉜다(Buchel, 1990).

첫 번째 영역인 '메타인지 지식'은 사람(person), 과제(task), 전략(strategy) 등의 측면에서, 자신의 인지능력에 대한 전반적 지식을 말한다. 예를 들어, 자신이(person) 어떤 인지적 능력이 있는지, 과제(task)에 따라 요구되는 능력이 어떤 것인지, 또는 어떤 인지적 전략(strategy)이 더 적합한지에 관한 제반 지식을 의미한다.

두 번째 영역인 '메타인지 조절'은 문제해결단계에서 이루어지는 일련의 자기조절 행동들을 말한다. 예를 들면, 문제해결 시작단계에서의 계획하기(planning), 문제해결과정 중에 자신의 인지과정 통제하기(control), 과정이 끝난 후 평가하기(evaluation) 등 문제해결과정에서 이루어지는 모든 의식적 인지활동을 일컫는다.

메타인지를 정의함에 있어서 위에서 설명한 두 가지 영역이외에, 정의적(情意的)특성으로서의 메타인지를 포함시키기도 한다. 정의적 특성으로서의 메타인지란 인지적 과제를 수행하는 도중에 과제 수행과 관련해 발생하는 모든 종류의 개인적 감정인 불안, 확신, 포기, 의문 등을 의미하는 것으로, 문제해결과정에 대한 신념, 태도, 인내 등을 하위요소로 포함하고 있다.

학습장애와 관련한 여러 연구(Cullen, 1985; Wong, 1985)에 따르면, 학습에 있어 어려움을 겪는 아동들에게 부족한 것은 IQ로 대변되는 지적능력이 아니라 자신이 무엇을 아는지 혹은 자신이 모르는 것이 무엇인지에 관한 메타인지 지식(metacognitive knowledge)이라는 점을 강조한다.

그러나 여기서 간과해서는 안 될 중요한 사실은 이러한 메타인지 지식의 부족이 자신의 능력에 관한 자아효능감(feeling of self-efficacity)(Bouffard-Bouchard,

1991)과 내적 동기(internal motivation)의 부재(Cullen, 1985; Wong, 1985; Paris & Newman, 1990)와 같은 정의적 측면의 영향을 받는 것이라는 점이다.

다시 말해, 학습에 있어 어려움을 보이는 아동은 자신에 관한 긍정적 자아 개념이 부족하고 성공과 실패의 원인을 자신에게 두지 않고 외적인 요소에 두는 경향이 있으며, 이것은 결국 문제해결과정에서 스스로 유용한 전략(strategies)을 찾고자 하는 시도를 막고 힘든 고비를 참아내는 인내심에도 나쁜 영향을 준다는 것이다. 그들의 무계획적이고 우연적, 전형적 문제해결 상황은 그들에게 어떤 의미도 부여할 수 없고 기억 속에 저장되지도 않아 어떤 지식도, 메타인지 지식도, 전략도 얻지 못하는 결과를 가져오는 것이다.

따라서 메타인지능력은 자신에 대한 자신감과 자기의 능력에 대한 자아효능감을 갖게 됨으로써 스스로 동기화되고 이를 통해 결국 효율적 방법을 통한 새로운 문제해결을 이루게 되는 것임을 알 수 있다.

2) 메타인지능력의 발달

자신의 인지능력을 알고 조절할 수 있는 메타인지능력의 발달은 어떻게 이루어지는지에 대해 살펴보도록 하자.

많은 학자들은 메타인지능력 발달의 근원을 사회적 상호작용 속에 두고 있다.

Vygotsky는 메타인지능력의 발달이 자연적 성숙과 같은 내재적 요인에 의한 것이 아니라 성인과의 사회적 상호작용을 통해 시작되어 점차 자신의 것으로 내면화하는 과정으로 설명한다. 즉 자기조절(self-regulation), 계획(planning), 모니터링(monitoring) 등의 일련의 메타인지능력이 초기에는 성인에 의한 타인조절단계에서 점차 내면화 과정을 거쳐, 자신의 인지활동을 스스로 조절하는 자기조절의 메타인지능력을 갖게 된다는 것이다.

Flavell(1982)은 메타인지능력의 발달 근원을 아동 내부의 인지적·발달적 변화와 함께, 성인과의 사회적 상호작용의 결과임을 설명한다. 또한 여러 연구들

(Schallert Kleinman, 1979: Wertsch, 1978)을 통해, 교사가 질문이나 주의집중을 유도함으로써 자기조절(self-regulation)모형을 제시하거나, 부모에 의해 제공되는 다양한 자기조절 행동이 메타인지 발달을 증진시킬 수 있는 경험임이 설명되고 있다.

특히 Wertsch의 연구(1985a)에서는, 엄마와의 상호작용을 통한 문제해결 상황에서 이루어지는 메타인지능력의 발달 과정이 다음과 같은 단계로 설명된다. 첫 번째 단계는 성인(엄마)이 문제해결에 직접 관여하고 조절함으로써, 자기조절능력이 아직 성인에게 있는 단계이다. 두 번째 단계는 성인과의 언어적 상호작용을 통해 자기조절능력이 공유되는 단계이다. 세 번째 단계는 문제해결에 필요한 메타인지 지식과 메타인지 조절능력이 점차 유아에게 옮겨지는 내면화 단계이다. 네 번째 단계는 유아 스스로 자신의 문제해결과정을 조절하는 메타인지능력을 갖는 단계이다.

이처럼 자신의 인지과정에 대해 인식하고 스스로 조절, 통제할 수 있는 메타인지능력은 사회적 중재(social mediation)를 통한 학습이 선행되어야 함을 보여 준다. 즉 이처럼 메타인지 조절능력의 발달은 자연적으로 발생하는 유전적 능력이 아니라 그 근원을 사회 속에 두고 있음을 알 수 있다.

그렇다면 메타인지능력의 발달을 이끌 수 있는 사회적 중재란 어떤 것인지에 대해 살펴보도록 하자.

여러 연구들(Cullen, 1985; Wong, 1985; Bruner, 1987)에 따르면, 메타인지능력의 발달을 이끄는 성인의 역할에 대해 다음과 같이 설명하고 있다. 즉 문제의 목적을 이해시키며, 문제해결과정에서 불필요한 시도를 피할 수 있도록 자유를 제한하기도 하고, 실수를 스스로 돌아볼 수 있도록 유도하며, 문제해결을 위한 모형을 제시하기도 한다. 또한 끊임없이 내적 동기를 유발시킴으로써 문제해결과정을 조절·통제하며, 문제해결이 끝난 후에는 스스로 평가함으로써 다른 상황에서의 응용(transfers)이 가능하도록 한다. 이처럼 성인은 다양한 자기조절의 모형을 제시함으로써 유아가 스스로 자기조절의 메타인지능력을 갖도록 도움을 줄 수 있음을 보여준다. 이는 Vygotsky 이론에서 제시한 인지발달과정에서의 성인의 도움의 실체를 의미하는 스캐폴딩(scaffolding)에 해당하는 것으로 볼 수 있다.

결국 메타인지 조절능력은 자연 발생적인 것이 아니라, 성인과의 상호작용을 통해 공유된 것을 내면화시키는 과정을 통해 학습되는 자기조절능력인 것이다.

그렇다면 메타인지능력의 발달은 언제부터 가능한 것인지 그 발달시기에 관해 살펴보도록 하자.

메타인지능력은 '자신이 무엇을 생각하는지 혹은 자신이 어떻게 사고하는지에 대한 사고'가 가능해야 되는 것으로, 일반적으로 성인이나 아동에게는 존재하지만 유아에게는 존재하지 않는다는 것이 통념이었다.

Piaget 이론에는 6~7세가 되기 전에는 자신의 머릿속에서 일어나는 사건과 물리적, 외적 사건과의 차이점을 식별하지 못하고 11~13세, 즉 추상적 사고의 출현 시기인 형식적 조작기에 이르러서야 메타인지능력이 나타난다고 보았다.

그러나 최근의 마음이론(mind theory)이나 여러 연구(Wellman, 1985; Lee, 2002)에 따르면, 4세 유아에게도 '자신의 사고를 다시 사고하는' 인지에 대한 인지능력, 즉 메타인지적 사고가 가능하다고 본다.

Wellman(1985)은 '마음이론'을 통해, 2세가 되면 마음의 존재를 인식하고, '생각하다, 알다, 기억하다, 꿈꾸다' 등과 같은 지적 동사를 정확하게 사용한다고 보았다. 4세경이 되면 '배우다, 잊다, 추측하다, 생각하다' 등과 같은 지적 동사를 명백히 이해하고, 18가지 물건보다는 3가지 물건이 기억하기 쉽고, 시끄러운 곳보다는 조용한 곳에서 혼자 있을 때 기억이 더 잘 되고, 문장이 길고 짧은 것과 기억과의 관계, 누가 도와줄 때와 안 도와줄 때, 시간이 지나면 기억이 잘 안 되는 것들을 이해하였다. 이러한 능력은 자신의 인지과정에 대한 지식과 조절능력을 의미하는 메타인지능력에 해당되는 것으로, 결국 메타인지능력은 Piaget가 가정한 것보다 훨씬 일찍 시작됨을 보여 준다.

이처럼 많은 연구들에서 메타인지능력이 유아기에서부터 가능함을 보여주고 있어, 자기조절전략을 이용한 메타인지 교육 프로그램의 유아교육에의 적용가능성을 시사한다.

3) 메타인지와 학습장애

메타인지 개념은 학습장애를 설명하는 데 있어 이론적 근거를 제공한다.

일반적으로 학습과정에서 성취도는 학습자의 특성 중에서 지능, 창의력, 학습능력 등과 밀접히 관련된 것으로 생각되었다(이성진, 1985).

그러나 많은 연구들(Campione, Brown, & Ferrara, 1984; Karmiloff-Smith & Inhelder, 1979)에서는 자신의 인지과정을 계획하고, 평가하고, 수정하는 등의 메타인지 조절능력이 지능의 핵심이며, 학업성취를 예언할 수 있는 요인임이 강조되고 있다. 또한 여러 연구들(Borowski & Throphe, 1994; Wong, 1991)에 따르면, 학습장애(learning disability)가 지능이나 학습능력보다는 자신의 인지활동에 대해 알고(know), 자신의 인지활동을 조절(regulation)할 수 있는 메타인지능력의 부족에서 기인됨을 밝히고 있다.

즉 학습장애아는 지식과 능력이 있지만 그것을 어떻게 사용하고 응용해야 하는지를 모른다는 것이다. 인지적, 전략적 목록을 충분히 가지고 있음에도 불구하고 학습 상황에서 적절하고 즉흥적으로 사용하지 못함으로써 성공적 학습결과를 보이지 못하는 것이다. 왜냐하면 그들은 자신이 알고 있는 것이 무엇인지를 모르기 때문이다(They don't know what they know)(Wong, 1985). 이는 문제해결과정(problem-solving process)에 있어서의 장애를 의미하는 것으로, Flavell(1976)은 이를 '산출장애(production deficiencies)'라고 부른다.

또한 자신에 대한 지식 결핍과 과제에서 요구되는 것이 무엇인지에 대한 지식 결핍으로 인해 적합하지 않은 전략을 사용하게 됨으로써, 결국 자신의 학습활동에 주체적으로 참여하지 못하게 된다는 것이다.

이처럼 메타인지능력의 결핍은 학습장애를 일으키는 중요한 요인 중 하나일 뿐만 아니라 학습과 문제해결과정에서 중요한 역할을 한다. 따라서 효율적 학습을 위해서는 자신의 인지과정을 스스로 지각하는 것만으로는 부족하고, 자신의 문제해결과정에 대한 계속적인 자기점검(self-monitoring)의 메타인지 조절능력이 필요함을 알 수 있다.

이와 함께 최근 교육현장에서도 학습장애의 대안으로서의 메타인지능력 개발을 위한 교육적 도움의 실체에 관한 관심이 증가하는 추세이다.

2 메타인지와 교육

메타인지능력이 학습과 문제해결과정에서 중요한 역할을 하며, 메타인지능력의 부족이 학습장애를 일으키는 중요한 요인이라는 인식과 함께 최근 교육에서도 메타인지능력을 향상하기 위한 인지교육 프로그램에 대한 관심이 증가하고 있다(Feuerstein, 1990; Weinstein & Mayer, 1986).

흔히 사고방법을 배우는 교육(learn how to think), 배우는 방법을 배우는(learn how to learn) 교육으로 알려진 인지교육 프로그램으로, 단순히 특정 영역의 내용을 가르치는 것이 아니라, 자신의 문제해결과정에 대해 끊임없이 의식하게 함으로써 자기조절력을 키우고, 모든 문제해결 상황에 응용할 수 있는 메타인지능력을 기르고자 하는 것이다.

프랑스의 경우, 유아교육에서도 메타인지능력의 개발을 강조하는데, 다양한 문제해결과정 속에서 필요한 정보를 스스로 선택하고, 토론하고, 자신의 학습과정을 스스로 평가하고, 자신의 실패의 원인을 스스로 분석함으로써 성공적인 학습의 조건을 찾아나가는 분위기를 조성하고 있다.

이는 자신의 인지능력에 대해 알고, 문제해결 상황에서 자신의 인지활동을 조절할 수 있는 메타인지능력을 기르고자 하는 것으로, 특정영역의 교육내용이 아니라는 일반적 학습능력(general learning ability)으로서의 메타인지능력을 교육을 통해 기르고자 하는 것이다.

이처럼 메타인지능력의 사회적 기원을 근거로, 스스로 자신의 학습과정을 돌아보고 반성적으로 사고하는 능력을 교육을 통해 기르고자 하는 인지교육 프로그램의 흐름은 특정 영역의 내용중심의 교육이 아니라 '배우는 방법을 배우는' 교육, '사고하는 방법을 배우는' 교육이라는 점에서 새로운 가능성을 시사한다.

1) '배우는 방법을 배우는(learn how to learn)' 교육

사고하는 방법, 즉 배우는 방법을 배우는(learn how to learn) 인지교육 프로그램이 학교교육의 중요한 내용으로 관심을 끌고 있다.

이는 잠재적 능력과 학습에 투자하는 노력에 비해 학습 성과를 얻지 못하는 학습자들이 많을 뿐 아니라, 정보화 사회에서 학습자 스스로 새로운 정보와 기술을 획득할 수 있는 학습 전략을 가르쳐 줌으로써, 독립적이고 자기주도적인 학습자로 교육시켜야 할 필요성이 강조되고 있기 때문이다(황희숙, 1994).

Woolfolk(1990)는 메타인지능력을 '학습에 관한 학습능력'으로 규정하였으며, Bruner(1960)는 학습할 때 다만 특정한 학습내용만을 학습하는 것이 아니라 "그렇게 하는 동안에 학습하는 방법도 학습하는 것임(In so doing, learns how to learn)"을 강조하여 '배우는 방법을 배우는' 교육 프로그램의 중요성을 강조하였다.

특히 학습장애(learning disability)의 원인에 관한 여러 연구들(Borkowski & Throphe, 1994; Wong, 1991)에 따르면, 메타인지능력의 부족이 학습장애의 원임임이 밝혀지고 있어 사고하는 방법을 배우는(learn how to think) 인지교육 프로그램이 더욱 관심을 받고 있다. 이들에 따르면, 메타인지적 전략을 통해 사고하는 방법을 기르는 것이 성공적인 학습결과를 가져온다는 것이다.

이처럼 '배우는 방법을 배우는' 인지교육은 메타인지능력의 개발이 인간의 인지기능에 있어 효과적이고 지속적인 활성화를 가져와 성공적 학습을 이끌 수 있음을 보여 준다.

'배우는 방법을 배우는(learn how to learn)' 교육은 학습자가 주체적으로 자신의 학습과정에 대해 반성적으로 돌아보고, 생각하게 하는 메타인지능력을 기르기 위한 구체적이고 조직화된 학습방안을 의미한다.

이는 학습자들에게 학과의 내용을 직접 가르치기보다 스스로 생각하고 학습할 수 있는 인지적 도구를 습득하게 함으로써 그들로 하여금 효과적인 사고방법을 기르고자 하는 것으로, 일반 학교교육과 비교하여 '배우는 방법을 배우는(learn how to learn)' 인지교육 프로그램으로 알려져 있다.

사고의 과정을 강조하는 인지교육은 오랜 역사를 가지고 있는데, 최초로 지능검사 도구를 고안한 Alfred Binet가 인지교육의 불씨를 당겼다고 할 수 있다.

이후 1960년대 인지교육의 흐름은 미국을 중심으로 가난으로 인한 사회적 불평등을 해소하고자 한 Johnson 대통령에 의해 시작된 보상교육(compensatory education)의 흐름 속에서 크게 확대되었다. 이는 사회·경제적으로 저급한 계층 아동의 학업성공을 돕고자 시작된 것으로 'Head start project'가 가장 잘 알려진 예이다.

최근에는 결과보다는 문제해결과정(process)을 중시하는 인지심리학의 경향과 지능이란 학습을 가능케 해 주며 새로운 상황에 적응할 수 있도록 해 주는 일련의 수행능력 및 전략으로 보는 관점으로 인해, 특정 영역의 지식뿐 아니라 그것을 응용하고, 계획하는 일련의 메타인지 조절능력이 교육을 통해 개발되어야 한다는 시대적 요구에 따라 '배우는 방법을 배우는(learn how to learn)' 인지교육은 더욱 활기를 띠고 있다.

이처럼 배우는 방법을 배우는(learn how to learn) 인지교육은 인간의 인지능력은 교육될 수 있는 인지적 교육 가능성(cognitive educability)과 인지적 변화 가능성(cognitive modifiability)에 대한 신념에서 출발한다.

또한 '메타인지'와 '사회적 중재'는 인지교육에서 추구하고자 하는 2가지 목표이자 근거로, 자신의 문제해결과정에 대해 생각하고, 스스로 문제점을 찾아내고 해결하며, 활동 후 자신의 활동을 평가함으로써 자신의 학습과정을 스스로 조절할 줄 아는 메타인지능력이 사회적 중재에 의해 학습될 수 있는 능력임을 강조한다.

2) 메타인지적 교수법

효과적인 사고능력을 기르기 위한 다양한 교육적 중재의 필요성이 강조되는 가운데, 메타인지적 사고를 유도할 수 있는 교수법에 대한 관심이 증가하고 있다.

메타인지적 교수법(metacognitive teaching method)이란 학습자로 하여금 자신의 문제해결과정에 대해 반성적 추상을 통해 생각하게 하거나, 질문지를 통해 자신이 학습한 것에 대해 표상하게 함으로써, 자신의 학습 상황에 대한 메타인지적 사고를 유도하는 교수법을 말한다.

Buchel(1990)과 Fisher(1990)의 연구에 따르면, 교사는 학습자들로 하여금 학습하는 방법을 익힐 수 있도록 수업을 전개함으로써 그들이 능동적 주체가 되는 학습이 되도록 교육해야 함을 강조하고 이를 '메타인지적 교수법'으로 설명하였다.

메타인지적 자기조절능력을 개발하기 위한 메타인지적 교수법 중에서 교사의 매개적 활동으로 가장 중요한 것은 학습자의 메타인지 조절능력을 개발하여 '자기조절 학습자(self-regulated learner)'로 기르는 것이다. 이를 위해 교사는 다양한 '메타인지적 교수법'을 연구해야 한다. 문제해결의 메타인지적 측면을 강조하는 교사는 학습자로 하여금 자신의 사고과정이나 학습과정을 인식하는 데 효과적일 수 있기 때문이다(박영태, 1992).

Hartman(2001)은 메타인지적 교수법에 관한 연구에서, 왜 교사가 메타인지적으로 가르치는 것이 중요하며, 메타인지적 교수방법에는 무엇이 포함되는지에 관해 기술하면서 교사의 역할을 강조하였다. 이와 함께 교사들로 하여금 끊임없이 자신의 교수법에 관해 반성적으로 사고해야 함을 설명한다.

특히 유아들의 경우, 자신의 인지활동 및 학습과정에 대해 자발적으로 개입하기가 힘들기 때문에, 교사는 유아로 하여금 자신의 인지활동에 대해 끊임없이 사색하도록 유도하고, 다양한 학습 경험을 인지적으로 재구성할 수 있도록 돕는 교육적 중재과정이 더욱 중요하다.

유아의 메타인지능력의 향상을 위해 실제 교육현장에서 활용할 수 있는 메타인지적 교수법에 대해 살펴보면 다음과 같다.

첫 번째 방법은 모형제시(modeling)이다. 이는 유아 스스로 자신의 문제해결과정에 대해 의식하고 스스로 조절할 수 있는 메타인지능력을 개발시키기 위해 교사가 먼저 메타인지적 문제해결과정을 시연하여 모형을 제시해 주는 방법이다.

메타인지적 문제해결과정(metacognitive problem-solving process)이란 문제해결 전에 무엇을 먼저, 그리고 어떤 방법으로 해결할 것인지를 계획(planning)을 세워 보고, 문제해결과정 중에는 내가 하는 것이 잘되고 있는지, 원래 하고자 하는 방향으로 잘되고 있는지 점검(monitoring)해 보고, 문제해결과정이 끝난 후에는 계획대로 잘 이루어졌는지 스스로 평가(evaluation)해 보는 과정이다. 즉 과제를 시작하기 전에 계획하고 준비하는 것, 과제를 조심스럽고 철저하게 수행하는 것, 그리고 과제를 마친 후 전체의 과정을 돌아보고 반성적으로 사고한 후 전이하는 것 등이 포함된다(김영채, 1994).

이러한 전 과정을 유아에게 모형으로 제시함으로써, 유아는 내면화(internalization)의 과정을 거쳐 스스로 계획하고 점검하고 평가하는 자기조절의 메타인지적 문제해결과정을 배우게 될 것이다. 이 과정에서 교사의 언어적 중재(verbal mediation)를 통한 메타인지적 문제해결의 모델링 제시는 유아의 메타인지능력의 발달에 영향을 줄 것이다.

두 번째 방법은 협동을 통해 문제를 해결하도록 유도하는 것이다. 이는 유아로 하여금 소그룹 활동 속에서 협동을 통해 문제를 해결하게 함으로써 문제해결의 다양한 방법을 발견하게 하는 것이다. 즉 협동을 통해 문제를 해결하는 과정에서 서로 다른 문제해결방법의 장점과 단점에 대해 함께 평가하고, 구성원 간의 합의를 통해 가장 이상적인 문제해결과정을 찾아가는 과정 속에서, 유아는 자신뿐 아니라 다른 사람의 문제해결과정에 대해서도 끊임없이 생각하고 의식하게 되어, 반성적 추상(reflective thinking)을 통한 메타인지능력을 기를 수 있을 것이다.

세 번째 방법은 유아로 하여금 스스로 자신의 문제해결과정에 대해 돌아보게 함으로써 잘된 점과 잘못된 점에 대해 평가하는 시간을 갖게 하는 것이다. 이는 유아의 문제해결과정을 교사가 직접적으로 평가하기보다는 유아 스스로 평가할 수 있도록 질문을 통해 유도함으로써, 보다 높은 단계의 자기조절의 메타인지능력을 기르고자 하는 것이다.

네 번째 방법은 교사가 유아에게 긍정적 반응을 통해 용기를 주고, 유아의 활동에 대해 끊임없이 관심을 가지는 것이다. 이는 메타인지의 정의적 측면으로, 유아로 하여금 자신의 활동에 대한 동기 부여와 배우는 즐거움을 느끼게 함으로써, 문제해결과정에서 지루하거나 싫증을 느끼게 되어 과정을 완성하지 못하고 중간에 포기하는 것을 막고자 하는 것이다.

지금까지 살펴본 것처럼, 유아의 메타인지적 사고력을 개발하기 위한 교육 프로그램에서 교사의 중재적 역할은 매우 중요하다.

유아의 학습활동에 있어 교사가 중재자로서의 의도를 갖는 것은 그들의 인지적 자유와 주체성을 빼앗는 것이 아니라 유아의 배우고자 하는 욕구를 유발시키고 자신의 문제해결과정에 대해 끊임없이 의식하게 함으로써 스스로 문제해결과정을 조절할 수 있는 메타인지능력을 기르도록 하기 위함이다.

비록 배우고자 하는 동기유발이 교사나 체계화된 교육 프로그램에 의해 중재되더라도 그것을 새로운 상황에 '전이(transfer)'시켜 응용하는 것은 유아-학습자의 몫이다. 다시 말해, '배우는 방법을 배우는' 인지교육에 있어 유아-학습자는 단순히 수동적 존재가 아니라 스스로의 동기유발을 통해 새로운 인지능력을 개발하고, 그것을 새로운 상황 속에서 활용할 줄 아는 주체적 역할을 수행하는 주체적 존재임을 의미한다.

따라서 미래의 학습자인 유아의 메타인지적 사고능력을 기르기 위해서 교사는 유아-학습자의 자율성을 존중하고, 유아 스스로 자신의 학습에 있어 주체가 될 수 있도록 하는 노력이 필요하다.

단순한 지식의 수동적 습득보다는 모든 사물에 민감하게 반응하고 끊임없이 '왜?', '어떻게?'라는 질문을 통해 자신의 학습과정을 스스로 돌아보고 평가할 수 있도록 유도함으로써 사고하는 유아, 자율적인 유아로 기르는 것이 미래의 성공적인 학습자로서의 유아를 기르는 것임을 잊지 말아야 할 것이다.

05

PART

구성주의와 포스트모던 교육

포스트모더니즘(post-modernism)이라는 용어는 포스트(post)와 모더니즘(modernism)이 합쳐진 용어로, 상대적이고 다원적인 성격이 지배적인 20세기 후반의 문학, 철학, 예술 및 일상생활 등 사회 전반에서 나타나는 현상을 일컫는 말이다.

흔히 탈근대주의, 후기 근대주의라 불리는 이 용어는 현대사회에 펼쳐지고 있는 변화의 흐름을 일컫는 것으로, 인간의 변화된 생활양식을 새롭게 설명하고 정당화할 수 있는 시대정신으로 표현되기도 하는 하나의 거대한 새로운 패러다임으로서 인간과 세계에 대한 새로운 이해방식이자 사고방식이다.

20세기 말에 나타난 인간의 변화된 생활양식을 새롭게 설명하고 정당화할 수 있는 시대정신으로 표현되기도 하는 포스트모더니즘 가치관은 근대 모더니즘 시대에 이성이 구축한 절대성, 객관성을 비판하고, 통합적 인간관과 다양성을 중심으로 인간과 세계를 바라보면서, 새로운 인식론과 인간관을 산출해 내며, 교육에 있어서도 새로운 패러다임의 전환(shift of paradigm)을 이끌고 있다.

이러한 변화의 흐름은 유아교육 분야에서도 활발히 이루어지고 있는데, 최근 유아교육에서 강조되는 아동중심교육(child-centered education), 발현적 교육과정(emergent curriculum), 창의성 교육, 구성주의, 장애아통합교육, 다문화교육 등이 그것이다. 이는 유아교육이 실천적 측면에서 이미 포스트모더니즘의 원리를 충실히 이행하고 있음을 보여 주는 것이다.

특히 구성주의(constructivism)는 '아동중심교육'의 이론적 근거를 제공하면서, 교수학습방법이나 아동관 등 유아교육 전반에 걸친 변화를 가져오는 데 영향을 준다. 이는 다양화와 차이에 가치와 중점을 두고, 지금껏 객체의 위치에 있던 학습자를 주체로 바꾸어 접근하는 교육의 포스트모더니즘적 혹은 상대주의적 접근이라고 할 수 있다(강인애, 2007).

CHAPTER

11

구성주의

1. 인식론으로서의 구성주의 이해

2. 발달이론으로서의 구성주의

1) 인지적 구성주의

2) 사회적 구성주의

3. 구성주의 교수-학습이론

1) 학습 주체로서의 학습자

2) 반성적 사고(Reflective thinking)

3) 협동학습

4) 구성주의 교사

포스트모더니즘(postmodernism)은 문학, 철학, 예술 및 일상생활 등 사회 전반에서 나타나는 하나의 거대한 새로운 패러다임으로서 인간과 세계에 대한 새로운 이해방식이자 사고방식으로, 교육에 있어서도 다양한 변화의 양상으로 나타난다.

포스트모던 교육은 우선 모든 인간문제를 이성과 과학의 힘을 통해 해결할 수 있다고 믿었던 모더니즘 시대의 이성중심, 획일성, 객관성, 보편성, 대중성에 대한 가치를 추구하는 교육 양상에서 벗어나 개별성, 다양성을 인정하는 교육적 패러다임으로의 변화를 드러낸다. 이와 함께 교사중심교육에서 벗어나 아동의 능동성을 강조하는 아동중심교육으로의 변화도 활발해진다.

이러한 포스트모던 교육으로의 패러다임의 변화 이면에는 다양성, 개별성, 맥락성을 강조하는 포스트모더니즘의 원리뿐 아니라, 인식 주체의 능동성을 강조한 구성주의 인식론의 역할도 크다고 볼 수 있다.

따라서 현대유아교육을 이해하기 위해서는 포스트모던 가치에 근거한 기존의 교육환경, 교육목표에 대한 재개념화에 대한 논의와 함께 구성주의에 대한 전반적 이해가 필요하다고 할 것이다.

본 장에서는 지식구성에 관한 인식론에서 출발하여 교수-학습이론으로 알려진 구성주의가 무엇인지, 그 교육적 의미가 무엇인지, 구성주의 전반에 걸쳐 살펴보고자 한다.

1 인식론으로서의 구성주의 이해

구성주의(constructivism)란 지식구성과정에서 주체의 능동성을 강조한 이론으로, 지식이란 인식 주체와 무관하게 존재하는 보편적 특성을 지닌다고 보는 객관주의 인식론(objective epistemology)에 대한 대안적 관점이다.

구성주의는 구성주의 인식론에서 출발하는데, 인식론(epistemology)이란 지식 형성과정을 연구하는 학문으로, 크게 객관주의 인식론과 구성주의 인식론으로 나뉜다.

지식의 형성과 본질에 관한 객관주의 인식론과 구성주의 인식론의 차이점에 관하여 자세히 살펴보자.

〈표 5-11-1〉 객관주의 인식론과 구성주의 인식론의 비교

특성/관점	객관주의 인식론	구성주의 인식론
지식의 존재	• 인식 주체와 독립되어 정신의 외부에 존재, 개인의 경험과는 무관	• 인식 주체와 외부 세계와의 상호작용을 통해 개인 내에서 구성됨
지식의 특성	• 실증적, 객관적 • 고정적(fixed), 정체화(identifiable)될 수 있는 절대적 진리 • 객관적 세계에 대한 표상(representation)	• 개인적, 사회문화적, 역동적, 상황적 • 개인의 사회적 경험을 바탕으로 한 개별적 의미를 부여 • 주관적 경험을 통한 적응(adaptation)
핵심 용어	• 표상(representation) • 발견(discovery) • 수용(reception)	• 적응(adaptation) • 구성(construct) • 창조(creation)

객관주의 인식론(objective epistemology)에 있어 지식이란 모든 상황적, 역사적인 것을 초월하여 적용할 수 있는 것으로, 절대적이며 보편적인 진리(truth)와 지식(knowledge)을 추구한다. 즉 인간의 지식이란 보편적 진리이며, 고정적이고 불변하는 것으로 인식 주체와 관계없이 인간정신의 외부에 존재하며, 인간은 이러

한 지식을 표상(reprersentation)을 통해 발견(discovery)하는 것으로 보았다.

반면 구성주의 인식론(constructive epistemology)에서 지식이란 개별적, 사회문화적, 맥락적인 것으로, 인식 주체의 능동적 참여에 의해 개별적으로 구성된다고 본다. 즉 새로운 지식은 이미 존재하는 보편적 진리로서의 지식에 대한 표상이 아니라, 개별적 의미부여를 통한 맥락적 구성(construct)으로 본다.

구성주의 인식론은 객관주의 인식론에서 강조하는 보편적인 진리(truth)와 지식(knowledge) 대신에, 개인이 현실을 살아가고 이해하는 데 있어 본인에게 의미 있고 적합하고 타당한 것이면 그것을 진리(truth) 혹은 지식(knowledge)이라 본다. 즉 인식 주체와 독립적으로 존재하는 객관적 지식은 존재하지 않으며 모든 현상은 인식 주체자의 해석에 따라 개별적으로 구성된다고 본다. 따라서 지식은 어떤 완료된 형태 혹은 결과(result)로서의 지식(knowledge)이 아니라 과정(process)으로서의 앎(knowing)에 대한 이해를 강조한다.

객관주의 인식론에서 구성주의 인식론으로의 패러다임 전환은 지식구성과정에서의 학습자의 역할, 교사의 역할, 교육내용, 교수방법 등 교육의 다양한 측면에 많은 영향을 주게 된다.

2 발달이론으로서의 구성주의

지식의 구성과정, 앎의 본질에 관한 학문인 인식론으로 출발한 구성주의는 발달이론에서도 학습자의 능동성을 강조한 이론이 등장함으로써, 구성주의의 흐름을 이어간다. 대표적으로 Piaget 이론과 Vygotsky 이론을 들 수 있다.

흔히 구성주의 이론이라고 불리는 두 이론은 지식구성과정에서 주체의 능동성을 강조한 점에서 구성주의의 공통점을 가지지만, 개인의 인지 작용을 강조하느냐, 아니면 개인이 속한 사회·문화적 역할에 비중을 두느냐에 따라 인지적 구성주의와 사회적 구성주의로 구분된다.

인지적 구성주의(cognitive constructivism)는 Piaget 이론처럼, 지식구성이 개인의 인지구조 내에서 이루어짐을 강조한 이론으로, 개인적 구성주의(individual constructivism)라고도 불린다.

사회적 구성주의(social constructivism)는 Vygotsky의 발달이론을 근거로 개인이 속한 문화적, 역사적, 사회적 배경을 바탕으로 한 지식의 구성을 강조하고 있다(강인애, 2007).

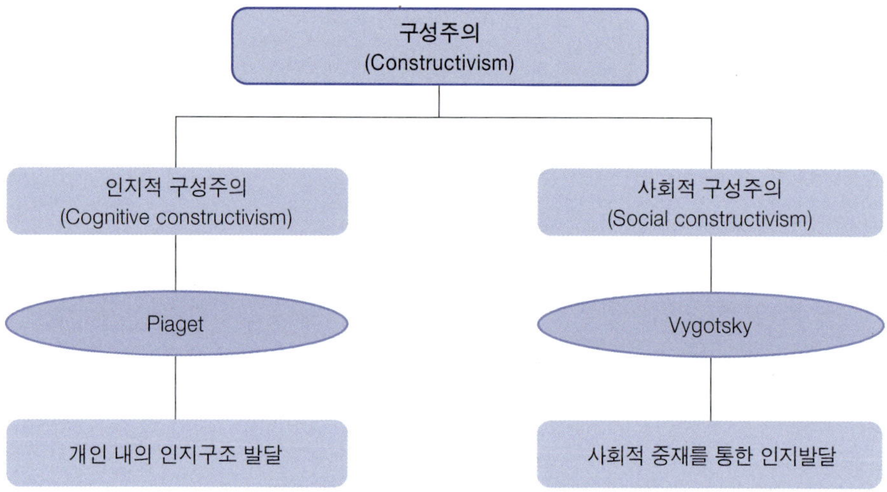

[그림 5-11-1] 인지적 구성주의와 사회적 구성주의

1) 인지적 구성주의

인지적 구성주의에 따르면, 지식구성은 개인의 인지구조 내부에서 일어나는 것으로, 환경의 역할은 인지적 측면의 활성화와 객관적 타당성을 위한 단계로 본다.

Piaget의 발달이론에 근거하여 볼 때, 새로운 지식구성은 생물 유기체가 환경과의 상호작용을 통해 기존의 인지구조와 새로운 경험 간의 인지적 갈등(cognitive conflict)을 경험하고, 동화(assimilation)와 조절(accommodation)이라는 능동적 적응(adaptation)과정을 통해 이루어진다고 보았다. 즉 생물학적으로 이미 결정된 발달과정의 틀 안에서 동화(assimilation)와 조절(accommodation)이라는 적응과정을 통해 이루어진다는 것이다(Russell, 1993; 강인애, 1995, 재인용).

Piaget 이론에서 설명한 이러한 지식구성과정에서 중요한 것은 주체의 능동적 역할이다. 즉 단순히 환경과의 경험 자체가 새로운 지식으로 구성되는 것이 아니라, 그것을 자신의 기존 인지구조와 비교하고 사고하면서 받아들이고자 하는 인간 주체의 적극적인 의미부여 과정을 통해 새로운 지식이 구성됨을 설명하고 있다. Piaget는 이를 반성적 추상(reflective abstraction)이라 부르고, 지식구성과정의 능동성을 강조한 점에서 구성주의 관점을 취한다.

결국 Piaget의 인지적 구성주의 관점에서 지식구성은 객관적 실체에 대한 단순한 표상(representation)이 아니라, 개인의 경험 속에서 주체적으로 의미를 부여하고 '구성(construct)'해 가는 창조적 과정을 통해 이루어진다.

2) 사회적 구성주의

Vygotsky 이론을 토대로 한 사회적 구성주의(social constructivism)는 사회적 상호관계를 개인의 인지발달뿐 아니라 지식을 구성하는 데 가장 중요한 요소로 보면서 지식의 사회구성의 특성을 강조한다.

사회적 구성주의자(Cole, 1992; Lave, 1988; Rogoff, 1990; Vygotsky, 1978; Wertsch, 1991)에 따르면, 사회는 인간이 태어나 자라면서 그들이 속한 세계만의 독특한 문화적, 행동적 양식을 습득하는 곳이며, 이 사회의 구성원들과의 상호작용을 통해 한 개인의 성장이 이루어진다(강인애, 1995).

이처럼 지식구성과정에서 사회의 역할을 강조한 Vygotsky 이론이 인간 주체의 능동성을 강조한 구성주의 이론으로 불리는 것은 인지발달과정에서 개별성이나 맥락성과 함께 주체의 능동적 역할을 부정하지 않았기 때문이다.

Vygotsky 이론에 따르면, 인간의 인지발달은 개인 간 단계(inter-personal level), 개인 내(intra-personal level) 단계의 두 단계에서 이루어진다. 이 과정에서 사회는 인지발달의 근원으로 중요한 의미를 지닌다. 그러나 단순히 사회로부터의 도움을 그대로 수용하면서 새로운 지식구성이 이루어지는 것이 아니라, 인간 주체가 사회로부터 배운 것을 자신의 것으로 내면화(internalization)하는 주체적인 과정을 통해 이루어진다는 것이다. Vygotsky 이론을 구성주의 이론으로 보는 것도 바로 이런 이유 때문이다.

결국 Piaget 이론과 Vygotsky 이론은 지식구성과정에서 개인의 인지작용을 강조하느냐 아니면 개인이 속한 사회·문화적 역할을 강조하느냐에 따라 개인적 구성주의와 사회적 구성주의로 구분되지만, 지식을 구성하는 주체의 능동적 역할을 강조한 점에서는 구성주의 발달이론에 해당된다고 볼 수 있다.

이러한 구성주의 발달이론에 근거하면, 지식이 구성되는 과정에서 사회의 매개체로서의 성인의 역할은 기존의 지식을 일방적으로 혹은 직접적으로 전달하는 것이 아니라, 아동 스스로 자신의 지식을 구성할 수 있도록 돕는 안내자/조언자(guidance/scaffolder)로서의 역할을 지니게 된다.

더욱 중요한 것은 성인의 도움을 통해 아동이 스스로 완전히 문제해결의 전 과정을 다룰 수 있는 단계에 이르렀을 때, 성인의 참여나 통제를 줄여 아동에게 모든 책임과 통제를 넘겨주는 비계설정(scaffolding)의 역할이다. 이는 아동의 능동성을 근거로 결국 성인의 타인조절에서 벗어나, 점차 아동 스스로 문제해결과정을 조절하고 통제하는 자기조절의 학습자로 이끌기 위한 것으로, 구성주의의 원리를 반영한다.

2 구성주의 교수-학습이론

구성주의는 지식구성과정을 설명한 인식론(epistemology)이나 구성주의 발달이론뿐 아니라 구성주의 교수-학습이론으로, 가르침과 배움에 대한 원리를 설명하고 있다.

인식 주체의 능동성과 지식구성의 개별성과 맥락성을 강조한 구성주의 인식론은 학습자에 대한 이해와 교육내용, 교육방법, 교사의 역할 등 다양한 측면에 시사점을 제공한다.

구성주의에 근거한 교수-학습 원리에 대해 자세히 살펴보자.

〈표 5-11-2〉 구성주의에 근거한 학습의 기본가정

구성된 학습 (Constructive learning)	지식은 경험으로부터 구성되며, 이러한 지식의 내적 표상을 만드는 구성적 과정이 학습이다.
개인적 해석 (Individual interpretation)	세계에 대한 개인적 해석과 경험에 대한 개인적 해석의 결과로 학습이 이루어진다.
능동적 학습 (Active learning)	경험을 바탕으로 의미가 발달되는 능동적 과정이 학습이다.
협동학습 (Cooperative learning)	협동학습을 통해 타인의 다양한 관점을 공유하게 되며, 이를 자신의 것으로 내면화하는 과정에서 학습이 이루어진다.
상황적 학습 (Situational learning)	현실세계의 상황을 반영하여 학습이 이루어져야 한다.

출처: Berdnar et al. (1992).

첫째, 구성주의에서 학습이란 단순한 표상이 아니라 구성적 과정으로 이해된다.

둘째, 구성주의에서 학습이란 외부 세계의 경험에 대한 개인의 해석의 결과로 본다. 이는 인식 주체로서의 현상학적 관점을 반영한 것으로, 학습과정에서 아동의 능동성, 맥락성, 개별성을 강조하면서 아동중심교육의 이론적 근거를 제공한다.

셋째, 구성주의에서 학습은 주체의 적극적 활동(activity)을 통해 이루어지는 능동적 과정으로 본다.

넷째, 구성주의에서 학습은 타인과의 상호작용을 통한 협력학습을 강조한다. 이는 타인과의 협동학습과정에서는 다양한 관점을 공유할 수 있게 되며 그 속에서 자신의 내적 구조의 변화가 이루어진다고 보는 것이다.

다섯째, 구성주의에서 학습은 학습자 자신이 속한 사회·문화적 상황을 반영하여 이루어지는 것으로 본다.

이러한 구성주의 교수-학습 원리를 바탕으로 교육현장에서 적용될 수 있는 시사점에 대해 살펴보면 다음과 같다.

1) 학습 주체로서의 학습자

구성주의에서 지식이란 보편적 진리에 대한 표상이 아니라, 주체의 적극적인 참여와 능동적인 인지작용을 통해 '구성(construct)'되는 것으로 본다.

이러한 관점은 교육 주체로서의 학습자-유아에 대한 인식과 함께 지식구성이나 학습과정에 있어 학습자의 적극적 참여와 능동적 역할을 강조한다.

지식구성과정에서 주체의 능동적인 사고과정은 인간과 세계에 대한 이해가 개인의 주관적인 경험에 의해 해석된 것으로 보는 현상학적 관점을 바탕으로 한 것으로, 인식 주체이면서 실존적 가치를 지닌 능동적 학습자로서의 유아에 대한 새로운 이해를 이끌고 있다.

이와 더불어 학습자-유아가 단순히 수동적 존재로 인식되는 교사중심교육에서 벗어나 아동의 능동적 참여와 사고를 중심으로 한 아동중심교육, 학습자중심교육으로의 교육적 패러다임의 전환을 이끌고 있다.

2) 반성적 사고(Reflective thinking)

구성주의에서 지식이란 절대적으로 존재하는 지식을 표상하고 발견하는 것이 아니라 학습자 스스로 주어진 환경에 대해 흥미와 의문을 가지고 생각해 보는 적극적 의식과정을 통해 구성(construct)된다고 본다.

이러한 관점은 학습주체의 능동성뿐 아니라, 주어진 환경에 대한 흥미와 함께 학습자의 끊임없는 반성적 사고(reflective thinking)의 태도를 강조하고 있다. 즉 새로운 지식구성이나 학습은 외부 세계의 경험을 아무런 사고과정을 거치지 않고 단순히 수동적으로 수용함으로써 일어나는 것이 아니라, '왜?'라는 질문을 통해 끊임없이 사고하고, 반성적으로 사고하는 태도를 통해 가능하다는 것이다.

따라서 교사는 학습자로 하여금 사물이나 현상에 대해 스스로 탐색하고자 하는 자율적이고 적극적인 탐구 자세를 가질 수 있도록 유도하고, 반성적 사고태도를 길러 주는 것이 필요하다 할 것이다.

3) 협동학습

구성주의에서 지식구성은 인식 주체로서 개인의 주체적인 인지작용을 통해 이루어지지만 이 과정 역시 그 개인이 속한 사회구성원과의 상호작용을 전제로 한다.

Piaget 이론에 따르면, 사회 속에서 타인과의 상호작용은 다양한 관점을 공유하게 되는 기회를 줄 뿐 아니라 서로 다른 관점 간의 인지적 갈등을 통해 새로운 지식을 구성하게 해 준다.

Vygotsky 이론에 따르면, 지식구성은 사회적 상호작용 과정에서 공유된 지식을 내면화시킴으로써 가능하다고 보는데, 이때 타인과의 상호작용과 협동학습은 중요한 의미를 지닌다. 그러나 타인과의 협동학습과정에서 중요한 것은 개개인이 주체로서 능동성을 잃지 않는 상호 주관성(inter subjectivity)을 바탕으로 상호작용이 이루어져야 한다는 점이다. 즉 학습자 개개인의 주체적인 참여를 통한 협동학습을 통해 새로운 지식이 구성되는 것이다.

4) 구성주의 교사

구성주의 교수-학습이론에서 강조되는 것은 능동적인 학습자의 역할로, 교사에게도 새로운 역할이 요구된다.

객관주의 인식론은 개인의 경험과는 무관한 절대적, 보편적 진리를 가정한다. 따라서 지식 전달자로서의 교사의 역할이 강조되면서 교사-중심교육의 이론적 근거를 제공한다. 이때 교사는 지식의 전달자로서 절대적 자리를 차지하면서, 아동의 역할은 수동적 위치로 전락하게 된다.

반면 구성주의 인식론은 인식 주체의 능동적 의미부여 과정을 통해 지식이 구성된다고 보는 관점으로, 인식 주체로서의 아동의 능동적 역할이 강조되면서, 아동중심교육의 이론적 근거를 제공한다. 이와 함께 교사-중심교육에서 지식의 전달자로서의 절대적 힘을 가진 교사의 역할은 학습자에게 이양됨으로써 새로운 교사의 역할이 요구된다.

이는 아동중심교육에서 교사 역할은 흔히 학습자의 학습을 돕는 안내자나 촉매자의 역할로 이해되지만, 교사의 역할이 축소되거나 없어지는 것이 아니라, 새로운 역할이 요구된다는 의미로 이해하는 것이 필요하다. 따라서 구성주의 관점에서 교사의 역할에 대해 자세히 살펴보도록 하자.

그렇다면 구성주의 관점을 지닌 교사란 어떤 교사일까?

첫째, 구성주의 교사는 학습자의 자율성(autonomy)과 주인의식을 격려하고 수용하여야 한다.

이는 학습자로 하여금 반성적 사고를 통해 스스로 경험에 대해 의미를 부여할 수 있도록 자율성과 능동성을 부여하는 것이다. 이처럼 학습자가 경험에 대해 스스로 탐색하고 의미를 부여하는 과정을 통해 학습의 주도권을 지니도록 유도하고, 학습과정 및 성과에 대해 스스로 반성하고 돌아볼 수 있도록 이끌어 줌으로써, 자기조절(self-regulation) 학습자로 이끌어 주는 것이 구성주의 교사의 역할이다.

둘째, 구성주의 교사는 유의미한 맥락(context) 속에서 학습이 이루어지도록 하여야 한다.

이는 주체의 사회 문화적 맥락과 관련 없는 별개의 지식이 아니라 자신의 맥락 속에서 의미 있는 경험들을 통해 새로운 지식을 형성해 간다는 구성주의 관점을 반영한 것으로, 학습자의 흥미와 삶을 반영한 교육내용을 선정하는 것이 필요하다. 이처럼 절대적 교과서적 지식을 통해서가 아니라 학습자의 삶과 문화적 맥락 속에서 학습이 이루어지도록 교육내용을 구성하는 것이 구성주의 교사의 역할이다.

셋째, 구성주의 교사는 학습자로 하여금 다양한 관점을 경험하고 평가할 수 있는 기회를 제공하여야 한다.

이는 협동학습을 통한 지식구성을 강조한 구성주의 관점을 반영한 것으로, 서로 다른 관점을 가진 학습자들 간의 상호작용과 협동학습의 기회를 제공하는 것이 필요하다. 이처럼 협동학습을 통해 다양한 관점을 경험하고 평가함으로써 새로운 지식구성과 학습에 역동적으로 참여할 수 있도록 하는 것이 구성주의 교사의 역할이다.

넷째, 구성주의 교사는 학습자와 함께 공동학습자(co-learner)로서 능동적으로 참여하고, 학습자가 주체로서 능동적 역할을 수행하는 과정에서 다양한 형태의 도움을 주는 실체로서의 역할을 수행하여야 한다.

이는 지식구성과정에서의 주체는 수동적 역할을 수행하는 것이 아니라, 적극적으로 의미부여를 통해 새로운 지식을 구성해 가는 것으로 보는 구성주의 관점을 반영한 것으로, 이때 교사의 역할은 단순히 지식의 전달자가 아니라 학습과정의 주체로서 적극적으로 참여하는 것이 된다. Vygotsky는 이를 상호 주관성(intersubjectivity)의 개념으로 설명한다.

이처럼 개념적 지식(conceptual knowledge)의 전달자로서가 아니라 학습자와의 상호주체적(intersubjective) 관계 속에서 학습자의 지식구성과 세상에 대한 이해 지평을 확장시키도록 돕는 것이 구성주의 교사의 역할이다.

CHAPTER

12

포스트모던 교육

1. 모더니즘에서 포스트모더니즘으로

2. 포스트모더니즘에 대한 이해
   1) 포스트모던 인간관
   2) 포스트모던 지식관

3. 포스트모더니즘과 교육
   1) 근대 모더니즘 교육
   2) 포스트모더니즘 교육
   3) 포스트모더니즘 교사

포스트모더니즘(postmodernism)이란 용어는 20세기 후반 문학, 철학, 예술 및 일상생활 등 사회 전반에서 나타난 인간과 세계에 대한 새로운 이해방식이자 사고방식이다.

포스트모더니즘(postmodernism)은 일반적으로 이후(after)라는 의미를 지닌 '포스트(post)'와 '모더니즘(modernism)'이 합쳐진 용어에서 알 수 있듯이, 근대 이후의 사상, 사유체계, 생각의 구조 등을 의미한다.

포스트모던 사상은 근대 모더니즘에서 강조된 이성중심의 절대적이고 객관적인 사고를 비판하고, 보다 다양한 관점에서 인간과 세계를 보고자하는 변화를 이끌면서 새로운 인식론과 인간관을 산출해 내게 된다. 이와 함께 교육에 있어서도 이성중심, 지식중심의 근대 모더니즘에 입각한 교육적 관행을 비판하면서 다양성과 차이를 인정하는 포스트모더니즘 시각을 반영한 다양한 교육양상으로의 변화를 이끌고 있다.

교육에 있어서 가장 중요한 변화 중 하나는 수동적 존재로 인식된 학습자-아동이 능동적이고 적극적 역할을 수행하는 주체적 존재로서 교육현장의 중심에 들어오게 된 점이다. 이는 경험에 대한 단순히 수동적 존재로서의 인간관에서 벗어나, 지식의 능동적 구성자(active constructer)로서의 역할을 강조한 구성주의의 관점이 반영된 것으로, 교육에서도 학습자-아동의 능동적 역할에 대한 인식이 증가하고 있다. 또한 인간의 존엄성과 내면적 가치를 추구하는 실존적 존재로서의 포스트모던 인간관을 바탕으로 지금까지 교육 영역에서 소외되었던 문제에 대한 관심이 증가하고, 교육내용과 교수방법, 교사의 역할 등 다양한 영역에서의 변화로 드러나고 있다.

이러한 포스트모던 교육관을 바탕으로 한 실험적 시도는 유아교육 분야에서도 예외가 아니다. 최근 유아교육에서 강조하는 유아중심교육(child-centered education), 발현적 교육과정(emergent curriculum), 창의성 교육, 구성주의 교수학습론, 장애아통합교육, 다문화교육(multicultural education) 등은 유아교육의 실재적·실천적 측면에서 이미 포스트모더니즘의 원리를 충실히 이행하고 있음을 보여준다.

1 모더니즘에서 포스트모더니즘으로

모더니즘(modernism)이란 16세기 르네상스에서 18세기 계몽주의로부터 시작된 이성중심의 가치관과 합리주의적 가치관을 바탕으로 인간문제에 있어 이성의 권위를 가장 윗자리에 두었던 시대이다.

흔히 근대라고 불리는 모더니즘 시대의 가치관은 Descartes 철학에서 볼 수 있는 이성 우위의 가치관에 근거하여 인간의 이성에 대한 믿음을 강조했던 시대로, 합리적 이성을 가진 이성중심의 인간관을 탄생시킨다.

이 시기는 규격화, 표준화, 집중화, 단일화, 소품종 대량생산의 양상을 나타내는 공장제 대량생산체제와 대중매체에 의한 대중문화로 인해, 획일성과 대중성이라는 특성이 사회 각 분야에 확대된다. 또한 인간을 포함한 자연세계 역시 하나의 유일한 설명체계가 있다는 기본 가정하에, 보편성에 근거한 통합된 체계를 발견하고자 하였다.

포스트모더니즘(postmodernism)은 앞에서 논의한 바와 같이, 20세기 후반 문학, 철학, 예술 및 일상생활 등 사회 전반에서 나타난 인간과 세계에 대한 새로운 이해방식이자 사고방식으로, 인간과 사물에 대한 근대 모더니즘적 한계를 넘어 새로운 패러다임을 제공한다.

20세기 후반은 정치적으로는 이데올로기가 해체되고 자국의 실리를 추구하기 위해 개방화하면서 이질적 문화가 공존하는 세계화-글로벌화되는 시대적 특성을 지닌다. 이로 인해 대량생산체제로 인한 획일성, 대중성을 가치 있게 여긴 모더니즘 사회와는 달리, 개인의 개성과 자율성, 다양성의 가치를 이상으로 추구한다. 무엇보다 인간을 합리적인 이성적 존재로만 규명한 근대 모더니즘적 인간관은 인간을 통합적 유기체로 포스트모던 인간관에 의해 비판된다.

이처럼 포스트모더니즘에 대한 이해는 모더니즘과의 관계 속에서 규명되어야 하며, 모더니즘에 대한 단순한 비판이나 부정이 아니라 한계를 극복하고자 하는 의도를 이해하는 것이 필요하다.

〈표 5-12-1〉 모더니즘과 포스트모더니즘

구분	Modernism(근대주의)	Postmodernism(탈근대주의)
특성	• 19세기말~20세기 중반 • 획일성, 보편성, 대중성 • 과학적, 객관적 분석 • 이성중심, 이분법적 사고 • 농업사회에서 산업사회로, 시민사회, 민주주의 • 규격화, 집중화, 소품종 대량생산, 개성과 자율 무시, 보편성 강조(특수성 무시), 대중문화(문화의 평준화, 획일화, 상품화) • 백인중심, 서구 중류사회 문화, 남성 우위	• 20세기 후반 • 다원성, 개별성, 상대성, 맥락성 • 이데올로기 해체, 탈이분법적 사고 • 세계화–글로벌화, 정보화(인터넷), 지식사회 • 다품종 소량생산, 다원화, 개성 · 자율성 존중, 창의적 사고 요구 • 정보통신기술, 영상 매체 보급(삶의 방식과 세계관의 변화) • 제3세계, 여성, 비주류문화
인간관	• 이성적 존재, 기계론적 관점 (실증주의)	• 가치 추구, 실존적 존재, 유기체적 관점 (실존주의)
지식관	• 객관주의 인식론 • 보편적, 객관적 지식	• 구성주의 인식론 • 상대적, 다원적, 맥락적 지식(현상학)
교육	• 지식중심, 이성중심교육 • 교사중심교육 • 지식의 전달, 주입식교육(절대적 가치, 교과서중심) • 평준화(획일적)	• 전인교육, 가치교육 • 학습자중심, 아동중심교육 • 지식의 구성, 참여학습(능동적 주체로서 참여) • 개별화(다양화)

2 포스트모더니즘에 대한 이해

모스트모더니즘이란 용어는 20세기 후반 문학, 철학, 예술 및 일상생활 등 사회 전반에서 나타난 인간과 세계에 대한 새로운 이해방식이자 사고방식으로, 그 의미가 적용 분야에 따라 다르게 해석되기도 한다.

진리의 유일성을 전제하는 모더니즘 지식체계와 Descartes 이후 서양 사상의 주된 흐름을 규정해 온 근대 모더니즘의 이성중심의 자아에 대한 해체로 시작된 포스트모더니즘은 Nietche, Heideger의 실존주의를 거쳐 Foucault, Derrida, Lyotard로 이어지게 된다.

흔히 최초의 포스트모더니스트로 불리는 Foucault(1926~1984)는 서양의 고대와 중세를 통해, 그렇게 명확하게 분화되지 않던 이성과 비이성이 분리되어 모더니즘의 핵인 이성중심주의로 생성되는 과정을 면밀히 분석하면서, 관념의 보편타당성을 부정하였다(Foucault, 1965).

Foucault는 이성적인 것과 정상적인 것이 도덕적으로 우위에 있도록 하는 것은 근대 모더니즘의 구조화된 특성 중 하나인 지식-권력의 연계에 지나지 않음을 밝히게 된다. 이로써 근대 모더니즘적 관점에서 객관적인 실재로 여기는 지식이 Foucault에게 있어서는 구체적인 담론적 실천(discourse practice)에 의해 생산되는 것으로 파악된다. 이러한 담론적 실천을 통한 지식구성의 이면에는 선택과 배제의 논리가 작동하고 있으며, 바로 이곳이 지식에 대하여 권력이 개입하게 되는 지점이기도 하다. 그러므로 우리가 보편적으로 인정하는 진리의 체계도 발견되고 공인된 진리의 집합이 아니라, 진위를 구분하는 기제와 담론상의 용례들, 그리고 참이라고 규정된 것에 덧씌워진 특정한 권력의 효과(Foucault, 1980)임을 밝히고 있다.

Lyotard도 지식의 가치판단 기준이 기존 사회 관습과의 일치 여부, 즉 다른 영역의 지식과 가지는 관계성을 통해 지지됨으로써 비로소 정당화되는, 사회적 합의로서 기능하는 '서사적 지식(narrative knowledge)'의 구성과정임을 보여 준다. 이로써 지식구조의 전체성과 완결성을 전제로 개별적인 특수성에 대해 무시하였던 모더니즘 지식관을 비판하고, 보편적 이성에 대한 강한 거부를 바탕으로 한 포스트모더니즘 지식관을 대변하게 된다.

Derrida(1930~2004)는 이성이 감성을, 백인이 흑인을, 남성이 여성을, 말하기가 글쓰기를 어떻게 억압하였는지를 이분법을 해체시켜 보여 줌으로써, 하나의 논리가 서기 위해 어떻게 반대 논리를 억압했는지를 보여 준다.

이러한 포스트모던 철학적 사고의 틀은 이성중심의 모더니즘의 시각을 비판하면서 포스트모더니즘이라는 새로운 패러다임의 성립에 있어 중추적 역할을 하게 된다.

1) 포스트모던 인간관

포스트모더니즘 시대의 인간에 대한 가치관은 근대 모더니즘 시대의 이성적 존재로서의 한계적 인간관에서 벗어나 도덕, 정서, 동기 목표, 자아실현 등 인간의 내면적 가치를 중시하고, 유기적 생명체로서의 인간존재에 대한 규명을 통해 보다 폭넓은 인간관을 제시하게 된다.

포스트모던 시대의 대표적 심리학으로 대변되는 인본주의 심리학(humanistic psychology)은 이전 모더니즘 시대의 대표적 심리학으로 일컬어지는 Freud의 정신분석학(psychoanalyse)과 행동주의(behaviorism) 심리학이 인간의 내면적 가치를 간과한 데 대하여 비판하고 이를 보완하고자 한 시도라고 할 수 있다.

인본주의 심리학의 대표적 학자인 Abraham Maslow(1908~1970)는 욕구위계론을 통해, 인간이 욕구(needs)를 가진 존재이긴 하나, 그 욕구는 Freud 이론의 무의식 속에 저장된 동물적이고 생리적 욕구만이 아니라 사회 속에서 인정받고 존중받고자 하는 욕구와 함께 보다 가치 있는 삶을 위해 노력하는 자아실현(self-actualization)의 욕구를 가진 존재(Maslow, 1966)로 보았다.

또한 Carl Rogers(1902~1987)는 인간을 자기가 통제할 수 없는 어떤 힘에 의해 이끌리는 피조물이 아니라 미래의 목적과 자기 지시적 목적으로 지향된 에너지를 지닌 활동적 존재이며, 건강한 성장과 변화를 가능케 하는 잠재력을 지닌 존재로 간주하였다.

이처럼 인간을 선천적으로 선하며 합리적이고 자유의지를 지니며 자기의 운명을 스스로 개척할 수 있는 잠재능력을 지닌 존재로 보았던 인본주의 심리학은 이성중심의 이원론에 근거하여 합리적이며 이성적인 존재로만 바라본 근대 모더니즘 인간관을 비판하고 이성과 감성, 정신과 육체가 하나인 통합적 인간관을 제시한 포스트모던적 인간관을 대변하면서 교육에 있어서 변화와 개혁의 바탕이 된다.

2) 포스트모던 지식관

지식이란 무엇이며 어떻게 형성되는가에 대한 명제는 수 세기 동안 철학자들과 과학자들이 규명하고자 한 본질적 문제로서, 오랜 세월 다양하고 대립된 관점이 제기되었다. 흔히 인식론이라 불리는 철학의 한 분야는 지식의 구성과정을 규명하고자 하는 학문영역으로, 객관주의 인식론과 구성주의 인식론으로 구분된다.

객관주의 인식론이란 지식을 인간의 외부에 존재하는 것으로 보고, 절대적 보편적 진리를 인정한다. 반면 구성주의 인식론은 이미 앞 장에서 살펴본 바와 같이, 보편적 진리를 표상(representation)하는 대신, 자신의 경험 속에서 능동적인 의미부여 과정을 통해 구성(construct)하는 것으로 본다.

근대 모더니즘 지식관이 객관주의 인식론에 근거를 둔 것이라면, 포스트모던 지식관은 구성주의 인식론에 더 근접한다 할 것이다. 근대 모더니즘이 실증적 지식에 근거를 둔 것이라면 포스트모더니즘은 해석학적 지식에 의존한다고 볼 수 있다(Lyotard, 1984).

실증적 지식이란 근대 과학을 형성시킨 과학적 지식의 원형으로, 지식의 정당성이 종래의 내재적 완결성을 주장한 과학의 자체적 논리에 의해 확보되는 과학적 지식을 의미한다. 포스트모더니즘 지식관을 대변하는 해석적 지식(interpretative knowledge)이란 Lyotard가 주장하는 서사적 지식을 지칭하는 것으로, 지식의 가치판단 기준이 기존 사회 관습과의 일치 여부, 즉 다른 영역의 지식과 가지는 관계성을 통해 지지됨으로써 비로소 정당화되는 지식이다. 지식이 해석학적 견지에 설 때 '사실'은 없고 '해석'만이 존재하게 된다. 이러한 해석학적 원리의 저변에는 보편적 이성에 대한 강한 거부가 자리 잡고 있으며, 결국 우주와 역사, 그리고 인간을 설명하는 유일한 절대적 언어란 있을 수 없다는 서사적인 지식론에 근거한다고 볼 수 있다(서상문·장사형, 2006).

따라서 포스트모더니즘 시대에 지식은 특정한 사회·문화적 맥락에 의존함으로써 제한적인 성격을 지니게 되며, 진리와 가치 또한 절대성에서 벗어나 상호 경쟁하는 주장을 가진 상호 주관성(inter subjectivity)을 지니며, 불특정적인 지식체계인 것이다(Bagnal, 1998). 이는 지식구조의 전체성과 완결성을 전제로 개별적인 특수성에 대해 무시하였던 모더니즘 지식관에 대한 비판적 관점으로, 보편적인 지식체계가 아니라 특수성과 맥락성에 의존하는 개별 지식과 그 차이에 주목하는 것이다.

이처럼 포스트모던 지식관은 모더니즘 시대가 지닌 지식의 객관성, 절대성, 전체성, 단일성을 비판하면서 상대성과 다원성으로서의 진리를 상정하게 된다. 또한 다원적인 앎의 방식을 통해 인간 주체와의 관계 속에서 지식이 구성됨을 이해함으로써 지식구성에 있어 보다 주체적 존재로서의 인간관을 제시하고 있다. 이러한 앎의 방식에 대한 관점 변화는 교육에서도 많은 변화를 가져오게 된다.

3 포스트모더니즘과 교육

근대 모더니즘 교육은 이성중심적 사고와 모든 사물을 지배하는 하나의 유일한 통합체계로서 객관적, 절대적 지식이 존재한다고 믿었던 근대 모더니즘 사고를 반영하여 이성중심, 지식중심, 획일성, 보편성, 대중성에 대한 가치 추구의 교육 양상으로 드러난다.

또한 경험적으로 검증 가능한 지식만이 유일한 지식이라는 가정하에 교과서에 대한 지나친 의존, 획일화된 평가, 흑백논리의 이분법적 사고를 강조하며, 교육의 목표 역시 교과서 속의 객관적 지식을 잘 전달하여 지적 능력을 향상시키는 것에 중점을 두었다. 이로써 지식전달자로서 교사의 역할이 강조되고, 학습자에게는 수동적 역할만이 부여되며, 개인의 능력이나 적성, 흥미를 고려하지 못한 집단적인 대중교육의 틀을 형성하게 된다.

이처럼 합리적 존재, 이성적 존재로서의 인간관과 모든 상황에 보편적으로 적용될 수 있는 보편적 진리를 믿었던 근대 모더니즘 교육은 포스트모더니즘 가치관에 의해 그 보편타당한 가치의 유효성에 대해 비판받기 시작한다.

1) 근대 모더니즘 교육

근대 모더니즘 교육은 이성중심의 인간관과 모든 사물을 지배하는 하나의 유일한 통합체계로서 객관적이며 절대적인 지식을 믿었던 모더니즘 지식관을 근거로 이성중심, 지식중심, 교사중심, 보편적 교육내용의 특성을 지닌다.

특히 경험적으로 검증 가능하거나 논리적으로 증명 가능한 지식만이 확실한 지식이라는 전제에 기초함으로써, 교육에 있어서 교과서에 대한 지나친 의존도, 획일화된 기준에 의한 평가, 흑백논리적인 이분법적 사고의 양상으로 나타난다.

또한 지식이 인간 경험과는 무관하게, 객관적으로 존재하는 절대적 진리로서 존재한다는 모더니즘적 지식관은 교과서 중심, 지식중심의 모더니즘적 교육현상을 낳는다. 이와 함께 이미 존재하는 보편적 지식을 학생들에게 전달(transmission)하는 지식전달자로서의 교사의 역할이 강조된다. 이로써 학습자는 교사로부터 짧은 시간에 많은 양의 지식과 정보를 일방적으로 부여받아 암기하는 수동적 학습자로서의 역할만 수행하게 된다.

근대 모더니즘 교육의 목표도 절대적 가치를 지니는 교과서 속의 객관적 지식을 잘 전달함으로써 학생들의 두뇌를 개발시키고 지적 능력을 향상시키는 것이었다. 실제 교실에서 진행되는 수업도 미리 계획된 수업계획안에 맞추어 그대로 진행하였으며, 교사는 교과서에 나온 지식과 태도를 학생들에게 주입하는 역할을 수행하였다. 수업이 끝난 후에는 모든 학생들에게 획일화된 평가기준으로 암기위주의 지식을 평가하는 것이 주된 평가방법이었고, 교사의 권위를 강조한 지시와 통제 등의 교수방법에 의존하였다.

또한 IQ를 가장 중요한 인간능력의 평가척도로 받아들였으며 교육에서의 사회성, 정서, 창의성 등 인간의 다양한 능력개발에 대한 인식도 부족하였다.

과학과 기술의 발전을 통해 대량생산체제를 일반화함으로써 사회 전반에 획일화, 대중화, 표준화, 평준화의 개념을 확산시켰던 모더니즘 사회는 교육에 있어서도 능력이나 적성에 있어 개인차를 고려하지 못한 집단적인 대중교육이라는 틀을 형성하게 되었다.

이러한 모더니즘적 교육현상은 다원성과 다양성으로 대변되는 포스트모더니즘 관점에서 비판되고, 새로운 교육현상들로 드러나게 된다.

2) 포스트모더니즘 교육

근대 모더니즘 교육의 한계는, 절대성의 시각이나 사상을 거부하고 세계에 대한 다의적 해석이 평등한 관계에서 각 시각의 차이에 대해 동일한 중요성을 인정받으며 공존하는 포스트모더니즘 관점에서 비판을 받는다. 이와 함께 새로운 패러다임으로서의 포스트모던 교육이 구체적 교육현상으로 구체화된다.

첫째, 포스트모던 교육은 '무엇을 가르칠 것인가?' 하는 교육내용에서부터 '어떻게 가르칠 것인가?'와 같은 교육방법에 이르기까지 새로운 변화를 이끈다. 교육내용에 있어서는 교과서적 지식보다는 하급자의 삶과 일상에서의 경험들이 포함된다. 우리의 세계 체험이 통합적이듯, 교육은 인간의 삶에 실존적으로 근거하여 이루어져야 한다는 것이다.

둘째, 포스트모던 교육은 이성중심의 근대교육을 비판하고, 인간내면의 가치를 존중하는 전인교육을 목표로 제시한다. 교육에서의 인간성 회복 운동, 즉 휴머니즘 운동이라 할 수 있을 것이다.

셋째, IQ중심의 인간능력에서 벗어나 창의성, 정서, 사회성 등 다양한 형태의 인간능력의 가치를 인정하고 교육의 중심으로 끌어오게 된다.

넷째, 보편성에 근거한 근대 모더니즘 교육에서 소외되었던 영역, 예를 들어 영재교육, 장애아통합교육, 다문화교육 등을 통해 나와 다름을 실천적으로 인정하고 수용하는 태도를 기르고자 하는 교육이 활발해지게 된다.

여기서 모더니즘 교육과 포스트모더니즘 교육의 특성에 대해 다시 한번 자세히 살펴보도록 하자.

〈표 5-12-2〉 모더니즘 교육과 포스트모더니즘 교육

Modernism 교육	→	PostModernism 교육
• 전통주의 • 행동주의 심리학 • 직접교수(directed instruction)		• 진보주의 • 구성주의 심리학 • 관찰과 발견학습
• 이론적 교육과정 • (교과서 지식중심) • 보편적, 일반적, 실증적 지식		• 실제적 교육과정 • (생활경험중심) • 특수적, 상황적, 적응적 지식
• 교사중심		• 학습자중심

인간과 세계에 대한 새로운 이해를 이끌고 있는 포스트모더니즘 담론은 교육에 있어서도 새로운 패러다임의 전환을 이끌며 다양한 교육현상으로 구체화된다. 이는 유아교육에서도 예외가 아니다.

포스트모더니즘 교육원리가 유아교육의 기본 원리와 어떻게 일치되며 어떤 모습으로 구체화되고 있는지 살펴보기로 하자.

(1) 학습자-유아중심교육

인간과 세계에 대해 개인이 가지는 관점이나 지식이 개인의 주관적인 경험에 의해 영향을 받는다고 보는 포스트모더니즘 관점은, 인식 주체로서의 아동에 대한 새로운 인식과 함께 교육주체, 학습주체에 대한 새로운 관점을 제시한다.

교사중심의 근대 모더니즘 교육에서 단순히 수동적 역할을 수행하던 학습자가 포스트모던 교육에서는 지식구성이나 학습에 있어 능동적 존재로서의 역할이 강조되면서 학습자중심교육, 아동중심교육에 대한 논의로 이어져, 진정한 의미의 아동중심교육을 실현하고자 노력하고 있다.

'아동중심교육(child-centered education)'이라는 용어는 유아교육에서 교육과정을 논하는 주요 용어로 사용되었는데, 그 의미는 인간으로서 유아의 인권을 존중하는 교육, 유아의 흥미나 발달특성을 고려한 교육, 학습의 내용을 결정하는 데 있어 유아의 참여나 개인의 잠재력 발달을 강조하는 교육 등으로 시대에 따라 다른 의미를 지니며 변화하였다.

아동(child) 혹은 아동기(childhood)의 중요성에 대한 인식은 인간적 가치에 대한 존중이 이루어지기 시작하는 르네상스 시대로 거슬러 올라간다. 이 시기는 인격체로서 아동의 위상이 새롭게 정립된 시기로, 단순히 미숙한 존재로 통제와 훈육의 대상이기만 하던 아동이 무한한 잠재력을 가진 존재로 인식되기 시작하는 시기이다.

아동에 대한 새로운 자각은 Rousseau에 이르러 꽃을 피우기 시작하는데, Rousseau는 성인과 다른 아동기 고유의 특성을 강조하면서 아동의 자연적 발달에 맞는 교육을 강조하고 아동의 천성을 개발하는 데 초점을 맞춘 자연주의 아동중심교육을 주장한다.

Rousseau 이후 아동중심사상은 Dewey에 이르러 실증적 과학주의와 결부되어 객관적, 합리적 관점에 근거한 교육으로의 전환을 맞는다. Dewey에 따르면 아동의 발달적 힘은 심리적, 생물학적 힘에 의한 것으로 이것이 아동의 성장과 발달에 중요한 요소로 작용한다고 보았으며, 경험과정에서 아동의 능동적 참여를 강조하였다. 결국 Dewey에게 있어 교육은 아동의 자발적이고 자연적 욕구를 이끌어내는 방향으로 이루어져야 하며, 이를 위해서는 아동의 개별성을 인정하고 그들의 흥미와 요구를 반영하여야 한다고 보았던 점에서 아동중심교육을 지향하였음을 알 수 있다.

20세기 초 발달심리학의 발달과 함께 아동중심교육은 아동의 발달적 원리에 적합한 교육으로 그 의미가 변화하게 된다. 1986년 미국유아교육협회(NAEYC)는 유아교육의 내용과 방법이 아동발달에 근거하여 결정되고 실천되어야 함을 강조하는 '발달에 적합한 교육실제(DAP: developmentally appropriate practice)'를 제시하고, 이를 유아교육의 실제적 지침으로, 그리고 유아교육의 질을 평가하는 기준으로도 활용하게 된다.

종합적으로 살펴보면, 아동중심교육의 의미는 아동의 인격적 가치가 존중되는 교육, 아동의 흥미와 요구를 반영하는 교육, 아동의 발달특성을 고려한 교육, 아동의 능동적 참여가 강조되는 교육 등으로, 시대에 따라 다른 의미로 이해되었음을 알 수 있다. 이와 함께 포스트모던 시대의 아동중심교육은 새로운 의미로 해석될 수 있는 가능성을 제시한다.

개별적 존재로서의 인간을 존중하고, 이성만이 아니라 전인으로서의 인간이해뿐만 아니라 개별적 지식과 맥락적 지식의 능동적 구성자로서의 인간이해를 강조하는 포스트모던 관점에서 아동중심교육은 어떤 의미를 지닐지 논의가 필요한 시점이다.

무엇보다 아동의 능동성뿐 아니라 타자로서의 주체성에 주목한 점에 비추어 볼 때, 포스트모던 시대의 아동중심교육은 학습자로서의 아동의 주체성뿐 아니라 타자와의 관계에도 주목하면서, 관계 지향 교육으로서의 아동중심교육에 대한 새로운 가능성을 제시한다.

(2) 통합성

지식의 다원성을 강조한 포스트모더니즘 관점은 근대 모더니즘 교육에서 절대적 가치로 인식한 교과서 내용의 진리성이나 보편타당성에 대한 비판과 함께, '무엇을 가르쳐야 할 것인가?' 하는 교육내용의 문제에서부터 '어떻게 가르칠 것인가?' 하는 교육방법에 이르기까지 새로운 관점을 제시한다.

포스트모더니즘 관점에서 지식이란 지식의 정당성이 종래의 내재적 완결성을 주장한 과학의 자체적 논리에 의해 확보되는 과학적 지식이 아니라 지식의 가치 판단 기준이 기존 사회 관습과의 일치 여부, 즉 다른 영역의 지식과 가지는 관계성을 통해 지지됨으로써 비로소 정당화되는 지식이다. 즉 보편적 지식은 없으며 지식은 특정 맥락 안에서 구성된 것들로 항상 상황과 맥락에 의존적이므로 상이하고 다양하다. 또한 단지 명제적 진술의 앎을 넘어서서 행할 줄 아는 것, 생활할 줄 아는 것, 경청할 줄 아는 것까지도 포함하는 지식을 말한다(목영해, 1995).

이처럼 우리의 세계 체험이 생활세계 속에서 통합적이듯, 지식 역시 특정 맥락 안에서 구성된 것들로 다양하며, 단순히 앎을 넘어, 행할 줄 아는 것(know to do)까지 포함되는 통합적 지식에 해당된다. 따라서 교육도 인간과 인간의 삶에 실존적으로 근거한 교육원리인 통합성을 바탕으로 이루어져야 한다는 것이다. 이런 관점에서 볼 때, 포스트모던 교육은 분절된 학과의 전문적 접근보다는 자연스러운 삶과 일상의 경험과 통합된 교육, Husserl이 강조한 생활세계(life-world)로서의 교육을 지향한다.

이러한 흐름은 유아교육 분야에도 반영되어, '유아에게 무엇을 가르칠 것인가?' 하는 교육내용에 대한 논의에서 유아의 삶과 단절된 과학적 지식에 국한하는 것이 아니라, 유아의 삶의 맥락에서 요구되고, 활용되고, 이해될 수 있는 실존에 근거한 지식을 교육내용으로 포함시킬 것을 강조한다.

또한 유아에게 '어떻게 가르칠 것인가?' 하는 교육방법에 대한 논의에 있어서도, 지식구성에 있어 수동적 역할이 아니라, 개인의 이해와 경험에 비춘 개별적 구성과정과 능동적 역할이 강조됨으로써, 학습과정에서의 유아의 적극적 참여와 능동적 역할이 강조된다.

(3) 인간성 회복

포스트모더니즘 인간관은 인간을 이성적 존재로서만 이해하고 자연의 보편적 원리에 따라 움직이는 기계론적 관점으로 이해하였던 모더니즘적 인간관을 비판하고 통합된 인격체, 전인적 유기체로서의 인간관을 바탕으로 '전인(whole person)'을 통한 인간 양성'을 포스트모던 교육의 목표로 제안한다.

포스트모더니즘 교육은 모더니즘 교육이 인간의 앎과 가치, 판단과 같은 인간의 실존적 가치를 간과하고 있음을 비판하고, 정신-육체, 이성-정서의 통합적 인간관을 근거로 한 전인교육을 지향한다. 이는 Descartes 철학에서 볼 수 있는 이성 주체, 사유 주체로서의 인간이해에 근거한 근대 모더니즘 사유에서 벗어나 이성과 감성, 정신과 육체의 통합된 인격체로서의 인간이해를 강조하는 포스트모던 인간관을 반영한 것으로 볼 수 있다.

또한 인간의 지적 능력, 사유능력뿐 아니라 인간의 다양한 능력에 주목하면서 사회 속에서 조화롭게 살아갈 수 있기 위해 필요한 다양한 능력의 가치를 인정하고, 이를 교육의 중심에 끌어온다.

흔히 IQ(Intelligence Quotient)로 평가되던 인간능력에 대한 관점이 EQ(Emotional Intelligence Quotient, 정서지능지수) 혹은 SQ(Social Intelligence Quotient, 사회성 지능지수; Spirituel Intelligence Quotient, 영적 지능지수), MQ(Moral Intelligence Quotient, 도덕지능지수) 등 다양한 관점에서 정의되면서, 교육에서도 구체적 교육양상으로 드러나고 있다. 특히 끝없는 변화를 모색하며 새로운 것에 대

해 문을 활짝 열어 놓는 포스트모더니즘 교육에서 두드러지게 강조되고 있는 것이 바로 창의성이다. 즉 단순히 많은 양의 지식을 짧은 시간 안에 정확히 습득하고 인출하는 능력이 아니라 그것을 효율적으로 처리·분배하고 자기 나름대로 독창적인 방법으로 활용할 수 있는 창의적 능력이 강조된다.

종합적으로 살펴보면, 포스트모던 교육은 이성중심의 지식교육뿐 아니라 사회성과 정서, 인성교육까지 포함하는 전인교육을 강조한다.

이러한 흐름은 유아교육 분야에도 반영되어, 교육내용으로 논리성, 합리성으로 대변되는 수학적·과학적 지식보다 유아의 삶에 기반한 생활중심, 경험중심의 교육과 함께 정서, 사회성, 창의성 교육이 폭넓게 다루어지고 있다.

또한 논리적 사고보다는 지각적 사고의 특성을 지니는 유아기의 특성에 비추어 합리성, 논리성의 잣대에 비추어 비논리적 사고로 간주되었던 유아의 지각적 사고에 대한 새로운 가치 부여의 필요성이 요구된다. 유아들의 지각을 통한 세상 이해는 이성과 합리성이라는 잣대로는 평가할 수 없는 무한의 가치를 지닌 것으로, 유아의 입장에서 바라보고 그들의 세상이해를 인정하고 존중하는 태도가 필요하다 할 것이다.

이와 함께 독특성을 지닌 귀한 존재로서 유아의 개성과 자율성, 다양성이 존중되고, 그들의 강점능력이 무엇인지 찾아내고 개발하는 데 더 많은 관심과 노력이 필요할 것이다.

(4) 반편견 교육

포스트모더니즘 사유는 합리성에 근거한 근대 모더니즘 교육이 이성, 합리성, 동일성의 범주에 속하지 않는 모든 것을 타자의 이름으로 배제하여 왔음을 비판하고 그동안 교육에서 소외되었던 타자로서의 교육문제에 대해 주목한다.

근대 모더니즘 교육에서는 대부분의 평균적 아이를 위한 교육에만 치중함으로써 평균보다 뛰어난 영재에 대한 교육이나 장애아에 대한 교육은 상대적으로 배제되어 왔다.

포스트모던 교육은 인간과 세계에 대한 다원적 이해를 바탕으로, 문화나 성별, 장애 유무 등으로 인한 편견을 없애고자 하는 반편견 교육(Anti-bias education)에 주목한다. 예를 들어, 장애를 가진 유아와 비장애유아가 같은 교육환경에서 함께 교육받고자 하는 장애아통합교육(Inclusion), 성별로 인한 편견을 없애고자 하는 양성평등교육, 다른 문화로 인한 편견을 없애고자 하는 다문화교육 등 문화나 성별, 장애 유무와 관계없이 똑같은 기회를 부여하고자 하는 반편견교육(Anti-bias education)이 그 예이다.

반편견 교육은 궁극적으로 나와 타인을 포함한 모든 개별적 자아가 다름을 교육을 통해 실천적으로 인정하고 수용하고자 하는 것으로, 편견 없이 상호 협조하는 공동체 의식을 함양할 수 있는 교육환경으로 인식된다.

이는 유아교육 분야에도 반영되어 나와 다름을 인정하고 수용하며, 상호협력을 통해 공동체 의식을 함양하기 위한 다양한 반편견 교육이 이루어지고 있다. 유아기는 많은 것을 정형화하고 분류하고자 하는 경향과 함께 편견이나 고정관념이 생기는 시기이므로 다름과 차이를 수용할 수 있는 이해교육으로서의 반편견 교육이 유아기에 더욱 강조되어야 할 것이다.

유아교육분야에서 이루어지는 다양한 형태의 반편견 교육에 대해 살펴보도록 하자.

첫째, 다문화교육은 1975년 '교육에서의 다문화주의의 정의를 위해'라는 주제하에 이루어진 미국인류학 학술대회에서 처음 제기된 후, 교육에 적용되기 시작하여 활발히 이루어지고 있다.

최근에는 다문화교육의 개념이 서로 다른 문화 간의 대립의 차원이 아니라, 다양한 문화적 요인의 흡수·수용을 의미하는 우호적 차원으로의 관점 변화의 양상을 보이고 있다. 예를 들어, 상호문화주의(inter-culturalism)교육이 그 예인데, 단순히 여러 문화의 공존을 의미하는 다양한 문화의 공존 및 집합체의 개념을 배척·경계하고, 소수문화의 고유성을 살리고 인정하는 데에서 출발하여 다른 문화들 간의 접촉과 대화를 원리로 한 개념으로의 전환을 꾀하고 있다.

유아교육 분야에서도 문화가 지니는 다양성과 차이를 인정하고 각각의 문화의 주체성을 인정하고 소통할 수 있는 다문화 역량을 기르고자 하는 다문화교육이 활발히 이루어지고 있다.

둘째, 장애아통합교육은 장애를 가진 유아와 일반 유아들이 같은 교육환경에서 교육을 받는 것으로, 장애 유무로 인해 가지게 되는 편견을 없애고 공동체 의식을 함양하는 교육으로 인정받고 있다.

이외에도 성별로 인한 편견을 없애기 위한 양성평등교육이 유아 교육내용과 교수방법 등 다양한 영역에서 이루어지고 있다.

3) 포스트모더니즘 교사

이성중심, 객관성, 획일성, 보편성 등으로 대변되는 근대 모더니즘 교육을 벗어나 다원성, 개별성, 전인교육 등으로 대변되는 포스트모더니즘 교육에서 교사에게는 새로운 역할이 요구된다. 특히 지식구성의 주체, 인식 주체로서의 학습자에 대한 인식을 바탕으로 한 포스트모던 교육에서 교사의 역할은 근대 모더니즘 교육에서 중심이 된 교사중심교육에서와는 다른 역할이 요구된다 할 것이다.

흔히 학습자중심교육, 아동중심교육은 교사중심교육과 대립된 개념으로 이해된다. 객관적 지식에 절대적 가치를 부여함으로써 그 지식을 잘 전달하는 교사의 역할이 강조되는 모더니즘 교육과는 달리, 포스트모던 교육에서는 학습자-유아 자신이 지식을 구성하는 주체로서 능동적 역할을 수행하면서 교사에게는 다른 역할이 요구된다 할 것이다.

아동중심교육으로 대변되는 포스트모던 교육은 아동의 능동성이 강조되면서 자칫 교사의 역할은 축소되거나 없어지는 것이 아닌가 하는 혼란을 초래하기도 한다.

그러나 주지하듯이, 아동중심교육에서 교사는 아동을 안내하고 지지하는 역할과 함께 공동학습자(co-learner)로서의 역할이 요구된다 할 것이다. 즉 교사와 유아 모두 학습의 주체인 상호주체로서, 새로운 지식을 구성하고 세상에 대한 이해를 넓혀 가는 존재인 것이다. 실증적 가치관에 근거한 모더니즘 교육에서의 가르침과 배움의 관계가 자극과 반응으로서의 관계라면, 포스트모던 교육에서의 가르침과 배움의 관계는 자신의 모습 안에서 머물되 대화를 통해 공통된 의미를 형성하고, 이로써 새로운 이해 지평을 만들어가는 상호 주관적 관계일 것이다.

상호주관성에 근거한 관계 속에서, 교사는 자신의 틀에서 유아를 이해하려는 동화적 자세에서 벗어나 유아의 주체성을 그대로 인정하면서 소통하려는 자세가 필요하다. 이는 유아를 인격체로 받아들이고 하나의 주체로 인정하려는 존중과 겸손의 자세를 지녀야 한다는 윤리적 함의를 지닌다는 의미이다.

포스트모더니즘 교육이 단순히 지식교육만이 아니라 인간의 내면적 가치에 대한 존중을 통한 인간존중의 교육, 생명교육, 인성교육의 중요성을 강조하고 있어 인격체로서 교사의 존재는 그 자체가 가르침과 배움이 이루어지는 교육의 장이 될 것이다. 따라서 교사는 단순히 '개념적 지식(conceptual knowledge)'의 전달자로서가 아니라, 유아와의 상호적 인간관계 속에서 세상에 대한 이해 지평을 넓힐 수 있도록 돕는 안내자로서의 역할이 요구된다. 포스트모던 교사는 단순히 지식 전달자로서의 교사 역할에서 벗어나 실존적 가치를 지닌 인성교육, 생명교육의 실체로서의 교사의 역할을 상정하게 된다.

또한 교사를 통해 이루어지는 교육내용을 넘어 자신만의 독창적 관점으로 재해석하고 재구성할 수 있는 창의적 능력을 갖춘 인간을 길러 내는 일이 포스트모더니즘 교사가 지향해야 할 교육목표임을 잊지 말아야 할 것이다.

종합적으로 살펴보면, 포스트모더니즘 교육에서 교사의 역할은 축소되고 없어지는 것이 아니라, 변화되며 그 의미가 확장된다고 볼 수 있다.

이러한 관점에서 볼 때, 포스트모던 교사는 지식구성의 안내자이자 협력자일 뿐만 아니라 인격을 통해 이루어지는 인성교육의 실체이다. 이로써 포스트모던 교육에서는 세상에 대한 이해의 지평을 확장시켜 줄 수 있는 교사를 양성하는 교사교육의 중요성이 강조될 수밖에 없다. 앞으로 포스트모더니즘 시각에서 바라본 교사의 역할과 교사교육의 방향성에 대한 충분한 논의가 더욱 활발히 이루어질 것을 기대한다.

참 · 고 · 문 · 헌

강인애 (1995a). 인지적 구성주의와 사회적 구성주의에 대한 간략한 고찰. 교육공학연구, 11(2), 48-63.

김경중 · 류왕효 · 류인숙 · 박은준 · 신화식 · 유구종 · 정갑순 · 조경미 · 조희숙 · 주리분 · 최인숙 · 최재숙 (2003). 아동발달심리. 서울: 학지사.

김영채 (1994). 초인지의 사고전략: 전체를 볼 줄 아는 사고의 개발. 사고개발연구, 4(1), 89-100.

김욱동 (1990). 포스트모더니즘의 개념과 성격. 성곡논총, 21, 40-58.

김욱동 (1992). 모더니즘과 포스트모더니즘. 서울: 현암사.

김춘일 (2000). 유아를 위한 창의성 교육. 서울: 교육과학사.

김태련 · 김정휘 · 조석희 역 (2004). 영재교육: 심리학과 교육학에서의 조망. 서울: 이화여자대학교 출판부.

김혜리 (1992). 아동과 성인의 존재론적 기본범주. 인지과학, 3(2), 177-223.

김혜리 (1997). 아동의 마음에 대한 이해 발달: 틀린 믿음에 대한 이해로 살펴본 마음-이론의 발달. 한국심리학회지: 발달, 10(1), 74-91.

김혜리 (2000b). 정서추론으로 살펴본 믿음에 대한 아동의 이해. 인간발달연구, 7(2), 15-30.

노주선 · 김지혜 · 조선미 (2003). K-ABC 임상사례연구. 서울: 학지사.

목영해 (1991). 포스트모더니즘과 교육적 인간상. 교육학 연구, 29(1), 115-130.

목영해 (1994). 후 현대주의 교육학. 서울: 교육과학사.

문수백 (1998). 한국판 K-ABC의 이론적 배경 및 심리 측정적 특성. 1998년 심포지엄: 영유아 발달 진단검사의 이해와 활용. 한국인간발달학회.

문정화 · 하종덕 (2006). 또 하나의 교육 창의성. 서울: 학지사.

박영태 (2002). 창의성의 별. 서울: 학지사.

박재현 · 장승민 · 권성우 역 (2005). 정서지능. 서울: 시그마프레스.

서상문 · 장사형 (2006). 포스트모던 유아교육의 재구성. 교육철학, 29, 65-93.

성현란 · 이현진 · 김혜리 · 박영신 · 박선미 · 유연옥 · 손영숙 (2003). 인지발달. 서울: 학지사.

송명자 (1995). 발달심리학. 서울: 학지사.

심성보 (1993). 포스트모던 교육학의 교육철학적 위상. 한국교육학회 교육철학 연구회 학술발표, 11, 117-150.

양승희 · 이순영 (2002). 포스트모더니즘 시대의 유아교육. 한국보육학회지, 2(2), 139-155.

윤종건 (1996). 포스트모더니즘의 교육적 재해석과 학교경영에의 시사점. 교육행정학연구, 14(2), 280-297.

윤진 역 (2003). 현대사회와 다문화주의. 경기: 도서출판 한울.

이경화 (1994). 유아 언어교육. 서울: 상조사.

이경화·이신동 (2004). 자기조절전략 활용의 상보적 수업이 유아의 독해력과 자기조절 학습력 및 초인지 능력 향상에 미치는 효과. 교육심리연구, 18(1), 219-239.

이기선·우남희 (1995). 학습부진아와 학습평균아의 초인지적 문제해결과정 비교연구. 아동학회지, 16(1), 133-146.

이순주 (2004). 모더니즘에서 포스트모더니즘으로의 변화와 21세기 영재교육. 비교교육연구, 14(1).

이차숙 (2005). 유아 언어교육의 이론과 실제. 서울: 학지사.

이화도 (2002). 유아-교사 간 상호작용 속에 나타난 메타인지적 개입 양상에 대한 분석. 유아교육연구, 24(6), 67-87.

이화도 (2005). 미래의 학습장애에 대한 대안으로서의 메타인지: 개념적 접근과 교육적 시사점을 중심으로. 특수아동연구, 7(2), 53-65.

이화도 (2007). 포스트모더니즘, 교육 그리고 유아교육. 아동교육, 16(4), 211-221.

정옥분 (2003). 아동발달의 이해. 서울: 학지사.

조명한 (1982). 한국아동의 언어획득연구: 책략모형. 서울: 서울대학교 출판부.

조명한 (1986). 언어정보처리의 패러다임: 통사처리의 문제. 민족문화연구, 19(0), 45-78.

철학사전 편찬위원회 (2009). 철학사전. 서울: 중원문화사.

한순미·김선·박숙희·이경화·성은현 (2005). 창의성. 서울: 학지사.

한유미·김혜선·권희경·양연숙·백은정 (2006). 영유아 언어교육의 이해: 이론과 실제. 서울: 학지사.

홍순정 (1999). 지능과 창의성. 경기: 양서원.

홍혜경 (1990). 한국유아의 수단어 획득에 관한 연구. 아동학회지, 11(2), 5-23.

홍혜경 (1999). 유아의 수 표상능력 발달에 대한 분석과 교육적 활용. 유아교육연구, 1(2), 95-118.

홍혜경 (2001). 유아의 기하학적 구성물의 그리기 작업에 대한 연구. 아동학회지, 22(2), 315-327.

홍혜경 (2004). 유아 수학능력 발달과 교육. 경기: 양서원.

황희숙 (2008). 아동발달과 교육. 서울: 학지사.

Artzt, A. F. & Armour-Thomas, E. (1992). Development of a cognitive-metacognitive framework for protocol analysis of mathematical problem solving in small groups. *Cognition and instruction*, *9*(2).

Astington, J. & Jenkins, J. (1995). Theory of mind development and social understanding. *Cognition and Emotion*, *9*, 151-165.

Atkinson, R. C. & Shiffrin, R. M. (1968). Human memory: A proposed system and its control processes. In K. W. Spence & J. T. Spence (Eds.), *The psychology of learning and motivation(Vol. 2)*. NY: Academic Press.

Baker, L. & Brown, A. L. (1984). Metacognitive skills of reading. In P. D. Pearson, M. Kamil, R. Barr, & Mosenthal (Eds.), *Handbook of Reading Research*. NY: Longman.

Bandura, A. (1977a). Self–efficacy: Toward a unifying theory of behavioral change. *Psychological Review, 84*, 191–215.

Berk, L. E. (1994). *Child development (3rd ed.)*. Boston: Allyn & Bacon.

Binet, A. & Simon, H. (1905). Application des methodes nouvelles au diagnostic du niveau intellectuel chez des enfants normaux et anormaux d'hospice et d'école primaire. *L'Ann psychologique* Ⅱ, 215–266.

Binet, A. & Simon, T. (1916, 1973). *The Development of intelligence in children(The Binet-Simon Scale)*. NY: Arno Press.

Bjorklund, D. E., Thompson, B. E., & Ornstein, P. A. (1983). Developmental trends in children's typicality judgments. *Behavior Research Methods & Instrumentation, 15*, 350–356.

Bjorklund, D. F. (1995). *Children's thinking: Developmental function and individual differences(2nd ed.)*. Pacific Grove, CA: Brooks/Cole.

Bloom, B. S. (1964). *Stability and change in human characteristic*. NY: Wiley.

Borke, A. (1975). Piaget's mountains revisited: Changes in the egocentric landscape. *Developmental Psychology, 11*, 240–243.

Borowski, J. G. & Thorpe, P. K. (1994). Self–regulation and motivation: A life–span perspective on underachievement. In D. Schunk & B. Zimmerman (Eds.), *Self-regulation of learning and performance, issues and educational applications* (pp. 45–73). Hillsdale, NJ: Lawrence Erlbaum Associates.

Bouffard–Bouchard, T. (1991). Influence of self–efficacy of performance in a cognitive task. *The journal of Social Psychology, 130*, 353–363.

Brown, A. L. & Fessara, R. A. (1985). Diagnosing zones of proximal development. In J. V. Wertsch (Eds.), *Culture, communication and cognition: Vygotskian Perspective*. NY: Cambridge University Press.

Brown, A. L. (1978). Metacognitive development and reading. In S. J. Spiro, B. Bruce, & W. F. Brewer (Eds.), *Theoretical issues in reading comprehension*. Hillsdale, NJ: Erlbaum.

Brown, A. L. (1980). Metacognitive development and reading. In R. J. Spiro, B. Bruce, & W. F. Brewer (Eds.), *Theoretical issues in reading comprehension*. Hillsdale, NJ: Erbaum.

Brown, R. (1973). *A first language: The early stages*. Cambridge, MA: Harvard University Press.

Bruner, J. S. (1986). *Actual minds, possible worlds*. Cambridge: Harvard University Press.

Bruner, J. S. (1987). Prologue to the english edition. In R. W. Reider & A. S. Carton (Eds.), The collected works of L. S. Vygotsky. *Problems of general psychology, Vol.1*. NY: Plenum Press.

Buchel, F. (1990). Analyse cognitive et métacognitive de l'éducation de la capacité d'apprentissage. In J. Martin et. Pavary (Eds.), *Pédagogie de la médiation*. Actes des rencontres dA'ix-Les-Bains. Lyon: Chroniques sociales.

Butterfield, E. C. & Siperstein, G. N. (1972). Influence of contingent auditory stimulation upon non-nutritional suckle. In J. F. Bosma (Eds.), *Third symposium on oral sensation and perception: The mouth of the infant*. Springfield, IL: Charles C. Thomas.

Campionne, J. C., Brown, A. L., & Ferrara, R. A. (1984). Mental retardation and intelligence. In R. Sternberg (Eds.), *Handbook of human intelligence* (pp. 392-490). NY: Cambridge university Press.

Case, R. & Griffin, S. (1990). Child cognitive development: The role of central conceptual structures in the development of scientific and social thought. In C. A. Hauert (Eds.), *Developmental psychology: Cognitive, perception-motor and neuropsychological perspectives.* Amsterdam: North Holland.

Case, R. (1984). The process of stage transition: A Neo- Piagetian view. In R. J. Sternberg (Eds.), *Mechanisms of cognitive development*. NY: W. H. Freeman.

Case, R. (1985). Intellectual development: Birth to adulthood. San Diego, CA: Academic and story comprehension. *Reading Research Quarterly*, *29*, 104-122.

Cattell, R. B. (1971). *Abilities: Their structure, growth and action*. Boston: HM

Chomsky, C. (1969). *The acquisition of syntax in children from 5 to 10*. Cambridge, MA: MIT Press.

Chomsky, N. (1965). *Aspects of the theory of syntax*. Cambridge, MA: MIT Press.

Chomsky, N. (1981). *Lectures on government and binding*. Dordrecht, The Netherlands: Foris.

Chomsky, N. (1986). *Knowledge of language: Its nature, origin, and use*. NY: Praeger.

Crain, W. (2000). *Theories of development: concepts and applications*. Englewood Cliffs, NJ: Prentice Hall.

Crain, W. (2005). 발달의 이론(송길연·유봉현 역). 서울: 시그마프레스. (원저출판 2000)

Cullen, J. L. (1985). Children's ability to cope with failure: Implications of a metacognitive approach for the classroom. In F. Pressley, G. E. Mackinnon, & T. G. Waller (Eds.) *Metacognition cognition and human performance*, 1, 267–311. NY: Academic press.

DeCasper, A. J. & Fifer, W. P. (1980). Of human bonding: Newborns prefer their mother's voices. *Science*, *208*, 1174–1176.

Derrida, J. (1982). *Margins of philosophy*. Chicago: University of Chicago.

Eagleton, T. (1996). *The illusions of postmodernism*. Oxford: Blackwell Publishers.

Elbert, T., Pantev, C., Wienbruch, C. Rockstoh, B., & Taub, E. (1995). Increased Cortical Representation of the Fingers of the Left Hand in String Players. *Science*, *270*(5234), 305–307.

Feuerstein, R. (1990). Le P. E. I. (Programme d'Enrichissement Instrumental). In J. Martin & G. Pavary (Eds.), *Pédagogies de la médiation: Autour du PEI*. Lyon: Chronique sociale.

Feuerstein, R., Rand, Y., Hoffman, M., & Miller, R. (1979). Cognitive modifiability in retarded adolescents: Effects of instrumental enrichment. *American Journal for Mental Deficiency*, *83*, 539–550.

Fischer, K. W. (1980). A theory of cognitive development: The control and construction of hierarchies of skills. *Psychological Review*, *87*(6), 477–531.

Fisher, R. (1990). *Teaching children to think*. NY: Basil Blackwell, LTD.

Flavell, J. H. (1970). Developmental studies of mediated memory. In H. W. Reese & L. P. Lipsit (Eds.), *Advances in child development and behavior*. NY: Academic Press.

Flavell, J. H. (1976). Metacognitive aspects of problem solving. In L. B. Resnick (Eds.), *The nature of intelligence* (pp. 231–235). Hillsdale, NJ: Erlbaum.

Flavell, J. H. (1978). Metacognitive development. In Scandura & Brainerd (Eds.), *Structural process theories of complex human behaviors*. Alphen and Rijin, The Nethelands: Sitioff & Nordhoff.

Flavell, J. H. (1979). Metacognition and cognitive monitoring: A new area of cognitive–developmental inquiry. *American Psychologist*, *34*(10), 906–911.

Flavell, J. H. (1992). Cognitive development: Past, present, and future. *Developmental Psychology*, *28*, 998–1005.

Flavell, J. H., Miller, P. H., & Miller, S. A. (1993). *Cognitive development(3rd ed.)*. Englewood Cliffs, NJ: Prentice–Hall.

Foucault, M. (1965). *Madness and civilization*. NY: Vintage.

Foucault, M. (1974). *An Archaeology of Knowledge*. London: Tavistock.

Foucault, M. (1980). *Power/ knowledge: Selected interview and other writings, 1972-1977*. NY: Panthen Books.

Frye, D., Zelazo, P. D., & Palfai, T. (1995). Theory of mind and rule–based reasoning. *Cognitive Development, 10*, 483–527.

Fuson, K. C., Siegler, J. W., & Bartsch, K. (1988). Grade placement of addition and subtraction topics in Japan, Mainland China, the Soviet Union, Taiwan, and the United States. *Journal for Research in Mathematics Education, 19*, 449–456.

Gardner, H. (1983). *Frames of mind: the theory of multiple intelligence*. NY: Basic Books.

Gardner, H., Kornhaber, M. L., & Wake, W. K. (1996). *Intelligence: Multiple perspectives*. NY: Harcourt Brace College Publishers.

Gelman, R. & Baillargeon, R. (1983). A review of some Piagetian concepts. In P. H. Mussen (Eds.), *Handbook of Child Psychology(Vol.3)* (pp. 167–230). NY: Wiley.

Gelman, R. & Gallistel, C. R. (1978). *The child's understanding of number*. Cambridge, MA: Harvard University Press.

Gelman, R. (1978). Counting in the preschooler: What does and does not develop. In R. S. Siegler (Eds.). *Children's thingking: What develops?*. Hillsdale, NJ: Erlbaum.

Gelman, S. A., & Coley, J. D. (1990). The importance of knowing a Dodo is a bird: Categories and inferences in 2–year–old children. *Developmental Psychology, 26*(5), 796–804.

Goleman, D. (1995). *Emotional intelligence*. NY: Bantam Books.

Gopnik, A. & Choi, S. (1990). Do linguistic differences lead to cognitive differences? A cross–linguistic study of semantic and cognitive development. *Firtst Language, 10*, 199–215.

Guilford, J. P. (1950). Creativity. *American Psychologist, 5*.

Inhelder, B. & Piaget, J. (1964). *The early growth of logic child*. NY: Harper & Row.

Kagan, J. (1970). Attention and psychological change in the young child. *Science, 170*, 836–832.

Kaufman, A. S. & Kaufman, N. L(1983). *Kaufman assessment battery for children(K-ABC)*. Circle Pines, MN: American Guidance service.

Kaufman, J. J., Gottlied, J., Agard, J. A., & Kukie, M. G. (1975). Mainstreaming: Toward an explication of the construct. *Exceptional Children, 7*, 1–12.

Lee, H. (2002). *Etude de la métacognition chez les enfants d'age prscolaire*. These, Paris: Universit de Paris V.

Leslie, A. M. (1984). Spatio–temporal continuity and the perception of causality in infants. *Perception, 13*, 187–305.

Leslie, A. M. (1987). Pretence and representation: The origins of theory of mind. *Psychological Review, 94*, 412–26.

Leslie, A. M. (1994). *Pretending and believing: Issues in the theory of Cognition, 50*, 211–238.

Leslie, A. M., & Keeble, S. (1987). Do six–month–old infants perceive causality in infants. *Perception, 13*, 287–305.

Leslie, A. M., & Thais, L. (1992). Domain specificity in conceptual development: Neuropsychological evidence from autism. *Cognition, 43*, 225–251.

Lubart, T. I. (1994). Creativity. In R. J. Sternberg (Eds.), *Thinking and Problem Solving*. NY: Academic Press.

Lyotard, J. F. (1984). *The postmodern Condition: A repost on the Knowledge*. trans by Geogrey Bennington and Brian Massumi, Minneaplois: University of Minnesota Press.

Maslow, A. (1966). *The psychology of science: A reconnaissance*. Chicago: Henry Regnery (Gateway).

McNeill, D. (1966). Development psycholinguistics. In F. Smith & G. A. Miller (Eds.), *The Genesis of Language*. MA: MIT Press.

Miller, P. H. (1993). *Theories of developmental psychology* (3rd ed). NY: Freeman and Company.

Newell, A. & Simon, H. A. (1972). *Human problem solving*. Englewood Cliffs, NY: Prentice–Hall.

Osborn, A. F. (1953). *Applied imagination*. NY: Scribner's.

Owens, R. (2001). *Language Development-An Introduction-*. Boston: Allyn and Bacon.

Paris, S. G. & Newman, R. S. (1990). Developmental aspects of self–regulated learning. *Educational Psychologist, 25*(1), 87–102.

Perner, J. (1988b). Higher–order beliefs and intentions in children's understanding of social interacion. In J. W. Astington, P. L. Harris, & D. Olson (Eds.), *Developing theories of mind*. Cambridge: Cambridge University Press.

Perner, J. (1991). *Understanding the representational mind*. Cambridge, MA: MIT Press.

Piaget, J. & Inhelder, B. (1948/1956). *The child's conception of space*. London: Routledge & Kegan Paul.

Piaget, J. (1929/1960). *The child's conception of the world*. Hillsdale, NJ: Littlefield.

Piaget, J. (1950). *The Psychology of Intelligence*. NY: Harcourt Brace College Publishers.

Piaget, J. (1970). *Genetic Epistemology*. NY: Columbia Press.

Piaget, J. (1974 a). *La prise de conscience*. Paris: P. U. F.

Piaget, J. (1974 b). *Russir et comprendre*. Paris: P. U. F.

Rakic, P. (1991). Plasticity of cortical development. In S. E. Brauth, W. S. Hall, & R. J. Dooling (Eds.), *Plasticity of development* (pp.127–161). Cambridge, MA: MIT Press.

Renzulli, J. S. (1978). What makes giftedness?, Reexamining a definition. *Phi Delta Kappan, 60*, 180-184.

Repacholi, B. M. & Gopnik, A. (1997). Early reasoning about desires: Evidence from 14-and 18-month-olds. *Developmental Psychology, 33*, 12-21.

Resnick, L. B. (1976). *The nature of intelligence*. NJ: Lawrence Erlbaum Associates, Publishers.

Rogers, C. R. (1962). Toward a theory of creativity. In S. J. Parnes & H. F. Harding (Eds.), *A source book for creative thinking*. NY: Scribners.

Rohwer, W. D. & Harris, W. J. (1975). Media effects on prose learning in two population of children. *Journal of Educational Psychology, 66*(5), 651-657.

Samuel, E. S. & James, F. (2006). 소크라테스에서 포스트모더니즘까지*(Socrates to Satre and beyond, A history of philosophy)* (이광래 역). 서울: 열린책들. (원저출판 2003년)

Schallert, D. L. & Kleiman, G. M. (1979, June). Some reasons why teachers are easier to understand than textbooks. *Reading Education Report (9)*. Urbana: University of Illinois, Center for the study of reading.

Scholl, B. J. & Leslie, A. M. (2001). Minds, modules, and meta-analysis. *Child Development, 72*, 696-701.

Shaffer, D. R. (1933). *Developmental psychology: Childhood and adolescence(3rd ed.)*. California: Brooks/Cole.

Shores, E. & Grace, C. (1998). *The portfolio book: A Step-by-step guide for teachers*. Gryphon House; Illustrated edition.

Siegler, R. S. & Robinson, M. (1982). The development of numerical understanding. In H. Reese & L. P. Lipsitt (Eds.), *Advances in the child*.

Sigad, I. (1988). Postmodernism and education. *Educational Practice and Theory, 20*(2), 5-20.

Slobin, D. I. (1970). Suggested Universals in the Ontogenesis of Grammar. *Language and Behavior Research, 32*. California: University of Berkley press.

Smilansky, S. (1968). *The effect of sociodramatic play on disadvantaged preschool children*. NY: Wiley.

Spierman, C. (1904). General intelligence, objectively determined and measured. *American Journal of Psychology, 15*, 201-293.

Sternberg, R. J. & Wagner, R. K. (Eds.) (1988). *Practical intelligence: Nature and origins of competence in the everyday world*. Cambridge: Cambridge University Press.

Sternberg, R. J. (1984). Mechanisms of cognitive development: A componential approach. In R. J. Sternberg (Eds.), *Mechanisms of cognitive development* (pp. 163-186). NY: W. H. Freeman and Company.

Sternberg, R. J. (1994). Intelligence. In R. J. Sternberg (Eds.), *Thinking and problem solving*. NY: Academic Press.

Sternberg, R. T. & Lubart, T. I. (1995). *Defying the crowd*. NY: Basic Books.

Terman, L. M. (1921). In symposium: Intelligence and its measurement. *Journal of Educational Psychology*, *12*, 127–133.

Thomas, R. M. (2000). *Comparative theories of child development*. Belmont, CA: Wadworth.

Thurstone, L. L. (1938). Primary mental abilities. *Psychometric Monographs*, *1*(1).

Torgessen, J. K. (1977a). The role of nonspecific factors in the task performance of learning–disabled children: A Theoretical assessment. *Journal of Learning Disabilities*, *10*, 27–34.

Torrance, E. P. (1979). *The search for creaticity*. NY: Bearly Limited.

Torrance, E. P. (1977). *Creativity in the classroom: What research says to the teacher*. Washington, D.C.: National Education Association.

Torrance, E. P. (1988). The nature of creativity as manifest in its testing. In R. J. Sternberg (Eds.) *The nature of creativity: Contemporary psychological perspectives* (pp. 43–75). NY: Cambridge Univ. Press.

Vygotsky, L. S. (1931a) Developmental of higher mental functions. In Psychological research in the U. S. S. R. Moscow. Progress Publishers, 1966.

Vygotsky, L. S. (1962). *Thought and language*. NY: Wiley.

Vygotsky, L. S. (1978). *Mind in society. The development of higher psychological processes*. Cambridge, Massachussetts: Harvard University Press.

Wechsler, D. (1942). *The measurement of adult intelligence*. Baltimore, MA: Williams & Wilkins.

Weinstein, C. E. & Mayer, R. E. (1986). *The teaching of learning strategies*. NY: Academic press.

Wellman, H. M. & Bartsch, K. (1988). Young children's reasoning about beliefs. *Cognition*, *30*, 239–277.

Wellman, H. M. & Bartsch, K. (1994). Before belief: children's early psychological theory. In C. Lewis & Mitche (Eds.), *Children's early understanding of mind: origins and development* (pp. 331–354). Hove, UK: Lawrence Erlbaum Associates, Ltd.

Wellman, H. M. & Woolley, J. (1990). From simple desires to ordinary beliefs: The development of everyday psychology. *Cognition*, *35*, 245–275.

Wellman, H. M. (1985). The child's theory of mind: The development of conceptions of cognition. In S. R. Yussen (Eds.), *The growth of reflection in children* (pp.169–206). NY : Academic Press.

Wellman, H. M. (1988). The early development of memory strategies. In F. E. Weinert & M. Perlmutter (Eds.), *Memory development: Universal changes and individual differences.* Hillsdale, NJ: Erlbaum.

Wellman, H. M. (1990). *The child's theory of mind.* Cambridge, MA: Bradfore Books.

Wertsch, J. V. (1985). *Culture, communication, and cognition: Vygotskian perspectives.* Cambridge: Cambridge University Press.

Wertsch, J. V. (1985a). Adults−child interaction as a source of self−regulation in children. In S. Yussen (Eds.), *The growth of reflection in children.* NY: Academic Press.

Wertsch, J. W. (1978). Mother−child interaction and the roots of metacognition. *Quarterly Newsletter of the Institute for Comparative Human Development, 1*, 15−18.

Whiten, A. & Perner, J. (1991). Fundamental issues in the multidisciplinary study of mindreading. In A. Whiten (Eds.), *Natural theories of mind.* Oxford: Blackwell.

Wong, B. Y. (1991). The relevance of metacognition in learning disabilities. In B. Wong & S. Fraser (Eds.). *Learning about learning disabilities* (pp. 231−259). San Diego, Londres: Academic Press

Wong, B. Y. L. (1985). Metacognition and learning disabilities. In D. L. Forrest−Presley, G. E. Mackinon, & T. Gary Waller (Eds.), *Metacognition, cognition and human performance(Vol.1)* (pp.137−175). NY: Academic Press.

Yuill, N., Perner, J., Pearson, A., Peerhoy, D., & Ende, J. van den (1996). Children's changing understanding of wicked desires: From objective to subjective and moral. *British Journal of Developmental Psychology, 14*, 457−475.

Yussen, S. R. & Levy, V. M. (1975) Developmental changes in predicting one's own span of short−term memory. *Journal of Experimental Child Psycholohgy, 19*, 502−508.

찾 • 아 • 보 • 기

[ㅂ]

[ㅅ]

[ㅇ]

[ㅈ]

저 • 자 • 소 • 개

이화도

서울대학교 사범대학 불어교육과 졸업(교육학사)
프랑스 파리 5대학(Université de Paris Ⅴ) 교육학 학사
프랑스 파리 5대학(Université de Paris Ⅴ) 교육학 석사
프랑스 파리 5대학(Université de Paris Ⅴ) 교육학 박사(유아교육전공)
현재) 대구 가톨릭대학교 사범대학 유아교육과 교수

[저서와 연구논문]

- 포스트모던 인문학적 사유와 유아교육(2014, 창지사) (2015년도 대한민국학술원 우수학술도서 선정)
- 예술로서 유아교육과정의 의미와 가능성 탐색: 아이즈너의 교육과정 모형을 중심으로(2020, 생태유아교육연구)
- 후설의 상호주관성에 근거한 유아교육담론의 가능성(2018, 교육사상연구)
- 프랑스 교원양성제도 개편에 관한 연구: ESPE를 중심으로(2017, 비교교육연구)
- A Case of Study Key Competencies-based Early Childhood Curriculum in France (2017, 비교교육연구)
- Lacan의 주체형성에 관한 사유와 유아교육의 접점 가능성(2014, 열린유아교육연구)
- 데리다 해체철학의 유아교육적 함의(2012, 열린유아교육연구)
- 상호문화성에 근거한 다문화교육의 이해(2011, 비교교육연구)
- 포스트모더니즘 담론에 근거한 다문화교육의 이해(2011, 교육사상연구)
- 다양성에 기초한 프랑스 유아교육의 동향분석(2010, 비교교육연구)
- 유아교육에서의 교육주체에 관한 현상학적 이해(2010, 아동교육)
- Piaget를 넘어서: 현상학적 이해를 통한 비판적 고찰(2010, 유아교육연구)
- 유아교육에서의 몸의 개념에 대한 현상학적 이해: 메를로 퐁티의 지각현상학을 중심으로(2009, 유아교육연구)
- 현상학적 자아에 관한 유아교육적 의미 탐색(2008, 교육학연구)
- 포스트모더니즘, 교육 그리고 유아교육(2007, 아동교육)
- 프랑스 유아교사 및 영 · 유아 보육교사 양성 체계 연구(2007, 유아교육연구)
- 프랑스 유아교육 및 보육 행정체계연구(2007, 유아교육연구)
- 공교육으로서의 프랑스 유아교육의 이해(2006, 유아교육학논집)
- 미래의 학습장애에 대한 대안으로서의 메타 인지(2005, 특수아동교육연구)
- 유아교육과 메타인지: 개념적 접근과 교육적 시사점을 중심으로(2005, 유아교육학논집)
- 유아-교사 간 상호작용 속에 나타난 메타인지적 개입 양상에 대한 분석(2004, 유아교육연구)
- Influence of modern developmental theories on early childhood education: The case of France(2003, International Journal of Early Childhood Education)

3판

유아인지발달

초판 1쇄 발행 2009년 2월 20일
초판 3쇄 발행 2014년 1월 10일
개정 1쇄 발행 2017년 7월 21일
3판 1쇄 발행 2021년 7월 30일

지 은 이 | 이화도
펴 낸 이 | 김기섭
책임편집 | 이현남, 조진주
펴 낸 곳 | www.changjisa.com
08589 서울시 금천구 가산디지털 1로 83 파트너스타워1차 9층
전화 (02) 719-2211~3
팩스 (02) 701-9386
등 록 | 1977년 4월 28일 · 제1-421호

ISBN 978-89-426-1456-1 (93370)

값 21,000원